統計でみる都道府県のすがた

Statistical Observations of Prefectures

2022

総務省統計局

Statistics Bureau,

Ministry of Internal Affairs and communications

Japan

まえがき

　社会・人口統計体系は，国民生活全般の実態を示す地域別統計データを収集・加工
し，体系的に編成したものです。

　本書は，社会・人口統計体系の報告書として取りまとめた「社会生活統計指標－都
道府県の指標－2022」の中から，主な指標値を選定し，各都道府県の指標が一覧でき
るように再編成したものです。各指標について都道府県別順位を付していますが，こ
れは飽くまでも数値を見やすくするための目安としての利用に供するために付したも
のです。

　本書が，「社会生活統計指標－都道府県の指標－2022」と共に，国，地方公共団体等
の各種行政施策，学術研究，地域分析等各方面で広く利用されることを期待します。

　なお，「統計でみる市区町村のすがた」も刊行しています。これら3部作に掲載され
ているデータは，過去のデータも含めて政府統計の総合窓口（e－Ｓｔａｔ）からも
利用できますので，併せて御活用いただければ幸いです。

　　　令和4年（2022年）2月

　　　　　　　　　　　　　　　　　　　　　総務省統計局長

　　　　　　　　　　　　　　　　　　　　　　　　井　上　　卓

Preface

The System of Social and Demographic Statistics of Japan is the systematic compilation of statistical data collected and processed by districts demonstrating the real living conditions of the country's population.

This report presents major indicators from the "Social Indicators by Prefecture 2022", which is a report that summarizes the system of social and demographic statistics of Japan, and recompiles such information to allow that indicators be observed by prefectures in a glance. Each indicator is ranked by prefecture in order to make it easily understandable.

I hope that this report will be widely used in various fields for administrative policy, academic research, regional analysis etc.

Furthermore, we have also published the "Statistical Observations of Municipalities". All contents of these reports are accessible from the web site of the Statistics Bureau, Ministry of Internal Affairs and Communications or the Portal Site of Official Statistics of Japan (e-Stat).

February 2022

INOUE Takashi
Director-General
Statistics Bureau
Ministry of Internal Affairs and Communications
Japan

目　　次

Contents

利 用 上 の 注 意

１．年度の表し方
　　年度（西暦）は，会計年度（当該年の４月１日〜翌年３月31日）を基準としており，掲載データは，原則として表示されている会計年度における特定の時点又は期間に係るものである。ただし，２会計年度にまたがるデータの場合は，期間の長い方の会計年度として取り扱っている。

２．掲載データ
　（１）データは，単位未満を四捨五入することを原則としていること，不詳が含まれていることがあるため，合計の数値と内訳の計とが一致しない場合がある。
　（２）社会生活統計指標は，「指標計算式」を用いて算出している（資料源の指数，率等を直接掲載しているものを除く。「Ⅱ指標計算式」106 ページ以降参照）。
　　　　ただし，一部については算出に使用する基礎データの違い，原数値を持たないことなどにより，資料源が公表する割合，率及び順位等とは一致しない場合がある。
　（３）掲載データを見る際は，出典における用語の定義等も御参照ください。

３．記　　号
　　　　＊　　：都道府県庁所在地のデータを掲載していることを示している。
　　　　　　　　ただし，13〜15ページにある気象に関する９項目（#B02101〜#B02103，#B02201，#B02401，#B02402，#B02301，#B02303，#B02304）については，埼玉県は熊谷市，東京都は千代田区，滋賀県は彦根市における気象台の観測値である。さらに，#B02301のデータについては，千葉県は銚子市，山口県は下関市における気象台の観測値である。
　　　　…　　：データが得られないもの
　　　　−　　：「Ⅱ 指標計算式」（106ページ以降掲載）の分母のデータが「０」で計算不能のもの

４．本書に関する問合せ先
　　総務省統計局　統計情報利用推進課　社会生活統計指標係
　　電話　03-5273-1137

５．その他
　（１）本書の引用（転載）について
　　　　本書の内容を著作物等に引用（転載）する場合には，必ず本書の書名を次のように明記してください。

　　　　　出典　総務省統計局刊行　「統計でみる都道府県のすがた　2022」

　（２）本書のインターネット掲載
　　　　「統計でみる都道府県のすがた」
　　　　総務省統計局：https://www.stat.go.jp/data/k-sugata/index.html
　　　　政府統計の総合窓口：https://www.e-stat.go.jp/regional-statistics/ssdsview

Notes

1. Time span
    The time span is based on the Japanese fiscal year, i.e. from 1 April to 31 March. Therefore, data on the book refer to the period or date of the fiscal year indicated. Data for which the period extends over two fiscal years are assumed to belong to the fiscal year that occupies a longer period than the other.

2. Data
    (1) Data figures may not add up to the totals due to rounding or in case of including data not available.
    (2) The Social Indicators by Prefecture are calculated according to "Formulae of Indicators". (Excludes those directly posting indices, rates, etc. of original sources, refer to " II Formulae of Indicators" column on page 106).
    However, a part of the indicator is not necessarily equal to the ratios, the rates, etc. of the published original source, because of differences in using basic data for calculation, absence of the original figures, etc.
    (3) Please refer to the explanation of terms with that of the source books in using data.

3. Symbols
    *   : Data refer to the cities with prefectural governments. However, for the nine items in pages 13 to 15 (Climate; #B02101‑#B02103, #B02201, #B02401, #B02402, #B02301, #B02303, #B02304), Kumagaya-shi observations are used for Saitama-ken, Chiyoda-ku for Tokyo-to and Hikone-shi for Shiga-ken. Furthermore, in regard to #B02301, Choshi-shi is for Chiba-ken, and Shimonoseki-shi is for Yamaguchi-ken.
    …   : Not available
    —   : Not applicable (Denominator of formulae of indicators is 0)

4. For further information
    Statistics Information Utilization Promotion Division, Statistics Bureau, Ministry of Internal Affairs and Communications, Japan

5. Others
    (1) When any contents of the present issue are to be quoted or copied in other media (print or electronic), the title is to be referred to as follows:
    Source: *Statistical Observations of Prefectures 2022*, published by the Statistics Bureau, Ministry of Internal Affairs and Communications, Japan.
    (2) Contents of the present issue published online at:
    Statistics Bureau, Ministry of Internal Affairs and Communications, Japan:
    　　　https://www.stat.go.jp/english/data/k-sugata/index.html
    Portal Site of Official Statistics of Japan (e-Stat):
    　　　https://www.e-stat.go.jp/en/regional-statistics/ssdsview

I 社会生活統計指標

Social Indicators by Prefecture

2

A. 人口・世帯　　A Population and Households

都道府県 Prefecture	No. 1 総人口 Total population #A011000 万人 : 10 thousand persons 2019		No. 2 総人口（男） Total population (Male) #A0110001 万人 : 10 thousand persons 2019		No. 3 総人口（女） Total population (Female) #A0110002 万人 : 10 thousand persons 2019		No. 4 外国人人口 （人口10万人当たり） Ratio of population of foreigners (per 100,000 persons) #A01601 人 : persons 2015	
	指標値 Indicator	順位 Rank	指標値 Indicator	順位 Rank	指標値 Indicator	順位 Rank	指標値 Indicator	順位 Rank
00 全国 All Japan	12,617		6,141		6,476		1,378.8	
01 北海道 Hokkaido	525	8	247	8	278	8	402.8	42
02 青森県 Aomori-ken	125	31	59	32	66	31	263.5	47
03 岩手県 Iwate-ken	123	32	59	31	64	32	392.1	43
04 宮城県 Miyagi-ken	231	14	113	14	118	14	599.4	30
05 秋田県 Akita-ken	97	38	45	39	51	38	284.8	46
06 山形県 Yamagata-ken	108	35	52	35	56	36	489.6	36
07 福島県 Fukushima-ken	185	21	91	20	93	21	455.8	40
08 茨城県 Ibaraki-ken	286	11	143	11	143	12	1,416.2	12
09 栃木県 Tochigi-ken	193	19	96	17	97	20	1,342.0	15
10 群馬県 Gumma-ken	194	18	96	19	98	18	1,881.6	3
11 埼玉県 Saitama-ken	735	5	367	5	368	5	1,447.8	11
12 千葉県 Chiba-ken	626	6	311	6	316	6	1,449.2	10
13 東京都 Tokyo-to	1,392	1	685	1	708	1	2,801.0	1
14 神奈川県 Kanagawa-ken	920	2	459	2	461	2	1,583.4	9
15 新潟県 Niigata-ken	222	15	108	15	115	15	502.0	35
16 富山県 Toyama-ken	104	37	51	36	54	37	1,009.8	20
17 石川県 Ishikawa-ken	114	33	55	33	59	34	806.6	24
18 福井県 Fukui-ken	77	43	37	43	39	43	1,200.9	19
19 山梨県 Yamanashi-ken	81	42	40	41	41	42	1,331.2	16
20 長野県 Nagano-ken	205	16	100	16	105	16	1,269.3	17
21 岐阜県 Gifu-ken	199	17	96	17	102	17	1,741.3	4
22 静岡県 Shizuoka-ken	364	10	180	10	185	10	1,610.6	8
23 愛知県 Aichi-ken	755	4	378	4	377	4	2,220.3	2
24 三重県 Mie-ken	178	22	87	22	91	23	1,725.5	5
25 滋賀県 Shiga-ken	141	26	70	26	72	26	1,407.4	13
26 京都府 Kyoto-fu	258	13	123	13	135	13	1,683.6	7
27 大阪府 Osaka-fu	881	3	423	3	458	3	1,707.0	6
28 兵庫県 Hyogo-ken	547	7	261	7	286	7	1,400.6	14
29 奈良県 Nara-ken	133	29	63	29	70	29	639.6	29
30 和歌山県 Wakayama-ken	93	40	44	40	49	40	484.3	37
31 鳥取県 Tottori-ken	56	47	27	47	29	47	590.1	31
32 島根県 Shimane-ken	67	46	33	46	35	46	773.5	25
33 岡山県 Okayama-ken	189	20	91	21	98	19	900.8	22
34 広島県 Hiroshima-ken	280	12	136	12	144	11	1,225.5	18
35 山口県 Yamaguchi-ken	136	27	65	27	71	27	819.5	23
36 徳島県 Tokushima-ken	73	44	35	44	38	44	512.2	34
37 香川県 Kagawa-ken	96	39	46	38	49	39	709.6	28
38 愛媛県 Ehime-ken	134	28	63	28	71	28	584.4	32
39 高知県 Kochi-ken	70	45	33	45	37	45	444.3	41
40 福岡県 Fukuoka-ken	510	9	242	9	269	9	923.2	21
41 佐賀県 Saga-ken	82	41	39	42	43	41	465.6	39
42 長崎県 Nagasaki-ken	133	30	62	30	70	30	556.9	33
43 熊本県 Kumamoto-ken	175	23	83	23	92	22	467.9	38
44 大分県 Oita-ken	114	34	54	34	60	33	742.2	27
45 宮崎県 Miyazaki-ken	107	36	51	37	57	35	334.5	45
46 鹿児島県 Kagoshima-ken	160	24	75	24	85	24	354.8	44
47 沖縄県 Okinawa-ken	145	25	72	25	74	25	768.7	26

No.5 全国総人口に占める人口割合 Percentage distribution by prefecture #A01101 % 2019		No.6 総面積1km²当たり人口密度 Population per 1km² of total land area #A01201 人:persons 2019		No.7 可住地面積1km²当たり人口密度 Population per 1km² of inhabitable area #A01202 人:persons 2019		No.8 昼夜間人口比率 Rate of day to night population #A01302 % 2015		No.9 人口集中地区人口比率（対総人口） Ratio of DIDs (Densely Inhabited Districts) population #A01401 % 2015		都道府県コード Pref. code
指標値 Indicator	順位 Rank	指標値 Indicator	順位 Rank	指標値 Indicator	順位 Rank	指標値 Indicator	順位 Rank	指標値 Indicator	順位 Rank	
100.00		338.3		1,028.8		100.0		68.3		00
4.16	8	66.9	47	234.7	47	99.9	17	75.2	8	01
0.99	31	129.2	41	385.8	43	99.8	24	46.6	25	02
0.97	32	80.3	46	330.4	45	99.8	24	31.9	44	03
1.83	14	316.7	19	730.9	26	100.3	5	64.1	14	04
0.77	38	83.0	45	301.5	46	99.8	24	35.0	40	05
0.85	35	115.6	42	373.7	44	99.7	32	43.7	29	06
1.46	21	133.9	40	437.7	42	100.2	6	42.6	32	07
2.27	11	469.1	12	719.4	28	97.5	40	38.2	36	08
1.53	19	301.8	22	648.4	30	99.0	37	45.2	27	09
1.54	18	305.2	21	852.0	18	99.8	24	39.9	34	10
5.83	5	1,935.4	4	2,843.7	4	88.9	47	80.2	5	11
4.96	6	1,213.5	6	1,761.0	9	89.7	46	74.3	9	12
11.03	1	6,344.8	1	9,792.9	1	117.8	1	98.4	1	13
7.29	2	3,806.6	3	6,252.6	3	91.2	44	94.4	3	14
1.76	15	176.6	34	490.1	40	99.9	17	48.7	20	15
0.83	37	245.8	25	566.5	38	99.8	24	37.8	37	16
0.90	33	271.9	23	817.6	22	100.2	6	51.5	17	17
0.61	43	183.3	31	712.9	29	100.0	13	44.0	28	18
0.64	42	181.6	32	849.8	20	99.2	36	31.2	46	19
1.62	16	151.1	38	635.2	31	99.8	24	34.2	41	20
1.57	17	187.1	30	898.6	16	96.1	42	38.2	35	21
2.89	10	468.5	13	1,325.4	11	99.8	24	59.9	15	22
5.99	4	1,459.9	5	2,527.1	5	101.4	4	77.5	7	23
1.41	22	308.4	20	864.9	17	98.3	38	43.5	31	24
1.12	26	352.0	15	1,081.7	14	96.5	41	49.7	18	25
2.05	13	560.0	10	2,200.5	6	101.8	3	83.6	4	26
6.98	3	4,623.4	2	6,619.7	2	104.4	2	95.7	2	27
4.33	7	650.6	8	1,964.1	7	95.7	43	77.7	6	28
1.05	29	360.3	14	1,554.6	10	90.0	45	64.8	12	29
0.73	40	195.8	29	829.5	21	98.2	39	37.2	38	30
0.44	47	158.5	37	617.2	34	99.9	17	37.0	39	31
0.53	46	100.5	43	518.9	39	100.1	11	24.2	47	32
1.50	20	265.7	24	851.8	19	100.0	13	46.7	24	33
2.22	12	330.7	17	1,213.3	13	100.2	6	64.5	13	34
1.08	27	222.2	28	795.6	24	99.6	33	49.2	19	35
0.58	44	175.6	35	720.6	27	99.6	33	32.7	42	36
0.76	39	509.4	11	950.7	15	100.2	6	32.6	43	37
1.06	28	235.9	27	800.3	23	100.0	13	52.9	16	38
0.55	45	98.3	44	600.2	36	99.9	17	43.5	30	39
4.05	9	1,023.6	7	1,848.3	8	100.1	11	72.4	10	40
0.65	41	333.9	16	610.2	35	100.2	6	31.4	45	41
1.05	30	321.2	18	792.2	25	99.8	24	48.0	21	42
1.39	23	235.9	26	625.1	33	99.5	35	47.8	22	43
0.90	34	179.0	33	630.9	32	99.9	17	47.2	23	44
0.85	36	138.7	39	580.0	37	99.9	17	46.1	26	45
1.27	24	174.4	36	483.6	41	99.9	17	40.2	33	46
1.15	25	637.0	9	1,242.9	12	100.0	13	67.8	11	47

		No. 10 15歳未満人口割合 （対総人口） Ratio of population (under15 years old) #A03501		No. 11 65歳以上人口割合 （対総人口） Ratio of population (65 years old and over) #A03503		No. 12 15～64歳人口割合 （対総人口） Ratio of population (15-64 years old) #A03502		No. 13 年少人口指数 （15歳未満人口／15～64歳人口×100） Ratio of juvenile population #A03401	
単位	Unit	%		%		%		—	
年度	Fiscal year	2019		2019		2019		2019	
都道府県	Prefecture	指標値 Indicator	順位 Rank	指標値 Indicator	順位 Rank	指標値 Indicator	順位 Rank	指標値 Indicator	順位 Rank
00 全国	All Japan	12.1		28.4		59.5		20.3	
01 北海道	Hokkaido	10.8	45	31.9	18	57.4	21	18.8	45
02 青森県	Aomori-ken	10.7	46	33.3	7	56.1	30	19.0	44
03 岩手県	Iwate-ken	11.1	43	33.1	8	55.8	33	20.0	37
04 宮城県	Miyagi-ken	11.8	29	28.3	38	59.9	9	19.7	38
05 秋田県	Akita-ken	9.8	47	37.2	1	53.0	47	18.6	46
06 山形県	Yamagata-ken	11.4	37	33.4	6	55.1	38	20.7	27
07 福島県	Fukushima-ken	11.4	37	31.5	21	57.1	23	20.0	36
08 茨城県	Ibaraki-ken	11.9	25	29.5	33	58.6	13	20.4	31
09 栃木県	Tochigi-ken	12.1	23	28.6	37	59.2	11	20.5	30
10 群馬県	Gumma-ken	11.9	25	29.8	30	58.2	15	20.5	29
11 埼玉県	Saitama-ken	12.0	24	26.7	42	61.3	4	19.5	41
12 千葉県	Chiba-ken	11.8	29	27.9	39	60.3	7	19.6	39
13 東京都	Tokyo-to	11.2	41	23.1	46	65.8	1	17.0	47
14 神奈川県	Kanagawa-ken	11.9	25	25.3	44	62.7	2	19.0	43
15 新潟県	Niigata-ken	11.4	37	32.4	13	56.2	28	20.3	33
16 富山県	Toyama-ken	11.4	37	32.3	14	56.3	27	20.3	34
17 石川県	Ishikawa-ken	12.3	15	29.6	32	58.1	16	21.2	22
18 福井県	Fukui-ken	12.6	11	30.6	25	56.7	26	22.2	12
19 山梨県	Yamanashi-ken	11.7	33	30.8	24	57.5	20	20.4	32
20 長野県	Nagano-ken	12.2	19	31.9	18	55.9	32	21.8	16
21 岐阜県	Gifu-ken	12.5	12	30.1	28	57.4	21	21.8	17
22 静岡県	Shizuoka-ken	12.3	15	29.9	29	57.8	19	21.2	21
23 愛知県	Aichi-ken	13.1	7	25.1	45	61.8	3	21.2	20
24 三重県	Mie-ken	12.2	19	29.7	31	58.0	17	21.1	23
25 滋賀県	Shiga-ken	13.8	2	26.0	43	60.2	8	22.9	8
26 京都府	Kyoto-fu	11.6	34	29.1	35	59.3	10	19.5	42
27 大阪府	Osaka-fu	11.8	29	27.6	41	60.5	6	19.6	40
28 兵庫県	Hyogo-ken	12.3	15	29.1	35	58.6	13	21.0	24
29 奈良県	Nara-ken	11.9	25	31.3	22	56.8	25	20.9	26
30 和歌山県	Wakayama-ken	11.6	34	33.1	8	55.3	36	20.9	25
31 鳥取県	Tottori-ken	12.5	12	32.1	16	55.4	35	22.7	9
32 島根県	Shimane-ken	12.3	15	34.3	3	53.4	46	23.1	7
33 岡山県	Okayama-ken	12.5	12	30.3	26	57.1	23	21.9	14
34 広島県	Hiroshima-ken	12.8	9	29.3	34	57.9	18	22.1	13
35 山口県	Yamaguchi-ken	11.6	34	34.3	3	54.1	44	21.5	19
36 徳島県	Tokushima-ken	11.2	41	33.6	5	55.2	37	20.1	35
37 香川県	Kagawa-ken	12.2	19	31.8	20	56.0	31	21.9	15
38 愛媛県	Ehime-ken	11.8	29	33.0	10	55.1	38	21.5	18
39 高知県	Kochi-ken	11.1	43	35.2	2	53.7	45	20.5	28
40 福岡県	Fukuoka-ken	13.1	7	27.9	39	58.9	12	22.3	11
41 佐賀県	Saga-ken	13.5	3	30.3	26	56.2	28	24.0	4
42 長崎県	Nagasaki-ken	12.7	10	32.7	12	54.7	42	23.2	6
43 熊本県	Kumamoto-ken	13.3	4	31.1	23	55.6	34	24.0	5
44 大分県	Oita-ken	12.2	19	32.9	11	54.9	40	22.3	10
45 宮崎県	Miyazaki-ken	13.3	4	32.3	14	54.5	43	24.5	2
46 鹿児島県	Kagoshima-ken	13.3	4	32.0	17	54.8	41	24.3	3
47 沖縄県	Okinawa-ken	16.9	1	22.2	47	60.9	5	27.7	1

No. 14 老年人口指数 (65歳以上人口／15～64歳人口×100) Ratio of aged population #A03402 — 2019		No. 15 従属人口指数 ((15歳未満人口＋65歳以上人口)/15～64歳人口×100) Ratio of dependent population #A03403 — 2019		No. 16 人口増減率 ((総人口－前年総人口)／前年総人口) Rates of population change #A05101 % 2019		No. 17 自然増減率 ((出生数－死亡数)／総人口) Rates of natural change #A05201 % 2019		No. 18 粗出生率 (人口千人当たり) Crude birth rate (per 1,000 persons) #A05202 — 2019		都道府県コード
指標値 Indicator	順位 Rank	指標値 Indicator	順位 Rank	指標値 Indicator	順位 Rank	指標値 Indicator	順位 Rank	指標値 Indicator	順位 Rank	Pref. code
47.8		68.1		-0.22		-0.41		6.86		00
55.5	21	74.3	26	-0.68	28	-0.66	35	5.91	44	01
59.4	11	78.4	18	-1.35	46	-0.90	46	5.75	45	02
59.4	12	79.4	15	-1.13	44	-0.88	45	5.68	46	03
47.2	39	66.9	39	-0.43	14	-0.44	14	6.48	28	04
70.1	1	88.7	1	-1.53	47	-1.15	47	4.86	47	05
60.6	6	81.3	10	-1.10	43	-0.86	43	5.94	43	06
55.3	22	75.3	24	-0.97	38	-0.73	36	6.26	38	07
50.3	34	70.7	35	-0.59	23	-0.54	24	6.30	36	08
48.3	37	68.8	37	-0.62	24	-0.49	19	6.52	26	09
51.3	30	71.8	33	-0.51	20	-0.58	27	6.13	41	10
43.5	42	63.0	44	0.27	3	-0.29	7	6.57	24	11
46.1	40	65.7	41	0.06	7	-0.34	9	6.52	27	12
35.0	47	52.0	47	0.72	1	-0.14	2	7.31	9	13
40.4	45	59.4	46	0.23	4	-0.23	5	6.85	19	14
57.6	16	78.0	19	-1.02	39	-0.76	41	6.14	40	15
57.4	17	77.7	21	-0.57	22	-0.63	33	6.33	34	16
51.0	32	72.2	32	-0.44	15	-0.45	15	6.86	18	17
53.9	24	76.1	22	-0.78	33	-0.56	25	6.91	17	18
53.6	26	74.0	28	-0.73	30	-0.60	28	6.40	32	19
57.0	19	78.8	17	-0.68	27	-0.61	30	6.61	22	20
52.5	28	74.3	27	-0.50	18	-0.54	23	6.43	31	21
51.7	29	72.9	29	-0.41	12	-0.51	21	6.44	30	22
40.5	44	61.7	45	0.20	5	-0.17	3	7.57	5	23
51.3	31	72.3	31	-0.56	21	-0.51	20	6.56	25	24
43.2	43	66.1	40	0.14	6	-0.18	4	7.52	6	25
49.2	36	68.7	38	-0.31	10	-0.39	11	6.58	23	26
45.6	41	65.2	42	-0.05	8	-0.32	8	7.10	14	27
49.7	35	70.7	34	-0.33	11	-0.36	10	6.96	15	28
55.2	23	76.1	23	-0.67	26	-0.48	17	6.26	37	29
59.9	7	80.8	12	-1.07	41	-0.75	38	6.34	33	30
57.8	15	80.5	13	-0.71	29	-0.65	34	7.17	12	31
64.2	3	87.2	2	-0.88	36	-0.76	39	6.82	20	32
53.1	27	75.0	25	-0.42	13	-0.44	13	7.25	10	33
50.7	33	72.8	30	-0.46	16	-0.40	12	7.14	13	34
63.4	4	84.9	4	-0.88	35	-0.76	40	6.46	29	35
60.9	5	81.1	11	-1.09	42	-0.77	42	6.26	39	36
57.0	18	78.9	16	-0.62	25	-0.58	26	6.94	16	37
59.8	9	81.3	9	-0.96	37	-0.73	37	6.31	35	38
65.6	2	86.1	3	-1.13	45	-0.87	44	6.12	42	39
47.4	38	69.6	36	-0.06	9	-0.28	6	7.79	2	40
53.7	25	77.7	20	-0.49	17	-0.46	16	7.65	3	41
59.7	10	82.9	6	-1.04	40	-0.60	29	7.22	11	42
55.9	20	79.8	14	-0.51	19	-0.48	18	7.61	4	43
59.9	8	82.2	8	-0.79	34	-0.62	32	6.72	21	44
59.2	13	83.7	5	-0.74	31	-0.54	22	7.50	7	45
58.3	14	82.6	7	-0.74	32	-0.62	31	7.48	8	46
36.3	46	64.0	43	0.35	2	0.16	1	10.26	1	47

		No. 19 合計特殊出生率 Total fertility rate #A05203		No. 20 粗死亡率（人口千人当たり） Crude death rate (per 1,000 persons) #A05204		No. 21 年齢調整死亡率（男）（人口千人当たり） Age-adjusted death rate (Male) (per 1,000 persons) #A0521901		No. 22 年齢調整死亡率（女）（人口千人当たり） Age-adjusted death rate (Female) (per 1,000 persons) #A0521902	
単位	Unit	—		—		—		—	
年度	Fiscal year	2019		2019		2015		2015	
都道府県	Prefecture	指標値 Indicator	順位 Rank	指標値 Indicator	順位 Rank	指標値 Indicator	順位 Rank	指標値 Indicator	順位 Rank
00 全国	All Japan	1.36		10.95		4.86		2.55	
01 北海道	Hokkaido	1.24	45	12.48	22	5.05	13	2.66	8
02 青森県	Aomori-ken	1.38	35	14.79	2	5.86	1	2.88	1
03 岩手県	Iwate-ken	1.35	37	14.53	5	5.23	3	2.68	6
04 宮城県	Miyagi-ken	1.23	46	10.93	36	4.72	37	2.43	41
05 秋田県	Akita-ken	1.33	38	16.34	1	5.40	2	2.66	7
06 山形県	Yamagata-ken	1.40	31	14.58	4	4.97	18	2.47	32
07 福島県	Fukushima-ken	1.47	16	13.54	14	5.19	5	2.76	2
08 茨城県	Ibaraki-ken	1.39	33	11.69	28	5.11	10	2.74	3
09 栃木県	Tochigi-ken	1.39	33	11.45	32	5.05	14	2.73	4
10 群馬県	Gumma-ken	1.40	31	11.97	26	4.90	23	2.61	13
11 埼玉県	Saitama-ken	1.27	43	9.46	42	4.85	27	2.62	12
12 千葉県	Chiba-ken	1.28	41	9.91	41	4.77	32	2.58	16
13 東京都	Tokyo-to	1.15	47	8.68	46	4.75	35	2.46	35
14 神奈川県	Kanagawa-ken	1.28	41	9.13	45	4.61	42	2.49	30
15 新潟県	Niigata-ken	1.38	35	13.75	10	4.88	25	2.44	40
16 富山県	Toyama-ken	1.53	13	12.65	20	4.94	20	2.47	33
17 石川県	Ishikawa-ken	1.46	21	11.34	33	4.73	36	2.50	28
18 福井県	Fukui-ken	1.56	11	12.49	21	4.54	44	2.41	42
19 山梨県	Yamanashi-ken	1.44	27	12.43	23	4.76	34	2.54	25
20 長野県	Nagano-ken	1.57	10	12.71	18	4.34	47	2.28	47
21 岐阜県	Gifu-ken	1.45	25	11.79	27	4.76	33	2.56	21
22 静岡県	Shizuoka-ken	1.44	27	11.58	31	4.80	28	2.52	26
23 愛知県	Aichi-ken	1.45	25	9.26	44	4.68	39	2.60	14
24 三重県	Mie-ken	1.47	16	11.69	29	4.88	24	2.58	17
25 滋賀県	Shiga-ken	1.47	16	9.35	43	4.38	46	2.41	43
26 京都府	Kyoto-fu	1.25	44	10.46	39	4.55	43	2.45	36
27 大阪府	Osaka-fu	1.31	39	10.26	40	5.16	8	2.64	11
28 兵庫県	Hyogo-ken	1.41	30	10.60	37	4.78	31	2.56	22
29 奈良県	Nara-ken	1.31	39	11.02	35	4.53	45	2.44	38
30 和歌山県	Wakayama-ken	1.46	21	13.88	9	5.21	4	2.69	5
31 鳥取県	Tottori-ken	1.63	6	13.68	11	5.19	5	2.46	34
32 島根県	Shimane-ken	1.68	3	14.41	6	4.93	21	2.37	46
33 岡山県	Okayama-ken	1.47	16	11.61	30	4.80	29	2.38	45
34 広島県	Hiroshima-ken	1.49	15	11.14	34	4.71	38	2.47	31
35 山口県	Yamaguchi-ken	1.56	11	14.05	7	5.00	15	2.64	10
36 徳島県	Tokushima-ken	1.46	21	13.91	8	5.11	11	2.59	15
37 香川県	Kagawa-ken	1.59	9	12.71	19	4.79	30	2.50	28
38 愛媛県	Ehime-ken	1.46	21	13.65	12	5.17	7	2.54	23
39 高知県	Kochi-ken	1.47	16	14.78	3	5.06	12	2.45	37
40 福岡県	Fukuoka-ken	1.44	27	10.60	38	4.87	26	2.54	24
41 佐賀県	Saga-ken	1.64	5	12.23	25	4.92	22	2.58	18
42 長崎県	Nagasaki-ken	1.66	4	13.27	15	4.97	19	2.56	20
43 熊本県	Kumamoto-ken	1.60	8	12.40	24	4.67	40	2.41	44
44 大分県	Oita-ken	1.53	13	12.88	16	4.65	41	2.44	39
45 宮崎県	Miyazaki-ken	1.73	2	12.85	17	4.99	16	2.58	19
46 鹿児島県	Kagoshima-ken	1.63	6	13.63	13	5.12	9	2.65	9
47 沖縄県	Okinawa-ken	1.82	1	8.61	47	4.99	17	2.52	27

No. 23 年齢別死亡率（0〜4歳）（人口千人当たり） Death rate of 0-4 years old (per 1,000 persons) #A05205 — 2019		No. 24 年齢別死亡率（65歳以上）（人口千人当たり） Death rate of 65 years old and over (per 1,000 persons) #A05218 — 2019		No. 25 転入超過率（（転入者数−転出者数）／総人口） Rate of net-migration (All nationalities) #A05307 % 2019		No. 26 転入率（転入者数/総人口） Rate of in-migrants from other prefectures (All nationalities) #A05308 % 2019		No. 27 転出率（転出者数/総人口） Rate of out-migrants to other prefectures (All nationalities) #A05309 % 2019		都道府県コード
指標値 Indicator	順位 Rank	指標値 Indicator	順位 Rank	指標値 Indicator	順位 Rank	指標値 Indicator	順位 Rank	指標値 Indicator	順位 Rank	Pref. code
0.49		34.94		. . .		2.04		2.04		00
0.59	9	35.60	30	-0.11	12	1.00	47	1.11	47	01
0.75	1	40.11	3	-0.49	46	1.40	36	1.88	27	02
0.48	28	40.06	4	-0.37	41	1.44	34	1.81	33	03
0.48	27	34.88	34	-0.09	10	2.05	8	2.14	9	04
0.48	25	40.56	1	-0.40	43	1.16	45	1.56	44	05
0.64	5	40.53	2	-0.39	42	1.22	44	1.61	42	06
0.65	4	39.06	8	-0.37	40	1.40	35	1.77	35	07
0.70	2	35.90	29	-0.26	26	1.85	14	2.11	11	08
0.58	13	35.93	28	-0.30	32	1.88	12	2.18	8	09
0.42	38	36.71	20	-0.11	14	1.75	17	1.86	29	10
0.43	35	31.65	47	0.36	2	2.63	3	2.27	4	11
0.50	23	31.81	46	0.15	4	2.64	2	2.49	2	12
0.39	42	33.66	37	0.60	1	3.35	1	2.76	1	13
0.47	29	32.31	44	0.32	3	2.59	4	2.26	5	14
0.47	31	39.17	7	-0.33	34	1.01	46	1.34	46	15
0.42	39	36.36	24	-0.22	20	1.30	40	1.53	45	16
0.47	33	35.36	32	-0.23	22	1.69	24	1.92	24	17
0.52	20	37.91	15	-0.43	44	1.27	42	1.71	38	18
0.59	10	36.79	19	-0.36	38	1.74	18	2.10	12	19
0.38	44	37.09	18	-0.21	17	1.39	37	1.60	43	20
0.49	24	35.94	27	-0.34	35	1.60	32	1.94	22	21
0.60	8	35.44	31	-0.17	15	1.61	30	1.78	34	22
0.50	22	33.43	39	-0.03	9	1.71	22	1.74	37	23
0.37	45	36.20	26	-0.35	37	1.77	16	2.13	10	24
0.47	31	32.86	43	0.08	6	2.15	6	2.08	13	25
0.54	17	32.94	41	-0.10	11	2.27	5	2.37	3	26
0.47	30	33.44	38	0.09	5	1.99	10	1.90	26	27
0.42	37	33.21	40	-0.11	13	1.73	19	1.84	30	28
0.38	43	32.28	45	-0.26	25	1.81	15	2.07	14	29
0.31	46	38.71	11	-0.36	39	1.25	43	1.61	41	30
0.64	6	39.26	5	-0.27	29	1.57	33	1.84	31	31
0.42	36	39.18	6	-0.29	31	1.62	29	1.92	25	32
0.55	15	35.29	33	-0.21	18	1.60	31	1.81	32	33
0.43	34	34.73	35	-0.29	30	1.71	23	2.00	17	34
0.56	14	37.97	14	-0.27	28	1.72	21	1.99	18	35
0.48	26	38.27	12	-0.46	45	1.29	41	1.75	36	36
0.22	47	36.68	22	-0.18	16	1.86	13	2.04	15	37
0.58	11	37.98	13	-0.32	33	1.35	38	1.67	39	38
0.67	3	38.80	10	-0.35	36	1.31	39	1.66	40	39
0.58	12	34.40	36	0.06	7	2.07	7	2.02	16	40
0.53	19	37.20	17	-0.22	19	2.02	9	2.24	6	41
0.63	7	37.28	16	-0.55	47	1.65	28	2.20	7	42
0.53	18	36.71	21	-0.22	21	1.65	27	1.88	28	43
0.40	40	36.35	25	-0.27	27	1.68	25	1.95	20	44
0.55	16	36.49	23	-0.25	23	1.72	20	1.96	19	45
0.52	21	38.97	9	-0.26	24	1.68	26	1.94	23	46
0.40	41	32.91	42	0.05	8	1.99	11	1.94	21	47

No. 28 流入人口比率（対総人口）Ratio of inflow population #A05304		No. 29 流出人口比率（対総人口）Ratio of outflow population #A05305		No. 30 一般世帯数 Private households #A06103		No. 31 全国一般世帯に占める一般世帯割合 Percentage distribution of private households #A0610101	
単位 Unit	%		%		万世帯：10 thousand households		%	
年度 Fiscal year	2015		2015		2015		2015	
都道府県 Prefecture	指標値 Indicator	順位 Rank	指標値 Indicator	順位 Rank	指標値 Indicator	順位 Rank	指標値 Indicator	順位 Rank
00 全国 All Japan	4.57		4.57		5,333		100.00	
01 北海道 Hokkaido	0.12	47	0.18	47	244	7	4.57	7
02 青森県 Aomori-ken	0.53	41	0.69	40	51	31	0.95	31
03 岩手県 Iwate-ken	0.91	32	1.14	26	49	32	0.92	32
04 宮城県 Miyagi-ken	1.28	24	1.03	32	94	14	1.77	14
05 秋田県 Akita-ken	0.31	45	0.55	43	39	40	0.73	40
06 山形県 Yamagata-ken	0.58	39	0.89	37	39	37	0.74	37
07 福島県 Fukushima-ken	1.31	23	1.11	27	73	21	1.37	21
08 茨城県 Ibaraki-ken	2.98	12	5.52	9	112	13	2.10	13
09 栃木県 Tochigi-ken	2.98	11	3.95	11	76	19	1.43	19
10 群馬県 Gumma-ken	3.13	9	3.30	15	77	17	1.45	17
11 埼玉県 Saitama-ken	3.63	6	14.77	1	297	5	5.57	5
12 千葉県 Chiba-ken	3.09	10	13.38	3	260	6	4.88	6
13 東京都 Tokyo-to	21.50	1	3.71	13	669	1	12.55	1
14 神奈川県 Kanagawa-ken	3.60	7	12.40	4	397	2	7.43	2
15 新潟県 Niigata-ken	0.35	44	0.44	45	85	15	1.59	15
16 富山県 Toyama-ken	0.84	33	1.07	29	39	39	0.73	39
17 石川県 Ishikawa-ken	1.20	27	0.98	35	45	35	0.85	35
18 福井県 Fukui-ken	1.01	31	1.01	34	28	45	0.52	45
19 山梨県 Yamanashi-ken	1.41	21	2.19	17	33	41	0.62	41
20 長野県 Nagano-ken	0.52	42	0.75	39	81	16	1.51	16
21 岐阜県 Gifu-ken	2.50	15	6.40	7	75	20	1.41	20
22 静岡県 Shizuoka-ken	1.02	30	1.23	25	143	10	2.68	10
23 愛知県 Aichi-ken	2.67	13	1.29	24	306	4	5.74	4
24 三重県 Mie-ken	1.87	17	3.58	14	72	23	1.35	23
25 滋賀県 Shiga-ken	3.30	8	6.78	6	54	29	1.01	29
26 京都府 Kyoto-fu	7.85	2	6.08	8	115	12	2.16	12
27 大阪府 Osaka-fu	7.56	3	3.20	16	392	3	7.35	3
28 兵庫県 Hyogo-ken	2.59	14	6.94	5	231	8	4.34	8
29 奈良県 Nara-ken	4.25	5	14.21	2	53	30	0.99	30
30 和歌山県 Wakayama-ken	2.03	16	3.81	12	39	38	0.73	38
31 鳥取県 Tottori-ken	1.58	18	1.71	18	22	47	0.41	47
32 島根県 Shimane-ken	1.42	20	1.36	22	26	46	0.50	46
33 岡山県 Okayama-ken	1.39	22	1.37	21	77	18	1.45	18
34 広島県 Hiroshima-ken	1.26	25	1.05	31	121	11	2.27	11
35 山口県 Yamaguchi-ken	1.16	28	1.56	19	60	25	1.12	25
36 徳島県 Tokushima-ken	0.68	36	1.05	30	30	43	0.57	43
37 香川県 Kagawa-ken	1.25	26	1.02	33	40	36	0.75	36
38 愛媛県 Ehime-ken	0.67	38	0.66	42	59	26	1.11	26
39 高知県 Kochi-ken	0.42	43	0.51	44	32	42	0.60	42
40 福岡県 Fukuoka-ken	1.51	19	1.43	20	220	9	4.12	9
41 佐賀県 Saga-ken	4.92	4	4.68	10	30	44	0.56	44
42 長崎県 Nagasaki-ken	0.68	37	0.89	36	56	28	1.05	28
43 熊本県 Kumamoto-ken	0.81	34	1.31	23	70	24	1.32	24
44 大分県 Oita-ken	1.02	29	1.08	28	49	33	0.91	33
45 宮崎県 Miyazaki-ken	0.76	35	0.82	38	46	34	0.87	34
46 鹿児島県 Kagoshima-ken	0.57	40	0.68	41	72	22	1.35	22
47 沖縄県 Okinawa-ken	0.15	46	0.18	46	56	27	1.05	27

No.32 一般世帯の平均人員 Members per private household #A06102 人：persons 2015		No.33 核家族世帯の割合 （対一般世帯数） Ratio of nuclear family households #A06202 % 2015		No.34 単独世帯の割合 （対一般世帯数） Ratio of one-person households #A06205 % 2015		No.35 65歳以上の世帯員 のいる世帯割合 （対一般世帯数） Ratio of households with members 65 years old and over #A06301 % 2015		No.36 高齢夫婦のみ の世帯割合 （対一般世帯数） Ratio of aged-couple households #A06302 % 2015		都道府県コード Pref. code
指標値 Indicator	順位 Rank	指標値 Indicator	順位 Rank	指標値 Indicator	順位 Rank	指標値 Indicator	順位 Rank	指標値 Indicator	順位 Rank	
2.33		55.79		34.53		40.71		11.40		00
2.13	46	55.94	28	37.29	5	40.98	36	13.43	9	01
2.48	20	53.26	37	30.13	29	49.68	8	11.07	37	02
2.54	15	51.29	45	30.36	27	50.10	6	10.93	38	03
2.43	25	51.30	44	34.36	10	40.35	38	9.55	45	04
2.55	10	51.95	41	27.92	39	55.82	1	12.68	19	05
2.78	1	49.84	46	25.49	47	54.66	2	10.75	41	06
2.56	9	51.42	43	30.59	25	47.91	15	10.56	44	07
2.55	12	57.40	17	28.36	38	43.99	30	11.67	28	08
2.54	13	56.66	24	28.84	34	43.34	32	10.61	43	09
2.50	19	59.21	6	28.63	35	44.45	26	12.18	24	10
2.41	27	61.32	2	30.48	26	39.09	42	11.57	30	11
2.35	34	58.98	7	32.37	16	39.47	40	11.86	26	12
1.99	47	47.84	47	47.30	1	30.85	47	8.15	46	13
2.26	40	58.39	12	35.50	8	35.58	45	10.79	39	14
2.65	5	52.96	39	27.60	41	50.80	5	11.19	35	15
2.66	4	54.94	31	26.15	44	51.46	4	12.20	23	16
2.48	21	54.89	34	31.51	23	43.94	31	11.94	25	17
2.75	2	52.70	40	26.39	43	50.06	7	11.39	32	18
2.47	23	57.78	15	29.53	30	46.12	20	12.47	21	19
2.55	11	56.97	21	27.86	40	49.10	11	13.15	12	20
2.65	6	58.09	13	25.80	45	48.09	12	13.02	13	21
2.54	14	56.83	23	28.53	36	45.78	21	11.66	29	22
2.41	28	56.92	22	33.48	12	37.35	44	10.75	40	23
2.47	22	58.62	9	29.42	32	44.41	28	13.43	10	24
2.59	7	58.76	8	28.45	37	40.41	37	11.42	31	25
2.22	42	54.11	36	38.21	2	40.07	39	11.86	27	26
2.22	43	56.09	27	37.53	3	39.10	41	11.22	33	27
2.35	33	59.26	5	32.70	15	42.16	34	12.65	20	28
2.52	17	63.91	1	25.70	46	46.73	18	15.04	2	29
2.40	29	60.28	3	29.35	33	49.50	9	14.49	3	30
2.57	8	53.11	38	29.49	31	49.22	10	11.21	34	31
2.53	16	51.83	42	30.21	28	52.12	3	12.94	15	32
2.43	26	55.90	29	32.22	18	44.01	29	12.77	18	33
2.29	37	57.51	16	34.49	9	41.13	35	12.95	14	34
2.27	39	57.87	14	33.32	13	47.68	16	15.06	1	35
2.39	30	54.93	32	32.16	19	47.54	17	12.88	17	36
2.39	31	57.21	19	31.55	22	45.38	25	13.53	8	37
2.28	38	57.24	18	33.58	11	45.50	24	13.75	7	38
2.20	44	54.92	33	36.43	6	48.08	13	13.16	11	39
2.26	41	54.50	35	37.37	4	38.55	43	10.73	42	40
2.67	3	55.83	30	26.87	42	48.00	14	11.12	36	41
2.37	32	57.08	20	31.94	21	46.34	19	12.92	16	42
2.46	24	56.12	26	30.92	24	45.74	22	12.24	22	43
2.32	35	56.39	25	33.20	14	45.58	23	13.85	6	44
2.31	36	59.30	4	32.12	20	44.42	27	14.06	4	45
2.20	45	58.55	11	35.66	7	43.07	33	13.97	5	46
2.50	18	58.57	10	32.36	17	32.76	46	7.33	47	47

		No. 37 高齢単身世帯の割合（対一般世帯数）Ratio of aged-single-person households #A06304		No. 38 共働き世帯割合（対一般世帯数）Ratio of dual-income households #F01503		No. 39 婚姻率（人口千人当たり）Rate of marriages (per 1,000 persons) #A06601		No. 40 離婚率（人口千人当たり）Rate of divorces (per 1,000 persons) #A06602	
単位	Unit	%		%		—		—	
年度	Fiscal year	2015		2015		2019		2019	
都道府県	Prefecture	指標値 Indicator	順位 Rank	指標値 Indicator	順位 Rank	指標値 Indicator	順位 Rank	指標値 Indicator	順位 Rank
00 全国	All Japan	11.11		24.53		4.75		1.65	
01 北海道	Hokkaido	13.10	9	21.14	45	4.46	14	1.87	4
02 青森県	Aomori-ken	12.09	15	27.58	23	3.69	45	1.61	25
03 岩手県	Iwate-ken	10.91	26	29.84	14	3.66	46	1.43	40
04 宮城県	Miyagi-ken	9.06	45	24.61	35	4.37	19	1.64	16
05 秋田県	Akita-ken	12.34	13	30.18	12	3.27	47	1.32	45
06 山形県	Yamagata-ken	9.42	40	35.77	2	3.72	44	1.33	44
07 福島県	Fukushima-ken	10.63	28	28.62	19	4.07	36	1.62	24
08 茨城県	Ibaraki-ken	8.92	46	28.12	21	4.29	28	1.63	19
09 栃木県	Tochigi-ken	9.16	44	29.03	17	4.43	16	1.64	14
10 群馬県	Gumma-ken	10.35	31	29.48	16	4.24	30	1.62	23
11 埼玉県	Saitama-ken	9.29	41	25.45	31	4.58	10	1.64	15
12 千葉県	Chiba-ken	9.91	35	23.86	39	4.58	11	1.61	26
13 東京都	Tokyo-to	11.05	25	17.76	47	6.18	1	1.63	18
14 神奈川県	Kanagawa-ken	10.06	34	22.05	43	4.99	6	1.62	22
15 新潟県	Niigata-ken	9.73	39	32.85	4	3.93	41	1.27	47
16 富山県	Toyama-ken	10.22	32	34.39	3	4.05	37	1.27	46
17 石川県	Ishikawa-ken	10.12	33	31.63	9	4.38	18	1.35	43
18 福井県	Fukui-ken	9.74	37	36.10	1	4.32	23	1.42	41
19 山梨県	Yamanashi-ken	11.31	21	30.20	11	4.52	13	1.67	13
20 長野県	Nagano-ken	10.45	29	32.82	5	4.30	26	1.45	39
21 岐阜県	Gifu-ken	9.73	38	32.64	6	4.14	33	1.51	37
22 静岡県	Shizuoka-ken	9.76	36	29.99	13	4.35	21	1.60	30
23 愛知県	Aichi-ken	9.18	43	26.53	27	5.29	3	1.63	17
24 三重県	Mie-ken	10.79	27	28.83	18	4.35	22	1.61	27
25 滋賀県	Shiga-ken	8.26	47	29.66	15	4.55	12	1.48	38
26 京都府	Kyoto-fu	11.86	19	22.56	41	4.45	15	1.56	34
27 大阪府	Osaka-fu	13.28	7	19.70	46	5.27	4	1.85	5
28 兵庫県	Hyogo-ken	12.38	12	22.95	40	4.59	9	1.67	12
29 奈良県	Nara-ken	11.19	22	24.07	38	3.95	40	1.52	36
30 和歌山県	Wakayama-ken	15.00	3	26.07	29	4.17	31	1.72	9
31 鳥取県	Tottori-ken	11.12	24	31.29	10	4.30	27	1.59	32
32 島根県	Shimane-ken	11.98	16	32.48	7	3.89	42	1.40	42
33 岡山県	Okayama-ken	11.19	23	26.83	25	4.62	8	1.62	21
34 広島県	Hiroshima-ken	11.91	17	25.24	32	4.70	7	1.60	31
35 山口県	Yamaguchi-ken	14.55	4	24.50	36	4.14	34	1.58	33
36 徳島県	Tokushima-ken	12.90	11	26.64	26	3.95	39	1.54	35
37 香川県	Kagawa-ken	12.12	14	27.02	24	4.43	17	1.75	8
38 愛媛県	Ehime-ken	13.77	5	25.13	33	4.00	38	1.61	28
39 高知県	Kochi-ken	16.49	1	24.23	37	3.77	43	1.78	7
40 福岡県	Fukuoka-ken	11.84	20	21.99	44	5.05	5	1.91	2
41 佐賀県	Saga-ken	10.41	30	32.01	8	4.16	32	1.63	20
42 長崎県	Nagasaki-ken	13.18	8	26.34	28	4.12	35	1.60	29
43 熊本県	Kumamoto-ken	11.88	18	28.29	20	4.31	25	1.69	11
44 大分県	Oita-ken	12.94	10	26.01	30	4.36	20	1.71	10
45 宮崎県	Miyazaki-ken	13.55	6	27.85	22	4.32	24	1.90	3
46 鹿児島県	Kagoshima-ken	15.33	2	25.06	34	4.29	29	1.81	6
47 沖縄県	Okinawa-ken	9.25	42	22.42	42	5.52	2	2.49	1

B. 自然環境　　B Natural Environment

		No. 41 総面積（北方地域及び竹島を含む） Total land area #B011001		No. 42 面積割合（北方地域及び竹島を除く）（対全国総面積） Ratio of total land area, all Japan #B01101		No. 43 森林面積割合（北方地域及び竹島を除く）（対総面積） Ratio of forest area #B01202		No. 44 自然公園面積割合（北方地域及び竹島を除く）（対総面積） Ratio of natural park area #B01204	
単位	Unit	100km²		%		%		%	
年度	Fiscal year	2020		2020		2019		2020	
都道府県 Prefecture		指標値 Indicator	順位 Rank	指標値 Indicator	順位 Rank	指標値 Indicator	順位 Rank	指標値 Indicator	順位 Rank
00 全国	All Japan	3,779.76		100.00		65.5		15.0	
01 北海道	Hokkaido	834.24	1	21.03	1	67.7	22	11.2	34
02 青森県	Aomori-ken	96.46	8	2.59	8	63.6	28	11.8	32
03 岩手県	Iwate-ken	152.75	2	4.10	2	74.6	10	4.7	46
04 宮城県	Miyagi-ken	72.82	16	1.95	16	55.4	34	23.5	10
05 秋田県	Akita-ken	116.38	6	3.12	6	70.3	18	10.6	38
06 山形県	Yamagata-ken	93.23	9	2.50	9	69.0	19	16.7	22
07 福島県	Fukushima-ken	137.84	3	3.70	3	68.0	21	13.0	28
08 茨城県	Ibaraki-ken	60.97	24	1.63	24	32.4	44	14.9	23
09 栃木県	Tochigi-ken	64.08	20	1.72	20	52.9	35	20.8	13
10 群馬県	Gumma-ken	63.62	21	1.71	21	64.0	26	14.0	26
11 埼玉県	Saitama-ken	37.98	39	1.02	39	31.4	45	32.8	5
12 千葉県	Chiba-ken	51.58	28	1.38	28	30.1	46	5.5	45
13 東京都	Tokyo-to	21.94	45	0.59	45	34.7	43	36.4	2
14 神奈川県	Kanagawa-ken	24.16	43	0.65	43	38.7	42	22.8	11
15 新潟県	Niigata-ken	125.84	5	3.37	5	63.5	29	25.2	9
16 富山県	Toyama-ken	42.48	33	1.14	33	56.6	33	29.6	6
17 石川県	Ishikawa-ken	41.86	35	1.12	35	66.3	24	12.6	30
18 福井県	Fukui-ken	41.91	34	1.12	34	73.9	12	14.8	24
19 山梨県	Yamanashi-ken	44.65	32	1.20	32	77.8	4	27.1	8
20 長野県	Nagano-ken	135.62	4	3.64	4	75.3	9	20.5	15
21 岐阜県	Gifu-ken	106.21	7	2.85	7	79.0	2	18.4	17
22 静岡県	Shizuoka-ken	77.77	13	2.09	13	62.8	30	10.8	37
23 愛知県	Aichi-ken	51.73	27	1.39	27	42.1	41	17.2	20
24 三重県	Mie-ken	57.74	25	1.55	25	64.2	25	36.1	3
25 滋賀県	Shiga-ken	40.17	38	1.08	38	50.7	36	37.3	1
26 京都府	Kyoto-fu	46.12	31	1.24	31	74.2	11	20.6	14
27 大阪府	Osaka-fu	19.05	46	0.51	46	29.9	47	10.5	39
28 兵庫県	Hyogo-ken	84.01	12	2.25	12	66.9	23	19.8	16
29 奈良県	Nara-ken	36.91	40	0.99	40	76.9	5	17.2	21
30 和歌山県	Wakayama-ken	47.25	30	1.27	30	76.2	6	12.6	29
31 鳥取県	Tottori-ken	35.07	41	0.94	41	73.4	13	14.0	25
32 島根県	Shimane-ken	67.08	19	1.80	19	78.0	3	6.0	44
33 岡山県	Okayama-ken	71.14	17	1.91	17	68.1	20	11.3	33
34 広島県	Hiroshima-ken	84.80	11	2.27	11	71.9	14	4.5	47
35 山口県	Yamaguchi-ken	61.13	23	1.64	23	71.4	15	7.0	42
36 徳島県	Tokushima-ken	41.47	36	1.11	36	75.4	8	9.3	40
37 香川県	Kagawa-ken	18.77	47	0.50	47	46.4	38	10.9	36
38 愛媛県	Ehime-ken	56.76	26	1.52	26	70.5	17	7.2	41
39 高知県	Kochi-ken	71.04	18	1.90	18	83.3	1	6.7	43
40 福岡県	Fukuoka-ken	49.87	29	1.34	29	44.5	40	17.7	19
41 佐賀県	Saga-ken	24.41	42	0.65	42	45.3	39	11.0	35
42 長崎県	Nagasaki-ken	41.31	37	1.11	37	58.5	32	17.9	18
43 熊本県	Kumamoto-ken	74.09	15	1.99	15	61.8	31	21.0	12
44 大分県	Oita-ken	63.41	22	1.70	22	70.8	16	27.6	7
45 宮崎県	Miyazaki-ken	77.35	14	2.07	14	75.5	7	11.9	31
46 鹿児島県	Kagoshima-ken	91.87	10	2.46	10	63.7	27	13.6	27
47 沖縄県	Okinawa-ken	22.83	44	0.61	44	46.7	37	35.7	4

自然環境 B （指標）

No. 15 可住地面積割合 (北方地域及び竹島を除く) (対総面積) Ratio of inhabitable area #B01301 % 2020		No. 46 年平均気温 Yearly average of air temperature #B02101 ˚C 2020 1)		No. 47 * 最高気温 (日最高気温の月平均の最高値) Highest temperature among monthly averages of daily highest #B02102 ˚C 2020 1)		No. 48 * 最低気温 (日最低気温の月平均の最低値) Lowest temperature among monthly averages of daily lowest #B02103 ˚C 2020 1)		No. 49 * 年平均相対湿度 Yearly average of relative humidity #B02201 % 2020 1)		都道府県コード Pref. code
指標値 Indicator	順位 Rank	指標値 Indicator	順位 Rank	指標値 Indicator	順位 Rank	指標値 Indicator	順位 Rank	指標値 Indicator	順位 Rank	
33.0		...		...		...		...		00
28.9	30	10.0	47	28.1	47	-5.3	1	71	22	01
33.7	22	11.6	45	29.5	46	-1.7	4	76	6	02
24.6	38	11.4	46	30.4	44	-3.3	2	77	2	03
43.7	13	13.7	41	30.9	43	0.5	11	74	16	04
27.8	33	12.8	44	30.3	45	-0.8	6	75	12	05
30.8	27	13.0	43	32.7	39	-1.3	5	75	12	06
30.7	28	14.1	40	33.6	31	0.3	10	72	20	07
63.8	5	15.0	37	32.2	40	0.2	7	74	16	08
46.9	12	15.0	37	33.6	31	0.2	7	73	18	09
35.7	21	15.8	32	35.1	11	1.7	17	66	42	10
68.5	2	16.2	27	35.6	7	1.2	13	69	32	11
68.5	3	17.0	19	33.2	36	4.5	38	67	40	12
64.8	4	16.5	24	34.1	23	3.7	32	71	22	13
61.0	6	17.0	19	33.7	29	4.7	41	70	30	14
36.2	17	14.7	39	31.5	42	1.5	14	76	6	15
43.4	14	15.4	36	33.9	28	1.6	15	78	1	16
33.3	23	15.9	29	32.9	37	2.8	24	69	32	17
25.7	36	15.6	35	34.0	24	2.2	20	77	2	18
21.3	44	15.9	29	35.8	4	0.2	7	68	37	19
24.0	41	13.1	42	33.5	34	-2.1	3	76	6	20
20.8	45	17.0	19	35.9	2	2.8	24	65	44	21
35.7	20	17.8	5	33.4	35	4.6	39	71	22	22
57.9	7	17.0	19	35.9	2	3.1	27	68	37	23
35.7	19	17.1	17	33.6	31	3.8	34	63	46	24
32.3	25	15.8	32	34.2	20	2.4	23	76	6	25
25.5	37	17.0	19	36.2	1	3.3	29	67	40	26
70.0	1	17.7	7	35.7	6	4.7	41	65	44	27
33.0	24	17.6	9	34.0	24	5.1	44	66	42	28
23.1	43	16.3	26	35.8	4	2.3	21	71	22	29
23.8	42	17.5	11	34.5	15	4.3	37	68	37	30
25.8	35	15.9	29	35.0	13	2.3	21	76	6	31
18.9	46	15.8	32	34.0	24	2.1	19	77	2	32
31.3	26	16.5	24	35.6	7	1.6	15	71	22	33
27.1	34	17.1	17	34.5	15	3.6	31	61	47	34
28.1	32	16.1	28	35.1	11	0.8	12	75	12	35
24.5	39	17.5	11	34.6	14	4.6	39	70	30	36
53.5	10	17.4	14	35.5	9	3.1	27	69	32	37
29.4	29	17.3	16	34.5	15	4.2	36	69	32	38
16.3	47	17.8	5	34.0	24	3.9	35	71	22	39
55.4	8	17.9	4	34.5	15	5.2	45	69	32	40
54.7	9	17.5	11	34.5	15	2.9	26	71	22	41
40.4	15	17.7	7	32.8	38	4.7	41	75	12	42
37.1	16	17.6	9	35.2	10	1.8	18	72	20	43
28.3	31	17.4	14	34.2	20	3.4	30	71	22	44
24.3	40	18.3	3	33.7	29	3.7	32	76	6	45
35.8	18	19.2	2	34.2	20	6.1	46	73	18	46
49.4	11	23.8	1	32.2	40	16.1	47	77	2	47

注）項目欄に「＊」の付されている項目は，都道府県庁所在地のデータである。
1）ただし，上記の気象項目については，埼玉県は熊谷市，東京都は千代田区，滋賀県は彦根市における気象台の観測値である。
Note : Items with * refer to the cities with prefectural governments.
1) However, with regard to weather information, Kumagaya-shi observations are used for Saitama-ken, Chiyoda-ku for Tokyo-to, and Hikone-shi for Shiga-ken.

		No. 50　　　　　　＊		No. 51　　　　　　＊		No. 52　　　　　　＊		No. 53　　　　　　＊	
		日照時間（年間） Yearly sunshine hours #B02401　　　　　1)		降水量（年間） Yearly precipitation #B02402　　　　　1)		快晴日数（年間） Yearly clear days #B02301　　　　　2)		降水日数（年間） Yearly rainy days #B02303　　　　　1)	
単位	Unit	時間：hours		mm		日：days		日：days	
年度	Fiscal year	2020		2020		2020		2020	
都道府県	Prefecture	指標値 Indicator	順位 Rank	指標値 Indicator	順位 Rank	指標値 Indicator	順位 Rank	指標値 Indicator	順位 Rank
00　全国	All Japan	...		...		...		...	
01　北海道	Hokkaido	1,764.3	36	905.0	47	13	8	151	8
02　青森県	Aomori-ken	1,598.9	44	1,417.0	37	...	–	159	6
03　岩手県	Iwate-ken	1,563.8	45	1,462.0	34	...	–	131	11
04　宮城県	Miyagi-ken	1,797.2	34	1,247.0	42	12	9	99	39
05　秋田県	Akita-ken	1,535.7	47	2,022.5	18	...	–	192	2
06　山形県	Yamagata-ken	1,547.1	46	1,284.5	41	...	–	127	13
07　福島県	Fukushima-ken	1,683.5	41	1,224.5	43	...	–	108	25
08　茨城県	Ibaraki-ken	2,058.8	21	1,422.0	36	...	–	122	15
09　栃木県	Tochigi-ken	1,967.2	27	1,353.5	39	...	–	105	34
10　群馬県	Gumma-ken	2,154.8	16	1,315.5	40	...	–	96	42
11　埼玉県	Saitama-ken	2,110.6	19	1,364.0	38	...	–	101	38
12　千葉県	Chiba-ken	1,880.4	32	1,791.5	22	...	–	115	18
13　東京都	Tokyo-to	1,889.5	30	1,590.0	32	29	4	108	25
14　神奈川県	Kanagawa-ken	2,005.1	25	1,687.5	25	...	–	108	25
15　新潟県	Niigata-ken	1,608.5	43	2,077.5	16	10	10	182	4
16　富山県	Toyama-ken	1,664.6	42	2,136.0	13	...	–	186	3
17　石川県	Ishikawa-ken	1,735.8	38	2,535.5	6	...	–	194	1
18　福井県	Fukui-ken	1,695.3	40	2,531.5	7	...	–	181	5
19　山梨県	Yamanashi-ken	2,250.3	2	1,431.0	35	...	–	89	45
20　長野県	Nagano-ken	1,949.1	28	1,030.0	46	...	–	106	31
21　岐阜県	Gifu-ken	2,172.7	11	2,088.5	15	...	–	110	23
22　静岡県	Shizuoka-ken	2,245.1	3	2,613.5	5	...	–	108	25
23　愛知県	Aichi-ken	2,215.8	5	1,711.0	24	31	3	112	20
24　三重県	Mie-ken	2,174.5	9	1,787.0	23	...	–	109	24
25　滋賀県	Shiga-ken	1,905.9	29	1,862.5	20	...	–	135	10
26　京都府	Kyoto-fu	1,851.9	33	1,644.5	28	...	–	112	20
27　大阪府	Osaka-fu	2,149.6	17	1,521.5	33	24	7	102	37
28　兵庫県	Hyogo-ken	2,185.8	7	1,614.5	31	...	–	98	41
29　奈良県	Nara-ken	1,881.7	31	1,628.5	30	...	–	105	34
30　和歌山県	Wakayama-ken	2,178.5	8	1,657.5	27	...	–	106	31
31　鳥取県	Tottori-ken	1,726.8	39	2,096.0	14	...	–	156	7
32　島根県	Shimane-ken	1,780.8	35	2,015.0	19	...	–	137	9
33　岡山県	Okayama-ken	2,162.4	15	1,154.0	44	...	–	85	47
34　広島県	Hiroshima-ken	2,167.1	12	2,026.5	17	26	6	99	39
35　山口県	Yamaguchi-ken	2,007.4	24	2,277.0	11	...	–	112	20
36　徳島県	Tokushima-ken	2,240.5	4	1,644.0	29	...	–	92	44
37　香川県	Kagawa-ken	2,174.0	10	1,108.5	45	33	2	87	46
38　愛媛県	Ehime-ken	2,162.8	14	1,662.0	26	...	–	95	43
39　高知県	Kochi-ken	2,310.1	1	3,238.5	1	...	–	115	18
40　福岡県	Fukuoka-ken	2,040.5	23	2,212.5	12	28	5	107	30
41　佐賀県	Saga-ken	2,095.0	20	2,876.0	3	...	–	108	25
42　長崎県	Nagasaki-ken	1,974.3	26	2,709.5	4	...	–	118	17
43　熊本県	Kumamoto-ken	2,130.6	18	2,467.5	9	...	–	106	31
44　大分県	Oita-ken	2,166.4	13	1,860.0	21	...	–	105	34
45　宮崎県	Miyazaki-ken	2,208.0	6	2,279.5	10	...	–	120	16
46　鹿児島県	Kagoshima-ken	2,041.4	22	2,977.5	2	42	1	127	13
47　沖縄県	Okinawa-ken	1,737.2	37	2,481.0	8	3	11	129	12

注）項目欄に「＊」の付されている項目は，都道府県庁所在地のデータである。
1)ただし，上記の気象項目については，埼玉県は熊谷市，東京都は千代田区，滋賀県は彦根市における気象台の観測値である。
2)ただし，上記の気象項目については，埼玉県は熊谷市，千葉県は銚子市，東京都は千代田区，滋賀県は彦根市，山口県は下関市における気象台の観測値である。

自然環境 B （指標）

No. 54 * 雪日数（年間） Yearly snowy days #B02304 1) 日：days 2020		都道府県コード
指標値 Indicator	順位 Rank	Pref. code
. . .		00
118	1	01
. . .	–	02
. . .	–	03
41	4	04
. . .	–	05
. . .	–	06
. . .	–	07
19	6	08
14	8	09
20	5	10
8	11	11
11	9	12
6	14	13
10	10	14
45	3	15
. . .	–	16
. . .	–	17
. . .	–	18
8	11	19
73	2	20
. . .	–	21
. . .	–	22
3	15	23
. . .	–	24
. . .	–	25
. . .	–	26
1	18	27
. . .	–	28
. . .	–	29
. . .	–	30
. . .	–	31
. . .	–	32
. . .	–	33
7	13	34
15	7	35
. . .	–	36
3	15	37
. . .	–	38
. . .	–	39
2	17	40
. . .	–	41
. . .	–	42
. . .	–	43
. . .	–	44
. . .	–	45
1	18	46
0	20	47

Note : Items with * refer to the cities with prefectural governments.
1) However, with regard to weather information, Kumagaya-shi observations are used for Saitama-ken, Chiyoda-ku for Tokyo-to, and Hikone-shi for Shiga-ken.
2) However, with regard to weather information, Kumagaya-shi observation is used for Saitama-ken, Choshi-shi for Chiba-ken, Chiyoda-ku for Tokyo-to, Hikone-shi for Shiga-ken, and Shimonoseki-shi for Yamaguchi-ken.

C. 経済基盤　　C Economic Base

		No. 55 1人当たり県民所得 （平成23年基準） Prefectural income per person (2011 base) #C01311		No. 56 県内総生産額 対前年増加率 （平成23年基準） Annual increase rate of gross prefectural product (2011 base) #C01111		No. 57 県民所得 対前年増加率 （平成23年基準） Annual increase rate of prefectural income (2011 base) #C01115		No. 58 県民総所得（名目） 対前年増加率 （平成23年基準） Annual increase rate of gross prefectural income (nominal) (2011 base) #C01116	
単位　Unit		千円：thousand yen		%		%		%	
年度　Fiscal year		2017		2017		2017		2017	
都道府県　Prefecture		指標値 Indicator	順位 Rank	指標値 Indicator	順位 Rank	指標値 Indicator	順位 Rank	指標値 Indicator	順位 Rank
00	全国　All Japan	3,304		2.0		2.4		2.2	
01	北海道　Hokkaido	2,682	36	1.7	30	2.6	25	2.0	30
02	青森県　Aomori-ken	2,490	44	-1.5	46	-2.3	46	-0.6	45
03	岩手県　Iwate-ken	2,772	32	2.1	27	2.4	27	2.1	28
04	宮城県　Miyagi-ken	2,944	24	0.9	40	1.6	36	1.4	38
05	秋田県　Akita-ken	2,699	35	3.9	3	4.5	4	4.0	3
06	山形県　Yamagata-ken	2,923	26	5.4	2	6.4	1	5.8	1
07	福島県　Fukushima-ken	2,971	21	-0.9	45	0.3	45	-0.7	46
08	茨城県　Ibaraki-ken	3,306	7	5.8	1	6.2	2	5.6	2
09	栃木県　Tochigi-ken	3,413	3	2.4	20	3.0	20	2.4	25
10	群馬県　Gumma-ken	3,325	5	3.4	6	4.8	3	3.7	6
11	埼玉県　Saitama-ken	3,067	17	3.3	8	3.6	11	3.5	8
12	千葉県　Chiba-ken	3,193	12	3.1	11	4.2	6	3.2	12
13	東京都　Tokyo-to	5,427	1	1.0	39	1.0	42	1.0	43
14	神奈川県　Kanagawa-ken	3,227	11	2.4	18	1.3	39	1.7	34
15	新潟県　Niigata-ken	2,873	28	1.4	35	0.9	43	1.2	40
16	富山県　Toyama-ken	3,319	6	2.4	19	2.8	22	2.8	18
17	石川県　Ishikawa-ken	2,962	23	1.6	31	2.1	31	2.1	29
18	福井県　Fukui-ken	3,265	9	3.7	5	4.1	7	3.9	4
19	山梨県　Yamanashi-ken	2,973	20	3.4	7	3.2	19	2.9	16
20	長野県　Nagano-ken	2,940	25	2.4	21	2.7	24	2.5	24
21	岐阜県　Gifu-ken	2,849	29	2.2	26	1.3	40	1.8	31
22	静岡県　Shizuoka-ken	3,388	4	1.2	38	1.6	35	1.6	37
23	愛知県　Aichi-ken	3,685	2	2.3	24	1.9	32	2.1	27
24	三重県　Mie-ken	3,111	15	1.6	33	1.4	38	1.8	32
25	滋賀県　Shiga-ken	3,290	8	2.5	17	3.3	17	2.6	20
26	京都府　Kyoto-fu	3,018	18	1.9	28	2.1	30	2.2	26
27	大阪府　Osaka-fu	3,183	13	3.3	9	4.4	5	3.9	5
28	兵庫県　Hyogo-ken	2,966	22	1.9	29	2.1	29	2.5	23
29	奈良県　Nara-ken	2,600	40	1.3	37	2.9	21	2.5	22
30	和歌山県　Wakayama-ken	2,797	31	-4.6	47	-5.1	47	-4.0	47
31	鳥取県　Tottori-ken	2,485	46	3.0	13	3.9	9	3.4	9
32	島根県　Shimane-ken	2,553	42	-0.5	44	0.5	44	0.4	44
33	岡山県　Okayama-ken	2,839	30	2.3	23	3.4	14	2.8	19
34	広島県　Hiroshima-ken	3,167	14	0.4	42	2.5	26	1.1	41
35	山口県　Yamaguchi-ken	3,258	10	3.2	10	3.6	13	3.4	10
36	徳島県　Tokushima-ken	3,091	16	2.7	15	3.3	16	3.0	14
37	香川県　Kagawa-ken	3,018	18	1.4	34	2.3	28	1.8	33
38	愛媛県　Ehime-ken	2,741	33	2.6	16	3.7	10	3.3	11
39	高知県　Kochi-ken	2,650	37	0.8	41	1.8	33	1.4	39
40	福岡県　Fukuoka-ken	2,888	27	2.2	25	3.3	18	3.0	15
41	佐賀県　Saga-ken	2,630	38	2.4	22	2.7	23	2.5	21
42	長崎県　Nagasaki-ken	2,571	41	0.1	43	1.2	41	1.0	42
43	熊本県　Kumamoto-ken	2,613	39	2.8	14	3.4	15	2.8	17
44	大分県　Oita-ken	2,710	34	3.8	4	3.6	12	3.5	7
45	宮崎県　Miyazaki-ken	2,487	45	1.3	36	1.5	37	1.7	36
46	鹿児島県　Kagoshima-ken	2,492	43	3.1	12	4.0	8	3.2	13
47	沖縄県　Okinawa-ken	2,349	47	1.6	32	1.7	34	1.7	35

No. 59 第2次産業事業所数構成比（対事業所数） Ratio of secondary industry establishments #C02104 % 2014		No. 60 第3次産業事業所数構成比（対事業所数） Ratio of tertiary industry establishments #C02105 % 2014		No. 61 従業者1～4人の事業所割合（対民営事業所数） Ratio of private establishments with 1-4 employees #C02206 % 2016		No. 62 従業者100～299人の事業所割合（対民営事業所数） Ratio of private establishments with 100-299 employees #C02209 % 2016		No. 63 従業者300人以上の事業所割合（対民営事業所数） Ratio of private establishments with 300 employees and over #C02210 % 2016		都道府県コード
指標値 Indicator	順位 Rank	指標値 Indicator	順位 Rank	指標値 Indicator	順位 Rank	指標値 Indicator	順位 Rank	指標値 Indicator	順位 Rank	Pref. code
17.65		81.75		57.05		0.93		0.23		00
14.03	45	84.07	5	57.10	37	0.82	20	0.15	24	01
14.73	43	84.06	6	59.90	16	0.69	37	0.09	46	02
15.87	34	82.62	18	58.32	29	0.69	36	0.12	39	03
15.94	33	83.41	14	54.34	43	0.84	17	0.19	17	04
17.76	22	80.73	29	61.25	8	0.59	44	0.10	44	05
20.20	15	78.89	34	61.90	5	0.65	40	0.14	31	06
19.76	16	79.49	32	58.46	28	0.77	24	0.14	32	07
22.12	5	77.16	43	57.05	38	0.94	9	0.24	5	08
21.82	8	77.50	41	58.79	24	0.83	19	0.21	11	09
23.01	3	76.29	45	59.73	17	0.84	18	0.21	9	10
21.92	6	77.84	40	55.82	41	0.96	7	0.21	10	11
16.49	29	83.00	15	54.25	44	1.01	5	0.22	7	12
13.84	46	86.08	2	53.28	47	1.38	1	0.49	1	13
16.16	31	83.61	10	54.06	46	1.08	2	0.30	2	14
21.86	7	77.10	44	60.23	12	0.79	23	0.14	30	15
20.77	12	78.36	37	58.92	22	0.93	10	0.16	22	16
22.14	4	77.18	42	60.10	14	0.75	26	0.16	20	17
23.60	2	75.68	46	60.35	11	0.74	27	0.13	33	18
20.79	11	78.53	36	62.03	4	0.68	39	0.15	28	19
21.01	10	77.95	39	61.79	6	0.72	30	0.15	27	20
24.05	1	75.30	47	60.37	9	0.72	29	0.15	26	21
21.60	9	77.99	38	59.19	21	0.91	11	0.18	18	22
20.28	14	79.43	33	54.21	45	1.08	3	0.27	3	23
19.73	17	79.51	31	57.77	32	0.87	14	0.20	14	24
20.61	13	78.70	35	57.59	33	1.07	4	0.24	6	25
19.42	18	80.32	30	59.95	15	0.81	21	0.21	8	26
17.32	23	82.61	19	56.05	40	1.00	6	0.26	4	27
16.13	32	83.57	12	57.40	34	0.95	8	0.20	13	28
17.84	21	81.86	25	58.79	25	0.71	31	0.16	23	29
17.31	24	82.20	23	63.87	1	0.58	46	0.10	45	30
14.95	41	83.77	8	58.11	30	0.70	33	0.12	42	31
17.26	25	81.56	26	60.35	10	0.51	47	0.11	43	32
18.33	19	81.06	27	56.86	39	0.90	12	0.19	16	33
16.93	27	82.44	21	57.27	35	0.87	15	0.20	15	34
15.74	35	83.57	11	58.54	27	0.76	25	0.16	21	35
16.29	30	82.77	16	62.24	3	0.59	45	0.12	40	36
18.10	20	80.98	28	58.87	23	0.80	22	0.13	37	37
16.99	26	82.09	24	59.32	20	0.69	34	0.13	34	38
14.81	42	84.13	4	62.63	2	0.60	43	0.07	47	39
14.60	44	85.07	3	54.60	42	0.88	13	0.20	12	40
16.78	28	82.45	20	57.95	31	0.86	16	0.15	25	41
15.26	38	83.86	7	60.21	13	0.61	42	0.13	35	42
15.40	37	83.43	13	57.18	36	0.73	28	0.17	19	43
14.99	40	83.61	9	58.66	26	0.68	38	0.13	36	44
15.67	36	82.27	22	59.71	18	0.65	41	0.12	41	45
15.20	39	82.73	17	59.33	19	0.70	32	0.13	38	46
11.08	47	88.25	1	61.70	7	0.69	35	0.14	29	47

18

			No. 64 第2次産業従業者数（1事業所当たり） Number of employees in secondary industry (per establishment) #C03305		No. 65 第3次産業従業者数（1事業所当たり） Number of employees in tertiary industry (per establishment) #C03306		No. 66 従業者1～4人の事業所の従業者割合（対民営事業所従業者数） Ratio of employees in private establishments with 1-4 employees #C03206		No. 67 従業者100～299人の事業所の従業者割合（対民営事業所従業者数） Ratio of employees in private establishments with 100-299 employees #C03209	
単位		Unit	人：persons		人：persons		％		％	
年度		Fiscal year	2014		2014		2016		2016	
	都道府県	Prefecture	指標値 Indicator	順位 Rank	指標値 Indicator	順位 Rank	指標値 Indicator	順位 Rank	指標値 Indicator	順位 Rank
00	全国	All Japan	12.95		10.41		11.46		13.74	
01	北海道	Hokkaido	11.50	33	9.85	11	12.51	31	13.26	19
02	青森県	Aomori-ken	12.48	22	8.68	32	14.27	13	12.34	33
03	岩手県	Iwate-ken	14.78	5	8.56	38	13.35	23	11.75	40
04	宮城県	Miyagi-ken	13.49	16	10.22	8	11.50	38	12.67	27
05	秋田県	Akita-ken	11.45	35	8.19	42	14.65	9	10.94	44
06	山形県	Yamagata-ken	12.51	21	8.01	46	14.94	6	12.08	37
07	福島県	Fukushima-ken	13.54	13	8.57	37	13.21	24	12.90	24
08	茨城県	Ibaraki-ken	13.70	12	9.90	10	11.39	40	13.79	12
09	栃木県	Tochigi-ken	13.52	14	9.27	18	12.29	33	12.90	23
10	群馬県	Gumma-ken	12.91	18	9.21	20	12.60	30	13.48	16
11	埼玉県	Saitama-ken	11.64	30	10.64	6	11.27	41	14.09	9
12	千葉県	Chiba-ken	12.00	28	11.28	3	10.49	44	14.08	10
13	東京都	Tokyo-to	12.88	19	14.86	1	8.13	47	15.35	2
14	神奈川県	Kanagawa-ken	14.01	11	11.92	2	9.78	46	14.42	5
15	新潟県	Niigata-ken	11.59	32	8.67	33	13.79	18	13.44	17
16	富山県	Toyama-ken	14.90	4	8.64	35	12.69	29	14.49	4
17	石川県	Ishikawa-ken	10.67	43	8.85	28	14.06	16	12.81	25
18	福井県	Fukui-ken	10.87	41	8.61	36	14.07	15	13.00	21
19	山梨県	Yamanashi-ken	11.11	40	8.16	43	15.05	4	11.97	38
20	長野県	Nagano-ken	11.71	29	8.19	41	14.71	7	12.65	28
21	岐阜県	Gifu-ken	11.19	37	8.41	39	14.32	11	12.44	32
22	静岡県	Shizuoka-ken	14.27	9	9.03	21	12.49	32	14.36	6
23	愛知県	Aichi-ken	17.09	1	10.94	5	9.84	45	14.09	8
24	三重県	Mie-ken	15.84	3	9.24	19	11.77	36	13.08	20
25	滋賀県	Shiga-ken	16.50	2	9.79	12	11.02	42	15.71	1
26	京都府	Kyoto-fu	10.13	44	10.19	9	12.77	27	12.96	22
27	大阪府	Osaka-fu	12.29	26	11.10	4	10.86	43	14.16	7
28	兵庫県	Hyogo-ken	14.30	6	9.62	13	11.96	35	14.75	3
29	奈良県	Nara-ken	10.70	42	9.57	15	13.54	21	11.68	41
30	和歌山県	Wakayama-ken	10.08	45	7.96	47	16.48	1	10.98	43
31	鳥取県	Tottori-ken	12.82	20	8.72	30	13.46	22	12.12	35
32	島根県	Shimane-ken	11.15	38	8.14	45	14.97	5	9.06	47
33	岡山県	Okayama-ken	14.27	8	9.54	16	11.76	37	13.56	14
34	広島県	Hiroshima-ken	14.18	10	9.62	14	11.96	34	13.63	13
35	山口県	Yamaguchi-ken	14.28	7	8.92	26	13.05	25	12.78	26
36	徳島県	Tokushima-ken	12.41	24	8.15	44	15.35	3	10.80	45
37	香川県	Kagawa-ken	12.18	27	8.98	24	13.56	20	13.50	15
38	愛媛県	Ehime-ken	11.62	31	8.74	29	13.90	17	12.15	34
39	高知県	Kochi-ken	9.19	47	8.21	40	16.09	2	12.44	31
40	福岡県	Fukuoka-ken	12.45	23	10.38	7	11.39	39	13.37	18
41	佐賀県	Saga-ken	13.51	15	8.97	25	13.02	26	13.81	11
42	長崎県	Nagasaki-ken	11.47	34	9.00	22	14.70	8	10.72	46
43	熊本県	Kumamoto-ken	12.35	25	9.34	17	12.75	28	12.12	36
44	大分県	Oita-ken	13.45	17	8.70	31	13.61	19	11.62	42
45	宮崎県	Miyazaki-ken	11.13	39	8.65	34	14.32	10	11.92	39
46	鹿児島県	Kagoshima-ken	11.24	36	8.87	27	14.11	14	12.52	30
47	沖縄県	Okinawa-ken	9.61	46	8.99	23	14.27	12	12.55	29

No. 68 従業者300人以上の事業所の従業者割合（対民営事業所従業者数）Ratio of employees in private establishments with 300 employees and over #C03210 % 2016		No. 69 就業者1人当たり農業産出額（個人経営体）Gross agricultural product per agricultural worker (Independent management) #C0410102 万円：10 thousand yen 2019		No. 70 耕地面積比率（耕地面積／総面積）Ratio of cultivated land area #C04105 % 2020		No. 71 土地生産性（耕地面積1ヘクタール当たり）Land productivity (per hectare of cultivated land area) #C04106 万円：10 thousand yen 2019		No. 72 耕地面積（農家1戸当たり）Cultivated land area (per farm household) #C0410701 ㎡ 2020		都道府県コード Pref. code
指標値 Indicator	順位 Rank	指標値 Indicator	順位 Rank	指標値 Indicator	順位 Rank	指標値 Indicator	順位 Rank	指標値 Indicator	順位 Rank	
14.60		655.8		11.7		203.3		25,024.6		00
8.95	31	1,777.7	1	14.6	12	109.8	47	304,037.9	1	01
5.43	46	652.6	11	15.5	10	208.5	31	41,080.5	2	02
7.19	43	601.9	15	9.8	24	178.6	36	28,374.6	7	03
10.31	20	588.7	17	17.3	6	153.0	38	30,306.7	5	04
7.44	42	572.7	21	12.6	17	131.3	43	39,524.7	3	05
7.93	37	655.1	10	12.5	18	218.0	28	29,499.3	6	06
8.58	33	404.3	42	10.0	23	149.4	39	22,082.9	19	07
14.11	9	748.2	6	26.8	1	261.4	16	22,797.9	17	08
14.19	8	666.2	9	19.0	5	233.2	22	26,405.8	10	09
12.95	11	848.3	4	10.5	21	349.3	6	15,801.3	27	10
11.66	17	445.3	34	19.5	4	225.2	23	15,948.2	26	11
13.04	10	766.8	5	23.9	2	309.7	12	24,298.6	14	12
27.00	1	293.5	47	3.0	47	348.2	8	6,825.5	46	13
17.03	3	398.1	43	7.6	35	348.4	7	8,642.6	44	14
7.84	39	541.2	24	13.4	15	147.1	40	27,015.8	9	15
10.26	21	580.9	19	13.7	14	112.2	46	33,614.4	4	16
10.09	23	564.8	22	9.7	26	134.4	42	25,702.4	11	17
9.13	29	533.8	25	9.5	27	116.7	45	24,909.7	13	18
9.88	25	445.9	33	5.2	44	388.9	5	8,361.3	45	19
9.82	26	460.4	32	7.8	34	240.9	21	11,727.9	38	20
8.90	32	506.1	28	5.2	45	191.4	34	11,341.3	40	21
12.12	14	511.1	27	8.1	33	308.7	13	12,377.8	34	22
18.54	2	734.3	8	14.2	13	397.4	4	12,071.1	35	23
14.68	5	587.7	18	10.0	22	189.4	35	17,297.9	22	24
14.22	7	649.5	12	12.7	16	125.6	44	23,303.4	16	25
14.63	6	440.2	36	6.5	40	222.7	24	11,942.5	36	26
15.07	4	384.3	44	6.6	39	252.0	19	6,005.9	47	27
12.38	13	436.2	38	8.7	29	205.6	32	10,875.4	41	28
9.67	27	379.2	45	5.4	43	199.5	33	9,111.6	43	29
7.66	41	407.7	41	6.7	38	344.4	9	12,587.6	32	30
7.07	44	438.8	37	9.8	25	221.9	26	14,844.6	28	31
8.57	34	423.9	39	5.4	42	167.2	37	13,389.2	30	32
11.71	16	484.4	30	8.9	28	219.7	27	12,535.7	33	33
12.86	12	476.1	31	6.3	41	215.9	30	11,801.0	37	34
10.14	22	378.6	46	7.3	36	135.6	41	16,424.0	24	35
10.32	19	500.9	29	6.9	37	333.7	10	11,346.0	39	36
7.81	40	441.5	35	15.8	9	268.6	15	10,163.6	42	37
7.86	38	421.2	40	8.3	32	251.5	20	13,430.9	29	38
4.31	47	577.3	20	3.7	46	413.7	3	13,350.7	31	39
11.77	15	532.3	26	16.0	8	252.4	18	19,274.0	21	40
8.56	35	596.9	16	20.8	3	222.1	25	27,245.9	8	41
9.04	30	602.6	14	11.2	20	326.8	11	16,300.1	25	42
10.44	18	649.1	13	14.7	11	303.9	14	22,786.6	18	43
9.26	28	555.9	23	8.6	30	216.9	29	17,118.4	23	44
6.85	45	1,075.7	3	8.4	31	514.5	1	21,073.0	20	45
8.26	36	1,301.2	2	12.5	19	421.6	2	23,738.6	15	46
9.89	24	735.2	7	16.2	7	260.5	17	25,089.8	12	47

20

			No. 73 製造品出荷額等（従業者1人当たり） Value of manufactured goods shipments, etc. (per employee) #C04401		No. 74 製造品出荷額等（1事業所当たり） Value of manufactured goods shipments, etc. (per establishment) #C04404		No. 75 商業年間商品販売額（卸売業＋小売業）（従業者1人当たり） Annual sales of commercial goods (Wholesale and retail trade) (per employee) #C04505		No. 76 商業年間商品販売額（卸売業＋小売業）（1事業所当たり） Annual sales of commercial goods (Wholesale and retail trade) (per establishment) #C04507	
単位	Unit		万円：10 thousand yen		百万円：million yen		万円：10 thousand yen		百万円：million yen	
年度	Fiscal year		2019		2019		2018		2018	
都道府県	Prefecture		指標値 Indicator	順位 Rank	指標値 Indicator	順位 Rank	指標値 Indicator	順位 Rank	指標値 Indicator	順位 Rank
00	全国	All Japan	4,146.7		1,742.3		3,971.7		339.9	
01	北海道	Hokkaido	3,544.4	23	1,194.7	31	3,459.2	8	285.0	8
02	青森県	Aomori-ken	2,999.2	33	1,254.3	30	2,780.0	24	193.4	25
03	岩手県	Iwate-ken	2,986.4	35	1,258.4	29	2,791.6	23	192.6	26
04	宮城県	Miyagi-ken	3,818.7	21	1,757.9	17	4,174.2	4	341.4	4
05	秋田県	Akita-ken	2,056.6	46	751.7	44	2,596.2	35	168.1	36
06	山形県	Yamagata-ken	2,816.1	41	1,168.2	33	2,626.4	34	166.0	38
07	福島県	Fukushima-ken	3,169.7	28	1,446.6	23	2,945.1	17	202.1	24
08	茨城県	Ibaraki-ken	4,595.9	11	2,487.4	7	2,757.1	25	215.9	19
09	栃木県	Tochigi-ken	4,332.2	15	2,161.1	10	3,114.8	13	230.0	15
10	群馬県	Gumma-ken	4,213.9	16	1,935.8	14	3,595.1	7	271.1	10
11	埼玉県	Saitama-ken	3,446.5	24	1,274.4	28	2,889.3	19	271.1	9
12	千葉県	Chiba-ken	5,904.4	3	2,577.9	6	2,837.9	21	261.2	11
13	東京都	Tokyo-to	2,900.3	38	725.5	45	7,496.5	1	969.1	1
14	神奈川県	Kanagawa-ken	4,985.9	9	2,414.8	9	2,863.2	20	286.8	7
15	新潟県	Niigata-ken	2,618.4	43	948.3	42	2,966.2	16	212.6	21
16	富山県	Toyama-ken	3,071.5	29	1,439.4	24	3,214.3	10	213.1	20
17	石川県	Ishikawa-ken	2,861.7	40	1,073.9	39	3,197.8	11	231.4	14
18	福井県	Fukui-ken	3,034.9	31	1,080.4	37	2,700.9	30	182.2	32
19	山梨県	Yamanashi-ken	3,445.7	25	1,463.4	22	2,443.8	40	166.5	37
20	長野県	Nagano-ken	3,005.0	32	1,276.2	27	2,941.6	18	207.4	23
21	岐阜県	Gifu-ken	2,890.2	39	1,077.9	38	2,647.1	32	185.0	30
22	静岡県	Shizuoka-ken	4,150.4	17	1,905.6	16	3,130.9	12	223.4	16
23	愛知県	Aichi-ken	5,552.3	5	3,127.8	3	4,652.5	2	437.4	3
24	三重県	Mie-ken	5,240.2	6	3,147.5	2	2,456.3	39	179.5	34
25	滋賀県	Shiga-ken	4,970.2	10	3,030.3	5	2,308.9	44	187.5	28
26	京都府	Kyoto-fu	3,907.8	19	1,374.2	26	2,627.4	33	218.7	17
27	大阪府	Osaka-fu	3,785.9	22	1,092.8	36	4,494.3	3	444.4	2
28	兵庫県	Hyogo-ken	4,467.2	12	2,136.3	11	3,101.8	14	252.7	12
29	奈良県	Nara-ken	3,429.4	26	1,156.6	34	1,991.7	47	149.6	46
30	和歌山県	Wakayama-ken	5,014.7	8	1,594.9	19	2,584.5	37	156.8	43
31	鳥取県	Tottori-ken	2,304.0	44	937.1	43	2,729.1	27	185.4	29
32	島根県	Shimane-ken	2,916.5	36	1,094.9	35	2,589.5	36	155.8	44
33	岡山県	Okayama-ken	5,122.0	7	2,437.2	8	2,833.5	22	217.9	18
34	広島県	Hiroshima-ken	4,423.1	14	2,078.0	12	3,665.6	6	294.8	6
35	山口県	Yamaguchi-ken	6,792.3	1	3,848.2	1	2,426.3	42	164.7	41
36	徳島県	Tokushima-ken	4,043.4	18	1,750.6	18	2,530.3	38	160.7	42
37	香川県	Kagawa-ken	3,848.0	20	1,485.8	21	3,223.3	9	233.4	13
38	愛媛県	Ehime-ken	5,624.6	4	2,073.5	13	3,098.4	15	211.5	22
39	高知県	Kochi-ken	2,291.4	45	520.5	46	2,284.2	45	140.8	47
40	福岡県	Fukuoka-ken	4,454.2	13	1,921.3	15	3,694.5	5	298.8	5
41	佐賀県	Saga-ken	3,350.7	27	1,578.8	20	2,338.3	43	155.5	45
42	長崎県	Nagasaki-ken	3,062.1	30	1,048.3	40	2,670.6	31	169.2	35
43	熊本県	Kumamoto-ken	2,999.0	34	1,435.5	25	2,721.1	28	190.1	27
44	大分県	Oita-ken	6,486.5	2	3,061.9	4	2,439.3	41	165.6	39
45	宮崎県	Miyazaki-ken	2,907.0	37	1,170.9	32	2,738.6	26	184.4	31
46	鹿児島県	Kagoshima-ken	2,792.2	42	983.7	41	2,720.6	29	179.6	33
47	沖縄県	Okinawa-ken	1,819.5	47	436.6	47	2,263.4	46	165.5	40

No. 77 国内銀行預金残高 （人口1人当たり） Outstanding of deposits of domestically licensed banks (per capita) #C04605 万円：10 thousand yen 2019		No. 78 郵便貯金残高 （人口1人当たり） Outstanding post-office savings (per capita) #C0460101 万円：10 thousand yen 2019		No. 79 消費者物価地域差指数 （総合） Regional Difference Index of Consumer Prices (All items) #L04414 — 2020		No. 80 消費者物価地域差指数 （家賃を除く総合） Regional Difference Index of Consumer Prices (All items, less rent) #L04415 — 2020		No. 81 消費者物価地域差指数 （食料） Regional Difference Index of Consumer Prices (Food) #L04416 — 2020		都道府県コード
指標値 Indicator	順位 Rank	指標値 Indicator	順位 Rank	指標値 Indicator	順位 Rank	指標値 Indicator	順位 Rank	指標値 Indicator	順位 Rank	Pref. code
644.4		138.8		100.0		100.0		100.0		00
322.0	45	141.5	22	100.3	7	101.1	4	100.2	19	01
345.3	43	111.0	46	98.1	32	99.0	28	98.0	39	02
382.3	36	124.1	37	99.0	21	99.5	19	98.3	36	03
463.3	17	122.8	40	99.3	18	99.5	19	98.3	36	04
390.4	34	116.6	43	97.9	34	98.3	37	97.6	41	05
391.0	33	114.5	44	100.5	6	101.0	5	102.3	5	06
417.9	27	143.6	19	99.4	14	100.0	13	99.9	22	07
421.2	25	157.0	8	97.7	37	98.1	40	97.4	42	08
426.1	24	143.1	21	98.3	26	98.7	32	98.4	34	09
415.6	29	137.3	27	96.7	46	97.3	46	96.8	43	10
429.7	23	135.8	29	100.6	5	100.2	8	99.6	26	11
492.6	10	137.8	26	101.0	4	100.6	7	100.9	12	12
2,059.5	1	143.2	20	105.2	1	103.4	1	103.4	3	13
475.5	14	128.2	35	103.2	2	102.7	2	101.6	8	14
416.5	28	139.4	24	98.2	28	98.4	35	99.7	25	15
549.1	5	146.8	14	98.7	23	99.0	28	101.0	11	16
468.7	15	152.0	10	100.2	8	100.8	6	103.5	2	17
449.6	18	168.1	3	99.4	14	99.9	15	105.1	1	18
372.6	40	144.9	17	97.5	40	98.2	38	99.2	31	19
398.0	32	133.9	31	97.7	37	98.2	38	95.7	47	20
403.4	31	132.0	33	97.4	42	98.1	40	98.9	33	21
407.4	30	116.8	42	98.3	26	98.5	34	99.1	32	22
538.6	7	138.9	25	97.6	39	97.8	43	97.8	40	23
463.4	16	145.4	16	98.8	22	99.2	24	100.2	19	24
421.2	26	123.9	39	99.3	18	99.5	19	98.4	34	25
522.0	8	151.6	11	101.6	3	101.4	3	100.9	12	26
781.3	2	149.8	12	99.8	9	99.9	15	99.6	26	27
443.8	21	145.9	15	99.6	10	99.7	17	99.5	28	28
513.4	9	163.4	5	97.3	44	97.8	43	96.1	45	29
446.6	19	182.2	1	99.4	14	100.1	11	100.0	21	30
430.1	22	125.4	36	98.2	28	98.9	30	101.4	10	31
376.7	38	135.8	28	99.5	12	100.0	13	102.1	6	32
446.3	20	156.7	9	97.5	40	98.1	40	99.9	22	33
479.7	12	158.4	7	98.7	23	99.1	26	100.8	15	34
480.2	11	159.6	6	99.4	14	100.1	11	101.9	7	35
644.8	3	181.9	2	99.6	10	100.2	8	101.6	8	36
572.1	4	167.0	4	98.2	28	99.2	24	100.6	18	37
539.1	6	124.0	38	97.9	34	98.7	32	100.8	15	38
389.3	35	122.0	41	99.2	20	99.6	18	100.9	12	39
478.4	13	128.9	34	97.4	42	98.4	35	96.8	43	40
324.8	44	135.3	30	98.2	28	99.1	26	98.2	38	41
379.5	37	144.7	18	99.5	12	100.2	8	99.5	28	42
375.0	39	140.0	23	98.7	23	99.5	19	100.8	15	43
348.8	41	149.3	13	97.9	34	98.9	30	99.3	30	44
314.6	46	113.2	45	95.9	47	96.9	47	96.0	46	45
304.4	47	133.5	32	97.2	45	97.7	45	99.9	22	46
346.6	42	54.3	47	98.0	33	99.5	19	103.3	4	47

		No. 82 消費者物価地域差指数 (住居) Regional Difference Index of Consumer Prices (Housing) #L04417		No. 83 消費者物価地域差指数 (光熱・水道) Regional Difference Index of Consumer Prices (Fuel, light and water charges) #L04418		No. 84 消費者物価地域差指数 (家具・家事用品) Regional Difference Index of Consumer Prices (Furniture and household utensils) #L04419		No. 85 消費者物価地域差指数 (被服及び履物) Regional Difference Index of Consumer Prices (Clothes and footwear) #L04420	
単位	Unit	—		—		—		—	
年度	Fiscal year	2020		2020		2020		2020	
都道府県	Prefecture	指標値 Indicator	順位 Rank	指標値 Indicator	順位 Rank	指標値 Indicator	順位 Rank	指標値 Indicator	順位 Rank
00 全国	All Japan	100.0		100.0		100.0		100.0	
01 北海道	Hokkaido	86.1	37	116.6	1	100.9	14	105.2	5
02 青森県	Aomori-ken	86.4	34	110.8	7	99.4	24	100.4	18
03 岩手県	Iwate-ken	90.6	25	111.7	5	100.2	18	99.0	27
04 宮城県	Miyagi-ken	96.9	6	103.5	22	102.2	8	98.4	31
05 秋田県	Akita-ken	82.1	46	107.9	10	102.8	6	101.1	16
06 山形県	Yamagata-ken	93.2	15	112.2	2	97.2	39	95.9	43
07 福島県	Fukushima-ken	90.8	23	110.2	8	101.7	10	102.8	10
08 茨城県	Ibaraki-ken	91.2	21	105.7	14	93.7	47	103.2	9
09 栃木県	Tochigi-ken	87.2	32	99.0	35	103.2	3	110.6	1
10 群馬県	Gumma-ken	89.0	28	101.4	27	97.8	37	101.1	16
11 埼玉県	Saitama-ken	105.0	4	94.5	44	102.3	7	102.2	11
12 千葉県	Chiba-ken	111.4	3	100.9	29	101.2	12	97.7	36
13 東京都	Tokyo-to	134.5	1	94.7	43	103.9	1	102.1	12
14 神奈川県	Kanagawa-ken	116.5	2	96.8	40	100.1	20	100.2	22
15 新潟県	Niigata-ken	87.2	32	100.5	30	97.2	39	101.3	14
16 富山県	Toyama-ken	93.7	13	102.1	26	99.2	27	100.4	18
17 石川県	Ishikawa-ken	83.9	41	103.0	23	99.8	22	107.2	3
18 福井県	Fukui-ken	85.9	39	96.5	41	103.2	3	100.3	21
19 山梨県	Yamanashi-ken	90.4	26	98.8	36	98.8	29	99.1	26
20 長野県	Nagano-ken	91.5	20	103.9	20	97.4	38	104.9	6
21 岐阜県	Gifu-ken	83.8	42	94.9	42	94.2	46	98.4	31
22 静岡県	Shizuoka-ken	96.9	6	98.0	39	103.0	5	97.3	37
23 愛知県	Aichi-ken	95.0	10	93.5	46	97.2	39	97.2	38
24 三重県	Mie-ken	94.9	11	98.6	37	100.2	18	98.6	30
25 滋賀県	Shiga-ken	91.9	18	98.3	38	101.2	12	99.5	24
26 京都府	Kyoto-fu	101.1	5	100.5	30	97.9	36	100.4	18
27 大阪府	Osaka-fu	96.7	8	93.7	45	99.2	27	98.2	34
28 兵庫県	Hyogo-ken	96.2	9	93.3	47	103.7	2	100.2	22
29 奈良県	Nara-ken	85.8	40	100.5	30	99.5	23	98.3	33
30 和歌山県	Wakayama-ken	90.7	24	99.9	34	98.0	35	101.7	13
31 鳥取県	Tottori-ken	82.0	47	107.4	11	100.4	16	104.3	7
32 島根県	Shimane-ken	88.5	29	112.1	3	98.8	29	96.2	41
33 岡山県	Okayama-ken	83.7	43	105.8	13	95.9	43	98.7	29
34 広島県	Hiroshima-ken	91.9	18	104.2	19	94.3	45	94.8	45
35 山口県	Yamaguchi-ken	93.3	14	109.2	9	97.2	39	101.3	14
36 徳島県	Tokushima-ken	93.0	16	104.5	18	101.5	11	104.2	8
37 香川県	Kagawa-ken	82.5	45	105.5	15	101.9	9	89.5	47
38 愛媛県	Ehime-ken	83.4	44	106.6	12	100.1	20	98.1	35
39 高知県	Kochi-ken	93.8	12	103.6	21	100.3	17	99.4	25
40 福岡県	Fukuoka-ken	90.0	27	104.6	17	98.7	31	96.4	40
41 佐賀県	Saga-ken	87.9	31	111.3	6	98.5	32	106.8	4
42 長崎県	Nagasaki-ken	92.2	17	112.0	4	100.7	15	107.5	2
43 熊本県	Kumamoto-ken	91.0	22	101.3	28	98.5	32	95.4	44
44 大分県	Oita-ken	86.0	38	105.0	16	99.4	24	96.2	41
45 宮崎県	Miyazaki-ken	88.1	30	102.3	24	99.3	26	97.1	39
46 鹿児島県	Kagoshima-ken	86.4	34	100.2	33	98.4	34	93.7	46
47 沖縄県	Okinawa-ken	86.2	36	102.2	25	95.0	44	99.0	27

No. 86 消費者物価地域差指数 (保健医療) Regional Difference Index of Consumer Prices (Medical care) #L04421 2020		No. 87 消費者物価地域差指数 (交通・通信) Regional Difference Index of Consumer Prices (Transportation and communication) #L04422 2020		No. 88 消費者物価地域差指数 (教育) Regional Difference Index of Consumer Prices (Education) #L04423 2020		No. 89 消費者物価地域差指数 (教養娯楽) Regional Difference Index of Consumer Prices (Culture and recreation) #L04424 2020		No. 90 消費者物価地域差指数 (諸雑費) Regional Difference Index of Consumer Prices (Miscellaneous) #L04425 2020		都道府県コード Pref. code
指標値 Indicator	順位 Rank	指標値 Indicator	順位 Rank	指標値 Indicator	順位 Rank	指標値 Indicator	順位 Rank	指標値 Indicator	順位 Rank	
100.0		100.0		100.0		100.0		100.0		00
100.7	11	99.6	15	92.7	28	98.1	15	100.2	14	01
98.6	37	99.0	23	95.6	20	95.0	41	94.8	43	02
100.0	19	98.9	27	88.2	38	99.4	10	96.7	38	03
100.8	9	99.1	19	95.4	22	99.0	11	101.1	10	04
98.5	40	98.0	38	86.1	42	97.7	17	99.6	17	05
97.1	46	99.9	13	104.0	9	97.4	18	97.1	35	06
98.9	31	99.0	23	92.0	30	94.2	42	101.4	9	07
97.5	44	96.9	46	90.3	34	97.0	25	102.0	7	08
99.3	25	98.5	32	97.8	15	96.5	31	98.7	29	09
99.5	24	97.8	39	82.2	47	97.4	18	97.0	36	10
100.2	17	100.9	5	96.5	16	104.2	3	102.6	5	11
99.9	21	99.1	19	95.7	19	102.8	4	100.3	13	12
102.1	1	104.9	1	110.2	5	104.9	1	101.5	8	13
101.7	4	103.3	2	110.2	5	104.6	2	104.4	2	14
99.6	23	98.7	30	90.2	35	98.8	12	98.9	28	15
101.8	2	97.6	40	82.9	46	95.2	39	100.5	12	16
100.8	9	98.3	35	103.1	10	97.3	21	100.7	11	17
100.0	19	99.5	17	101.8	11	93.6	43	97.5	33	18
98.8	35	98.1	37	88.6	37	97.4	18	96.1	41	19
98.4	41	100.4	10	85.8	44	97.2	23	99.5	19	20
98.9	31	100.6	7	92.0	30	98.2	14	99.7	16	21
100.4	12	99.0	23	83.4	45	99.5	9	96.9	37	22
99.9	21	97.0	45	98.3	14	99.8	8	99.4	20	23
99.0	28	99.7	14	96.0	18	95.9	33	99.6	17	24
100.3	14	100.5	9	111.7	4	97.0	25	104.6	1	25
97.9	43	102.2	3	118.2	2	101.0	6	103.6	3	26
99.0	28	100.8	6	118.9	1	101.6	5	99.0	26	27
98.6	37	100.6	7	105.4	8	100.1	7	102.2	6	28
98.9	31	100.4	10	96.1	17	98.6	13	98.2	30	29
101.4	5	101.0	4	111.8	3	95.2	39	99.2	23	30
99.3	25	97.1	44	91.7	32	93.4	45	97.6	32	31
99.2	27	98.9	27	95.2	23	95.7	35	97.9	31	32
101.4	5	96.2	47	88.1	39	96.7	29	99.0	26	33
100.2	17	99.6	15	101.2	12	95.6	37	95.8	42	34
101.0	8	97.5	41	86.1	42	96.0	32	99.4	20	35
98.6	37	97.2	43	95.6	20	97.3	21	99.2	23	36
98.4	41	99.1	19	93.6	25	95.7	35	103.0	4	37
100.3	14	97.5	41	86.6	41	96.6	30	96.6	39	38
101.4	5	98.9	27	89.2	36	95.8	34	100.2	14	39
99.0	28	98.2	36	92.6	29	98.1	15	99.2	23	40
100.3	14	98.7	30	93.3	26	93.5	44	97.2	34	41
100.4	12	100.4	10	87.9	40	95.3	38	96.6	39	42
101.8	2	99.5	17	90.4	33	96.8	28	99.4	20	43
97.2	45	98.4	34	106.1	7	96.9	27	93.5	45	44
96.1	47	98.5	32	93.7	24	92.5	46	93.1	46	45
98.8	35	99.0	23	99.9	13	92.3	47	94.6	44	46
98.9	31	99.1	19	93.2	27	97.1	24	90.1	47	47

24

			No. 91 標準価格 対前年平均変動率 (住宅地) Annual increase rate of land prices (Residential) #L04302	
単位	Unit		%	
年度	Fiscal year		2020	
都道府県	Prefecture		指標値 Indicator	順位 Rank
00	全国	All Japan	-0.7	
01	北海道	Hokkaido	-0.5	10
02	青森県	Aomori-ken	-1.2	29
03	岩手県	Iwate-ken	-1.1	24
04	宮城県	Miyagi-ken	0.1	4
05	秋田県	Akita-ken	-1.8	46
06	山形県	Yamagata-ken	-0.7	15
07	福島県	Fukushima-ken	-0.6	13
08	茨城県	Ibaraki-ken	-0.7	15
09	栃木県	Tochigi-ken	-1.3	34
10	群馬県	Gumma-ken	-1.2	29
11	埼玉県	Saitama-ken	-0.3	7
12	千葉県	Chiba-ken	-0.2	6
13	東京都	Tokyo-to	0.2	3
14	神奈川県	Kanagawa-ken	-0.9	22
15	新潟県	Niigata-ken	-1.2	29
16	富山県	Toyama-ken	-0.5	10
17	石川県	Ishikawa-ken	-1.1	24
18	福井県	Fukui-ken	-1.7	45
19	山梨県	Yamanashi-ken	-1.6	41
20	長野県	Nagano-ken	-1.1	24
21	岐阜県	Gifu-ken	-2.0	47
22	静岡県	Shizuoka-ken	-1.6	41
23	愛知県	Aichi-ken	-0.7	15
24	三重県	Mie-ken	-1.6	41
25	滋賀県	Shiga-ken	-1.5	39
26	京都府	Kyoto-fu	-0.8	20
27	大阪府	Osaka-fu	-0.3	7
28	兵庫県	Hyogo-ken	-1.1	24
29	奈良県	Nara-ken	-1.3	34
30	和歌山県	Wakayama-ken	-1.4	37
31	鳥取県	Tottori-ken	-1.3	34
32	島根県	Shimane-ken	-1.2	29
33	岡山県	Okayama-ken	-1.1	24
34	広島県	Hiroshima-ken	-0.6	13
35	山口県	Yamaguchi-ken	-0.7	15
36	徳島県	Tokushima-ken	-1.4	37
37	香川県	Kagawa-ken	-0.8	20
38	愛媛県	Ehime-ken	-1.6	41
39	高知県	Kochi-ken	-0.9	22
40	福岡県	Fukuoka-ken	0.8	2
41	佐賀県	Saga-ken	-0.5	10
42	長崎県	Nagasaki-ken	-1.2	29
43	熊本県	Kumamoto-ken	-0.3	7
44	大分県	Oita-ken	0.1	4
45	宮崎県	Miyazaki-ken	-0.7	15
46	鹿児島県	Kagoshima-ken	-1.5	39
47	沖縄県	Okinawa-ken	4.0	1

D. 行政基盤　　D Administrative Base

		No. 92 財政力指数 (都道府県財政) Financial power index (Prefecture) #D0110101		No. 93 実質収支比率 (都道府県財政) Real term balance of revenue to expenditure (Prefecture) #D01102		No. 94 地方債現在高の割合 (対歳出決算総額) (都道府県財政) Ratio of outstanding amount of local bonds to expenditure (Prefecture) #D0130201		No. 95 経常収支比率 (都道府県財政) Real term of current balance (Prefecture) #D01401	
単位 Unit		−		%		%		%	
年度 Fiscal year		2019		2019		2019		2019	
都道府県	Prefecture	指標値 Indicator	順位 Rank	指標値 Indicator	順位 Rank	指標値 Indicator	順位 Rank	指標値 Indicator	順位 Rank
00 全国	All Japan	0.522		1.6		176.3		95.4	
01 北海道	Hokkaido	0.455	27	0.7	33	241.0	4	99.1	3
02 青森県	Aomori-ken	0.353	37	0.6	34	164.1	39	96.0	21
03 岩手県	Iwate-ken	0.370	35	3.3	3	145.3	44	96.3	19
04 宮城県	Miyagi-ken	0.631	13	3.1	5	145.3	43	97.9	8
05 秋田県	Akita-ken	0.318	44	2.3	10	215.7	11	93.7	39
06 山形県	Yamagata-ken	0.374	34	1.5	21	202.2	21	95.7	27
07 福島県	Fukushima-ken	0.545	19	1.5	21	113.5	45	95.9	23
08 茨城県	Ibaraki-ken	0.655	8	1.1	25	206.3	20	96.6	18
09 栃木県	Tochigi-ken	0.651	10	1.8	17	151.7	41	95.2	30
10 群馬県	Gumma-ken	0.646	11	0.9	29	174.3	37	96.8	16
11 埼玉県	Saitama-ken	0.769	6	0.4	38	219.8	10	97.7	11
12 千葉県	Chiba-ken	0.779	5	1.6	19	186.0	31	97.0	14
13 東京都	Tokyo-to	1.177	1	11.1	1	50.5	47	74.4	47
14 神奈川県	Kanagawa-ken	0.896	3	0.3	41	184.8	33	99.6	2
15 新潟県	Niigata-ken	0.469	25	0.9	29	236.9	6	95.9	23
16 富山県	Toyama-ken	0.483	24	0.5	35	242.6	2	96.9	15
17 石川県	Ishikawa-ken	0.513	22	0.2	45	226.1	8	95.8	25
18 福井県	Fukui-ken	0.415	32	2.6	7	186.0	30	96.0	21
19 山梨県	Yamanashi-ken	0.415	31	1.6	19	207.9	16	94.8	32
20 長野県	Nagano-ken	0.525	21	1.1	25	187.8	29	94.8	32
21 岐阜県	Gifu-ken	0.555	18	1.7	18	211.0	13	93.6	41
22 静岡県	Shizuoka-ken	0.729	7	0.9	29	245.4	1	97.1	12
23 愛知県	Aichi-ken	0.920	2	2.2	13	209.1	15	99.8	1
24 三重県	Mie-ken	0.608	15	2.1	14	214.3	12	95.8	25
25 滋賀県	Shiga-ken	0.573	17	0.3	41	207.6	17	94.7	36
26 京都府	Kyoto-fu	0.586	16	0.3	41	238.9	5	95.4	29
27 大阪府	Osaka-fu	0.792	4	2.3	10	206.6	19	98.5	4
28 兵庫県	Hyogo-ken	0.645	12	0.0	47	241.8	3	95.7	27
29 奈良県	Nara-ken	0.430	29	0.5	35	209.2	14	93.7	39
30 和歌山県	Wakayama-ken	0.333	42	2.3	10	194.2	27	94.8	32
31 鳥取県	Tottori-ken	0.282	45	1.4	23	181.9	34	92.2	43
32 島根県	Shimane-ken	0.262	47	3.5	2	199.4	24	90.7	45
33 岡山県	Okayama-ken	0.530	20	0.3	41	191.8	28	98.4	6
34 広島県	Hiroshima-ken	0.619	14	1.0	27	221.4	9	96.3	19
35 山口県	Yamaguchi-ken	0.459	26	2.4	8	200.2	22	91.5	44
36 徳島県	Tokushima-ken	0.327	43	3.2	4	178.2	36	94.4	37
37 香川県	Kagawa-ken	0.490	23	2.0	16	198.3	25	96.8	16
38 愛媛県	Ehime-ken	0.443	28	0.5	35	164.7	38	90.2	46
39 高知県	Kochi-ken	0.272	46	0.4	38	195.4	26	98.5	4
40 福岡県	Fukuoka-ken	0.655	9	0.4	38	228.4	7	98.3	7
41 佐賀県	Saga-ken	0.350	40	2.1	14	158.5	40	94.8	32
42 長崎県	Nagasaki-ken	0.343	41	0.2	45	185.1	32	97.9	8
43 熊本県	Kumamoto-ken	0.420	30	3.0	6	199.6	23	94.2	38
44 大分県	Oita-ken	0.394	33	1.0	27	181.3	35	95.2	30
45 宮崎県	Miyazaki-ken	0.353	38	2.4	8	151.2	42	92.8	42
46 鹿児島県	Kagoshima-ken	0.351	39	1.4	23	206.8	18	97.9	8
47 沖縄県	Okinawa-ken	0.366	36	0.8	32	85.9	46	97.1	12

No.96 自主財源の割合 （対歳出決算総額） （都道府県財政） Ratio of self-financial resources (Prefecture) #D0120101 % 2019 指標値 Indicator	順位 Rank	No.97 一般財源の割合 （対歳出決算総額） （都道府県財政） Ratio of revenues from local taxes and grants (Prefecture) #D0140301 % 2019 指標値 Indicator	順位 Rank	No.98 投資的経費の割合 （対歳出決算総額） （都道府県財政） Ratio of investment expenditure (Prefecture) #D0140201 % 2019 指標値 Indicator	順位 Rank	No.99 地方税割合 （対歳入決算総額） （都道府県財政） Ratio of local taxes (Prefecture) #D0210101 % 2019 指標値 Indicator	順位 Rank	No.100 地方交付税割合 （対歳入決算総額） （都道府県財政） Ratio of grants to local governments (Prefecture) #D0210201 % 2019 指標値 Indicator	順位 Rank	都道府県コード Pref. code
57.5		64.2		17.3		40.66		16.95		00
39.6	33	57.2	37	21.5	19	27.53	27	25.10	23	01
39.1	36	63.7	11	20.0	26	25.02	30	33.12	5	02
44.5	25	50.8	46	29.7	1	15.62	47	28.89	15	03
57.1	7	54.0	45	27.3	2	27.69	26	18.06	34	04
34.4	42	55.7	41	24.8	6	19.18	42	32.26	7	05
39.3	35	56.6	38	20.2	24	22.36	36	29.60	13	06
49.6	16	47.8	47	24.1	11	20.00	41	21.83	31	07
55.0	10	63.5	12	15.3	38	38.65	9	17.92	35	08
52.4	14	60.4	25	18.2	28	37.45	15	16.72	38	09
49.6	15	60.4	26	20.9	23	37.55	14	16.94	37	10
59.1	6	70.2	3	9.0	44	50.89	4	12.18	42	11
65.3	5	67.1	5	8.5	46	48.07	6	11.08	43	12
96.7	1	79.4	1	14.7	40	70.66	1	0.00	47	13
69.5	3	75.8	2	8.9	45	61.33	2	5.68	45	14
44.1	26	54.8	43	23.3	13	26.96	28	22.97	26	15
43.5	27	62.0	18	21.8	16	30.21	21	25.69	21	16
47.5	20	59.0	31	21.8	17	30.93	20	22.62	28	17
38.4	37	61.5	21	25.6	4	28.60	25	28.10	17	18
41.9	32	57.6	35	24.8	5	24.25	31	27.99	18	19
43.4	28	62.1	17	21.2	20	32.54	19	23.64	25	20
45.2	23	62.9	13	21.5	18	34.81	17	21.96	29	21
56.0	9	65.5	6	17.2	34	46.08	7	12.78	41	22
69.7	2	64.0	10	13.5	43	53.51	3	3.24	46	23
49.0	18	65.4	8	15.7	37	39.04	8	19.05	32	24
46.5	21	65.4	7	17.9	29	37.93	12	21.84	30	25
52.6	12	61.7	20	15.0	39	37.37	16	18.67	33	26
68.1	4	68.1	4	7.0	47	50.75	5	9.60	44	27
56.2	8	59.9	29	13.6	42	38.56	10	15.93	39	28
42.1	31	64.7	9	17.4	32	28.99	23	30.50	12	29
36.4	40	55.9	40	24.3	10	20.12	40	31.23	10	30
27.0	46	61.1	22	24.7	7	18.54	44	38.49	1	31
33.4	43	60.0	27	23.2	14	16.89	46	37.41	3	32
47.9	19	62.8	14	17.8	31	34.37	18	22.76	27	33
52.5	13	62.6	16	16.2	36	37.89	13	17.53	36	34
43.3	29	62.0	19	18.8	27	28.79	24	27.28	19	35
45.4	22	55.1	42	17.3	33	18.68	43	30.80	11	36
49.5	17	60.5	23	14.7	41	29.80	22	25.14	22	37
44.6	24	58.2	33	20.1	25	26.66	29	26.10	20	38
25.8	47	59.3	30	26.9	3	17.39	45	37.75	2	39
53.2	11	59.9	28	16.8	35	38.08	11	14.86	40	40
38.2	38	60.4	24	22.4	15	23.17	33	32.26	6	41
33.1	45	57.7	34	23.9	12	20.79	39	31.92	8	42
42.4	30	54.1	44	24.6	8	23.45	32	24.93	24	43
39.6	34	57.5	36	24.6	9	22.98	34	28.67	16	44
37.8	39	58.8	32	20.9	22	21.72	38	31.78	9	45
33.2	44	62.6	15	21.0	21	22.16	37	33.97	4	46
35.2	41	56.3	39	17.9	30	22.44	35	29.55	14	47

行政基盤 D （指標）

都道府県 Prefecture		No. 101 国庫支出金割合 （対歳入決算総額） （都道府県財政） Ratio of national disbursements (Prefecture) #D0210301		No. 102 住民税 （人口1人当たり） （都道府県・市町村財政合計） Resident tax per capita (Prefecture + Municipality) #D0220103		No. 103 固定資産税 （人口1人当たり） （都道府県・市町村財政合計） Fixed assets tax per capita (Prefecture + Municipality) #D02202		No. 104 課税対象所得 （納税義務者1人当たり） Taxable income (per tax debtor) #D02206	
単位	Unit	%		千円：thousand yen		千円：thousand yen		千円：thousand yen	
年度	Fiscal year	2019		2019		2019		2020	
		指標値 Indicator	順位 Rank	指標値 Indicator	順位 Rank	指標値 Indicator	順位 Rank	指標値 Indicator	順位 Rank
00 全国	All Japan	11.64		129.8		73.7		3,438.0	
01 北海道	Hokkaido	16.48	8	99.4	29	56.3	42	3,003.7	26
02 青森県	Aomori-ken	16.44	9	80.9	45	59.2	36	2,699.4	46
03 岩手県	Iwate-ken	19.05	3	89.7	35	57.4	39	2,770.0	42
04 宮城県	Miyagi-ken	18.70	4	111.0	19	63.8	28	3,126.5	18
05 秋田県	Akita-ken	15.81	14	79.9	47	55.2	45	2,678.8	47
06 山形県	Yamagata-ken	13.10	23	89.4	37	56.3	43	2,767.3	43
07 福島県	Fukushima-ken	21.73	2	100.0	28	69.7	15	2,937.6	32
08 茨城県	Ibaraki-ken	12.84	25	114.0	16	70.4	12	3,173.7	15
09 栃木県	Tochigi-ken	12.18	32	115.6	11	74.0	8	3,134.4	16
10 群馬県	Gumma-ken	12.51	28	112.7	17	72.0	10	3,103.0	19
11 埼玉県	Saitama-ken	9.13	42	122.5	6	63.0	31	3,435.4	7
12 千葉県	Chiba-ken	9.10	43	127.4	5	66.5	23	3,563.7	4
13 東京都	Tokyo-to	4.37	47	240.7	1	113.6	1	4,576.9	1
14 神奈川県	Kanagawa-ken	6.49	46	147.9	3	73.9	9	3,864.3	2
15 新潟県	Niigata-ken	14.70	19	96.9	31	68.6	21	2,819.5	37
16 富山県	Toyama-ken	12.40	30	112.2	18	79.2	4	2,976.8	30
17 石川県	Ishikawa-ken	12.42	29	115.2	13	68.9	19	3,102.8	20
18 福井県	Fukui-ken	16.08	12	114.1	15	79.2	5	3,035.6	23
19 山梨県	Yamanashi-ken	13.04	24	109.0	22	70.0	14	3,056.5	21
20 長野県	Nagano-ken	13.82	21	105.8	25	66.1	24	2,996.7	27
21 岐阜県	Gifu-ken	12.59	27	109.1	21	69.1	17	3,128.6	17
22 静岡県	Shizuoka-ken	10.76	38	121.2	8	79.1	6	3,187.1	14
23 愛知県	Aichi-ken	8.56	44	148.1	2	85.6	2	3,697.7	3
24 三重県	Mie-ken	11.17	37	114.5	14	81.3	3	3,215.3	12
25 滋賀県	Shiga-ken	12.70	26	117.2	10	70.2	13	3,281.8	10
26 京都府	Kyoto-fu	9.45	41	121.2	7	68.7	20	3,430.1	8
27 大阪府	Osaka-fu	7.97	45	133.8	4	76.3	7	3,461.4	6
28 兵庫県	Hyogo-ken	9.55	40	121.0	9	71.5	11	3,531.7	5
29 奈良県	Nara-ken	12.12	34	106.0	24	52.4	46	3,395.7	9
30 和歌山県	Wakayama-ken	14.99	18	93.5	33	61.0	34	3,016.1	25
31 鳥取県	Tottori-ken	16.25	11	87.0	41	57.3	40	2,723.8	45
32 島根県	Shimane-ken	15.46	16	92.5	34	61.9	33	2,790.7	40
33 岡山県	Okayama-ken	12.10	35	105.2	26	69.4	16	3,054.7	22
34 広島県	Hiroshima-ken	12.23	31	115.5	12	68.9	18	3,279.1	11
35 山口県	Yamaguchi-ken	13.44	22	102.4	27	66.1	25	2,994.8	29
36 徳島県	Tokushima-ken	11.76	36	98.1	30	65.3	26	2,995.4	28
37 香川県	Kagawa-ken	10.62	39	109.3	20	63.6	29	3,034.3	24
38 愛媛県	Ehime-ken	15.01	17	95.5	32	67.4	22	2,960.0	31
39 高知県	Kochi-ken	16.84	7	87.6	40	55.9	44	2,798.5	39
40 福岡県	Fukuoka-ken	12.14	33	109.0	23	64.4	27	3,188.7	13
41 佐賀県	Saga-ken	13.89	20	88.6	39	59.8	35	2,836.7	36
42 長崎県	Nagasaki-ken	17.83	5	86.2	42	50.1	47	2,811.0	38
43 熊本県	Kumamoto-ken	16.44	10	89.4	36	56.7	41	2,902.5	33
44 大分県	Oita-ken	15.83	13	89.1	38	63.5	30	2,856.2	35
45 宮崎県	Miyazaki-ken	15.58	15	81.3	44	59.2	37	2,737.0	44
46 鹿児島県	Kagoshima-ken	17.36	6	80.9	46	59.0	38	2,787.1	41
47 沖縄県	Okinawa-ken	26.14	1	82.6	43	62.2	32	2,902.3	34

No. 105 民生費割合 (対歳出決算総額) (都道府県財政) Ratio of welfare expenditure (Prefecture) #D0310301 % 2019		No. 106 社会福祉費割合 (対歳出決算総額) (都道府県財政) Ratio of social welfare expenditure (Prefecture) #D0310401 % 2019		No. 107 老人福祉費割合 (対歳出決算総額) (都道府県財政) Ratio of welfare expenditure for the aged (Prefecture) #D0310501 % 2019		No. 108 児童福祉費割合 (対歳出決算総額) (都道府県財政) Ratio of welfare expenditure for children (Prefecture) #D0310601 % 2019		No. 109 生活保護費割合 (対歳出決算総額) (都道府県財政) Ratio of expenditure for livelihood protection (Prefecture) #D0310701 % 2019		都道府県コード
指標値 Indicator	順位 Rank	指標値 Indicator	順位 Rank	指標値 Indicator	順位 Rank	指標値 Indicator	順位 Rank	指標値 Indicator	順位 Rank	Pref. code
16.58		5.14		6.75		3.85		0.49		00
16.18	21	5.39	13	6.69	25	2.69	42	1.38	2	01
15.92	22	4.49	32	6.46	28	3.73	21	1.23	4	02
10.31	47	3.07	46	4.05	47	2.32	46	0.29	28	03
13.48	39	3.88	38	5.14	42	3.12	33	0.45	20	04
13.50	38	4.59	30	5.86	36	2.68	43	0.28	32	05
13.18	42	3.55	43	5.76	38	3.44	27	0.34	27	06
18.81	6	2.72	47	4.13	46	2.46	45	0.26	33	07
17.50	13	5.94	6	6.75	22	4.08	15	0.50	17	08
16.23	20	4.82	25	5.89	35	4.34	10	0.50	15	09
17.28	14	5.03	18	6.92	19	4.79	3	0.42	21	10
20.49	4	6.48	3	8.49	5	4.73	5	0.68	10	11
18.24	7	5.65	9	7.93	9	4.17	12	0.36	24	12
14.47	34	4.97	20	4.55	45	4.59	6	0.29	30	13
23.01	1	7.07	2	9.96	1	5.29	2	0.54	13	14
12.72	43	3.70	41	6.57	27	2.23	47	0.13	44	15
13.28	41	3.50	44	6.78	21	2.84	38	0.07	45	16
13.93	36	4.21	35	6.29	31	3.21	29	0.21	37	17
12.38	44	3.72	40	5.36	41	3.14	32	0.15	42	18
12.34	45	3.80	39	4.96	43	3.29	28	0.28	31	19
15.48	26	5.53	10	6.74	24	2.54	44	0.38	22	20
15.29	28	5.01	19	6.97	18	3.06	34	0.25	34	21
16.83	17	4.87	21	7.91	10	3.69	23	0.35	26	22
16.53	18	5.41	12	7.26	15	3.71	22	0.15	41	23
17.18	16	5.12	17	7.53	12	4.08	14	0.45	18	24
15.43	27	4.86	22	6.35	30	3.98	18	0.23	36	25
19.24	5	6.19	5	8.73	4	3.97	19	0.35	25	26
21.42	3	7.46	1	9.17	2	4.41	8	0.24	35	27
17.80	10	5.68	8	7.94	8	4.02	17	0.16	39	28
17.52	12	5.15	15	7.65	11	3.57	25	1.14	5	29
14.37	35	4.63	29	6.16	33	2.77	39	0.73	9	30
13.63	37	3.99	37	5.41	40	4.08	13	0.14	43	31
11.87	46	3.59	42	5.54	39	2.72	41	0.02	47	32
16.41	19	4.72	26	8.02	7	3.21	30	0.16	40	33
17.98	8	5.51	11	8.38	6	3.86	20	0.04	46	34
15.21	31	4.27	34	7.52	13	3.15	31	0.17	38	35
13.38	40	3.40	45	6.20	32	2.72	40	0.99	6	36
15.26	29	4.72	27	6.89	20	3.04	36	0.50	16	37
15.60	24	4.86	23	7.13	16	3.03	37	0.54	14	38
14.74	33	4.09	36	6.61	26	3.06	35	0.87	7	39
21.51	2	5.86	7	8.99	3	4.42	7	2.14	1	40
15.24	30	4.54	31	5.97	34	4.06	16	0.45	19	41
15.58	25	5.17	14	6.42	29	3.53	26	0.37	23	42
17.18	15	4.85	24	7.08	17	4.26	11	0.60	12	43
15.15	32	4.48	33	6.75	23	3.62	24	0.29	29	44
15.88	23	4.65	28	5.82	37	4.78	4	0.62	11	45
17.85	9	5.13	16	7.40	14	4.38	9	0.85	8	46
17.73	11	6.41	4	4.64	44	5.32	1	1.34	3	47

			No. 110 衛生費割合 （対歳出決算総額） （都道府県財政） Ratio of health expenditure (Prefecture) #D0310801		No. 111 労働費割合 （対歳出決算総額） （都道府県財政） Ratio of labour expenditure (Prefecture) #D0310901		No. 112 農林水産業費割合 （対歳出決算総額） （都道府県財政） Ratio of agriculture, forestry and fishery expenditure (Prefecture) #D0311001		No. 113 商工費割合 （対歳出決算総額） （都道府県財政） Ratio of commerce and manufacturing expenditure (Prefecture) #D0311101	
単位	Unit		%		%		%		%	
年度	Fiscal year		2019		2019		2019		2019	
都道府県	Prefecture		指標値 Indicator	順位 Rank	指標値 Indicator	順位 Rank	指標値 Indicator	順位 Rank	指標値 Indicator	順位 Rank
00	全国	All Japan	3.21		0.31		4.94		6.14	
01	北海道	Hokkaido	2.52	41	0.22	39	12.35	1	4.68	32
02	青森県	Aomori-ken	3.40	19	0.27	26	7.86	18	5.76	25
03	岩手県	Iwate-ken	6.05	1	0.28	22	8.27	15	12.37	2
04	宮城県	Miyagi-ken	2.90	34	0.27	24	6.81	23	9.32	6
05	秋田県	Akita-ken	3.24	23	0.20	45	11.86	2	8.32	14
06	山形県	Yamagata-ken	5.47	2	0.47	3	8.50	11	8.32	13
07	福島県	Fukushima-ken	3.09	27	0.33	12	7.47	20	8.96	10
08	茨城県	Ibaraki-ken	3.06	30	0.26	31	4.03	37	5.37	27
09	栃木県	Tochigi-ken	4.21	6	0.24	36	4.78	33	6.28	20
10	群馬県	Gumma-ken	2.59	38	0.25	35	4.33	36	5.81	23
11	埼玉県	Saitama-ken	3.08	28	0.27	25	1.32	44	0.93	47
12	千葉県	Chiba-ken	3.53	18	0.17	47	2.89	41	8.86	11
13	東京都	Tokyo-to	3.32	20	0.43	5	0.28	47	5.87	22
14	神奈川県	Kanagawa-ken	2.82	35	0.29	20	1.31	45	0.99	46
15	新潟県	Niigata-ken	3.84	11	0.21	43	9.15	7	5.09	30
16	富山県	Toyama-ken	3.03	31	0.31	15	8.46	12	3.78	37
17	石川県	Ishikawa-ken	2.51	42	0.39	7	7.29	22	7.64	16
18	福井県	Fukui-ken	2.40	43	0.28	23	8.51	10	3.13	38
19	山梨県	Yamanashi-ken	3.20	25	0.31	17	7.35	21	3.94	36
20	長野県	Nagano-ken	2.61	37	0.31	16	5.29	32	3.97	35
21	岐阜県	Gifu-ken	3.18	26	0.36	11	6.21	25	5.09	29
22	静岡県	Shizuoka-ken	4.17	7	0.26	27	5.32	31	2.51	40
23	愛知県	Aichi-ken	2.06	47	0.22	42	3.72	39	9.19	8
24	三重県	Mie-ken	3.58	17	0.20	46	5.39	30	1.28	45
25	滋賀県	Shiga-ken	3.68	13	0.25	33	5.46	29	2.45	42
26	京都府	Kyoto-fu	2.74	36	0.39	6	2.44	42	9.20	7
27	大阪府	Osaka-fu	2.31	45	0.25	34	0.60	46	9.54	5
28	兵庫県	Hyogo-ken	2.93	33	0.45	4	4.52	34	8.73	12
29	奈良県	Nara-ken	4.06	8	0.21	44	2.43	43	1.31	44
30	和歌山県	Wakayama-ken	2.33	44	0.26	28	5.54	28	9.65	4
31	鳥取県	Tottori-ken	3.61	14	0.49	2	8.45	13	5.15	28
32	島根県	Shimane-ken	3.97	10	0.38	8	8.20	16	7.12	19
33	岡山県	Okayama-ken	2.17	46	0.22	41	10.54	3	2.47	41
34	広島県	Hiroshima-ken	3.59	16	0.29	21	3.29	40	5.50	26
35	山口県	Yamaguchi-ken	3.21	24	0.31	14	5.99	27	6.03	21
36	徳島県	Tokushima-ken	5.00	3	0.55	1	6.80	24	12.47	1
37	香川県	Kagawa-ken	4.02	9	0.25	32	4.51	35	10.75	3
38	愛媛県	Ehime-ken	4.82	4	0.26	29	6.16	26	9.10	9
39	高知県	Kochi-ken	3.84	12	0.26	30	8.38	14	2.69	39
40	福岡県	Fukuoka-ken	2.54	40	0.32	13	3.75	38	7.48	17
41	佐賀県	Saga-ken	2.96	32	0.31	18	7.89	17	7.22	18
42	長崎県	Nagasaki-ken	3.07	29	0.30	19	8.87	8	4.53	34
43	熊本県	Kumamoto-ken	3.60	15	0.22	40	8.56	9	7.92	15
44	大分県	Oita-ken	2.58	39	0.37	9	9.32	6	5.77	24
45	宮崎県	Miyazaki-ken	3.32	22	0.23	37	9.70	5	4.56	33
46	鹿児島県	Kagoshima-ken	3.32	21	0.23	38	10.08	4	1.32	43
47	沖縄県	Okinawa-ken	4.37	5	0.36	10	7.70	19	4.81	31

No. 114 土木費割合 (対歳出決算総額) (都道府県財政) Ratio of public works expenditure (Prefecture) #D0311201 % 2019		No. 115 警察費割合 (対歳出決算総額) (都道府県財政) Ratio of police expenditure (Prefecture) #D03113 % 2019		No. 116 消防費割合 (対歳出決算総額) (東京都・市町村財政合計) Ratio of fire service expenditure (Tokyo-to + Municipality) #D03114 % 2019		No. 117 教育費割合 (対歳出決算総額) (都道府県財政) Ratio of education expenditure (Prefecture) #D0311501 % 2019		No. 118 災害復旧費割合 (対歳出決算総額) (都道府県財政) Ratio of disaster relief expenditure (Prefecture) #D0312301 % 2019		都道府県コード Pref. code
指標値 Indicator	順位 Rank	指標値 Indicator	順位 Rank	指標値 Indicator	順位 Rank	指標値 Indicator	順位 Rank	指標値 Indicator	順位 Rank	
11.97		6.81		3.97		20.63		1.20		00
12.59	27	5.46	23	4.45	28	17.74	40	1.37	17	01
12.98	21	4.56	41	7.33	1	20.98	23	0.03	47	02
16.27	9	2.98	47	5.45	9	16.04	47	7.57	2	03
11.87	34	4.90	32	3.66	37	17.21	44	8.75	1	04
12.69	25	4.33	44	5.73	3	17.93	39	2.44	10	05
12.76	24	4.58	40	4.70	25	19.28	36	1.37	18	06
17.22	4	3.55	46	5.10	14	17.63	41	2.85	8	07
13.67	19	5.86	17	5.68	4	26.37	3	0.33	38	08
12.46	30	5.82	18	4.73	23	25.05	7	1.03	24	09
14.98	13	5.74	20	5.57	6	24.21	11	0.75	28	10
8.07	44	8.52	5	5.53	7	27.53	1	0.32	39	11
6.79	46	8.84	4	4.87	21	25.44	4	0.06	43	12
11.71	35	8.48	6	2.61	47	16.76	46	0.03	45	13
6.23	47	10.53	2	3.21	44	21.51	19	0.10	42	14
16.99	5	5.02	29	4.96	18	17.42	42	0.84	26	15
14.72	15	5.16	27	4.31	30	22.56	14	0.34	37	16
15.51	12	4.65	38	4.22	31	20.12	33	0.46	32	17
16.60	7	5.28	24	5.29	11	20.51	28	0.41	33	18
20.30	1	4.81	35	6.05	2	20.87	26	1.12	21	19
15.58	11	5.19	26	4.95	19	25.09	6	2.41	11	20
13.99	17	5.94	16	5.17	12	24.82	8	1.45	15	21
11.48	38	6.99	11	5.15	13	21.17	22	0.41	34	22
8.95	42	7.72	8	3.69	36	21.41	20	0.03	46	23
12.02	31	5.63	22	4.95	20	25.42	5	0.87	25	24
14.72	16	6.00	15	4.69	27	27.02	2	0.17	41	25
8.82	43	10.14	3	3.60	38	20.62	27	1.36	19	26
7.84	45	10.55	1	3.10	45	20.94	24	0.06	44	27
9.43	41	7.36	10	3.35	42	20.43	30	0.74	29	28
14.95	14	5.69	21	5.61	5	24.66	9	0.69	31	29
18.69	2	5.25	25	4.97	16	19.84	34	1.38	16	30
15.75	10	4.50	43	5.07	15	19.09	37	3.00	7	31
17.82	3	4.32	45	4.15	32	19.81	35	0.81	27	32
10.60	40	7.55	9	3.72	35	20.93	25	3.39	4	33
11.54	36	6.61	12	3.89	33	20.43	31	3.04	6	34
13.00	20	6.05	14	4.70	24	23.56	12	1.19	20	35
12.56	28	4.99	30	4.74	22	17.41	43	0.74	30	36
11.95	33	5.76	19	4.33	29	21.53	18	0.38	36	37
12.66	26	4.95	31	4.96	17	20.47	29	2.82	9	38
16.96	6	4.67	37	5.30	10	21.66	17	3.33	5	39
11.19	39	7.86	7	3.30	43	18.82	38	1.75	12	40
12.86	23	4.84	34	5.46	8	22.49	15	1.09	22	41
13.91	18	6.07	13	3.54	39	22.18	16	0.39	35	42
12.54	29	5.05	28	4.69	26	17.09	45	4.75	3	43
16.38	8	4.54	42	3.53	40	21.21	21	1.47	14	44
12.91	22	4.70	36	3.40	41	20.23	32	1.55	13	45
11.53	37	4.62	39	3.84	34	23.49	13	1.04	23	46
12.00	32	4.89	33	2.69	46	24.61	10	0.18	40	47

行政基盤

D （指標）

		No. 119 人件費割合 (対歳出決算総額) (都道府県財政) Ratio of personnel expenses (Prefecture) #D0320101		No. 120 扶助費割合 (対歳出決算総額) (都道府県財政) Ratio of allowances (Prefecture) #D0320201		No. 121 普通建設事業費割合 (対歳出決算総額) (都道府県財政) Ratio of ordinary construction expenses (Prefecture) #D0320301		No. 122 歳出決算総額 (人口1人当たり) (都道府県・市町村財政合計) Total expenditure per capita (Prefecture + Municipality) #D0330103	
単位	Unit	%		%		%		千円：thousand yen	
年度	Fiscal year	2019		2019		2019		2019	
都道府県	Prefecture	指標値 Indicator	順位 Rank	指標値 Indicator	順位 Rank	指標値 Indicator	順位 Rank	指標値 Indicator	順位 Rank
00 全国	All Japan	25.44		2.25		16.11		873.4	
01 北海道	Hokkaido	23.56	40	2.56	15	20.15	16	1,108.9	11
02 青森県	Aomori-ken	24.89	36	2.97	10	20.01	19	1,117.5	9
03 岩手県	Iwate-ken	19.08	47	1.41	43	22.13	10	1,448.3	1
04 宮城県	Miyagi-ken	20.58	44	1.62	37	18.58	25	1,076.1	17
05 秋田県	Akita-ken	23.25	41	1.17	45	22.34	9	1,197.9	6
06 山形県	Yamagata-ken	26.10	26	1.40	44	18.84	23	1,106.1	13
07 福島県	Fukushima-ken	19.62	46	1.59	39	21.20	15	1,316.7	4
08 茨城県	Ibaraki-ken	30.34	5	2.38	20	15.00	35	805.5	40
09 栃木県	Tochigi-ken	29.83	6	2.27	24	17.19	30	825.0	35
10 群馬県	Gumma-ken	29.68	7	3.94	3	20.12	17	823.5	36
11 埼玉県	Saitama-ken	32.41	2	2.69	11	8.70	45	596.2	47
12 千葉県	Chiba-ken	31.92	3	2.42	18	8.46	46	644.6	45
13 東京都	Tokyo-to	20.21	45	1.88	33	14.70	37	955.2	24
14 神奈川県	Kanagawa-ken	27.34	17	2.42	19	8.77	44	631.4	46
15 新潟県	Niigata-ken	22.80	42	0.87	47	22.45	7	1,008.7	22
16 富山県	Toyama-ken	26.58	21	1.17	46	21.44	12	931.2	28
17 石川県	Ishikawa-ken	24.31	38	2.04	30	21.31	14	938.9	27
18 福井県	Fukui-ken	25.86	27	2.46	17	25.20	1	1,092.4	15
19 山梨県	Yamanashi-ken	24.98	35	1.63	36	23.69	2	1,075.9	18
20 長野県	Nagano-ken	29.65	8	2.07	29	18.83	24	948.0	25
21 岐阜県	Gifu-ken	29.57	9	1.64	35	20.06	18	841.1	32
22 静岡県	Shizuoka-ken	26.51	22	1.46	42	16.74	31	750.5	43
23 愛知県	Aichi-ken	26.21	25	2.10	28	13.47	41	720.4	44
24 三重県	Mie-ken	32.52	1	1.90	32	14.82	36	820.4	37
25 滋賀県	Shiga-ken	31.70	4	1.92	31	17.71	26	808.9	39
26 京都府	Kyoto-fu	24.99	34	1.61	38	13.65	40	835.1	34
27 大阪府	Osaka-fu	26.63	19	2.14	27	6.90	47	770.8	42
28 兵庫県	Hyogo-ken	25.34	31	1.59	40	12.81	43	803.8	41
29 奈良県	Nara-ken	28.07	14	3.22	8	16.73	32	815.7	38
30 和歌山県	Wakayama-ken	25.52	29	2.30	23	22.95	6	1,136.2	8
31 鳥取県	Tottori-ken	25.61	28	1.57	41	21.68	11	1,237.0	5
32 島根県	Shimane-ken	25.40	30	2.46	16	22.34	8	1,368.0	2
33 岡山県	Okayama-ken	27.14	18	1.66	34	14.42	38	875.9	30
34 広島県	Hiroshima-ken	25.10	33	2.34	21	13.20	42	852.0	31
35 山口県	Yamaguchi-ken	28.80	11	2.18	26	17.59	28	940.3	26
36 徳島県	Tokushima-ken	24.53	37	2.56	14	16.52	33	1,166.1	7
37 香川県	Kagawa-ken	28.44	12	2.32	22	14.27	39	911.5	29
38 愛媛県	Ehime-ken	26.32	24	4.55	1	17.27	29	972.3	23
39 高知県	Kochi-ken	25.27	32	2.98	9	23.54	3	1,327.2	3
40 福岡県	Fukuoka-ken	23.87	39	3.70	4	15.00	34	837.4	33
41 佐賀県	Saga-ken	27.90	15	2.68	12	21.32	13	1,108.5	12
42 長崎県	Nagasaki-ken	27.44	16	3.50	6	23.54	4	1,114.8	10
43 熊本県	Kumamoto-ken	21.73	43	3.23	7	19.87	21	1,091.6	16
44 大分県	Oita-ken	26.62	20	2.23	25	23.15	5	1,025.2	21
45 宮崎県	Miyazaki-ken	26.45	23	2.67	13	19.38	22	1,075.4	19
46 鹿児島県	Kagoshima-ken	28.99	10	3.50	5	19.92	20	1,092.5	14
47 沖縄県	Okinawa-ken	28.28	13	4.20	2	17.69	27	1,062.9	20

No. 123 民生費 （人口1人当たり） （都道府県・市町村財政合計） Welfare expenditure per capita (Prefecture + Municipality) #D0330203 千円：thousand yen 2019		No. 124 社会福祉費 （人口1人当たり） （都道府県・市町村財政合計） Social welfare expenditure per capita (Prefecture + Municipality) #D0330303 千円：thousand yen 2019		No. 125 老人福祉費（65歳以上人口1人当たり） （都道府県・市町村財政合計） Social welfare expenditure for aged persons per capita 65 years old and over (Prefecture + Municipality) #D0330403 千円：thousand yen 2019		No. 126 児童福祉費（17歳以下人口1人当たり）（都道府県・市町村財政合計） Welfare expenditure for children per capita 0-17 years old (Prefecture + Municipality) #D0330503 千円：thousand yen 2019		No. 127 生活保護費（被保護実人員1人当たり）（都道府県・市町村財政合計） Welfare expenditure for livelihood protection per person assisted by livelihood protection (Prefecture + Municipality) #D0330603 千円：thousand yen 2019		都道府県コード
指標値 Indicator	順位 Rank	指標値 Indicator	順位 Rank	指標値 Indicator	順位 Rank	指標値 Indicator	順位 Rank	指標値 Indicator	順位 Rank	Pref. code
237.9		63.3		204.3		537.4		1,913.8		00
282.2	6	84.5	2	222.5	12	496.6	29	1,842.5	25	01
272.3	11	75.7	11	213.6	20	578.8	9	1,626.4	45	02
241.1	22	66.7	21	203.2	30	545.1	16	1,593.9	46	03
212.6	35	54.7	42	182.8	41	505.7	23	1,689.1	42	04
259.1	18	76.9	9	219.6	15	549.2	13	1,634.9	44	05
229.2	28	56.6	38	207.6	26	575.8	10	1,752.3	36	06
303.3	3	56.3	39	200.7	35	495.2	31	1,714.3	41	07
207.4	41	59.6	33	181.0	42	471.9	39	1,908.2	13	08
209.8	39	57.3	37	173.0	45	496.5	30	1,838.6	26	09
211.9	36	57.9	36	196.9	37	501.1	27	1,891.6	17	10
189.9	46	49.1	45	165.4	46	469.4	40	1,899.6	16	11
192.6	45	48.7	46	162.4	47	481.3	36	1,889.2	18	12
282.9	5	69.3	19	230.9	7	877.5	1	2,175.0	1	13
209.3	40	52.9	43	179.0	43	514.8	21	1,954.2	7	14
212.9	34	55.9	40	206.4	28	486.6	35	1,563.7	47	15
203.4	42	50.9	44	209.1	23	506.4	22	1,990.2	5	16
213.4	33	58.0	35	207.5	27	505.4	24	2,015.0	2	17
231.4	26	67.1	20	208.5	25	545.6	14	1,825.3	28	18
222.3	30	65.4	24	195.7	39	504.8	25	1,944.9	8	19
213.5	32	66.1	22	202.3	33	426.1	46	1,962.4	6	20
197.2	44	60.2	32	195.8	38	400.8	47	1,928.4	9	21
185.2	47	47.3	47	177.8	44	430.7	44	1,787.1	32	22
199.9	43	55.5	41	202.6	31	456.2	43	1,822.9	29	23
211.2	37	60.3	31	201.4	34	460.2	42	1,872.6	21	24
209.8	38	62.2	28	194.8	40	475.8	37	1,727.4	40	25
255.1	20	70.9	16	224.5	9	533.2	19	1,770.5	35	26
275.2	9	71.4	15	208.6	24	536.4	18	2,014.2	3	27
235.4	23	61.8	29	202.6	32	494.6	32	1,903.5	14	28
221.2	31	65.3	25	198.4	36	428.1	45	1,751.3	37	29
266.2	15	78.8	5	235.8	5	493.6	33	1,923.1	10	30
271.1	13	77.0	8	221.3	13	623.0	2	1,733.6	38	31
275.0	10	77.8	7	246.8	4	616.7	3	1,786.5	33	32
228.1	29	59.4	34	212.3	22	490.4	34	1,799.0	31	33
229.9	27	61.2	30	205.0	29	497.2	28	1,780.2	34	34
232.2	25	65.1	26	217.5	18	463.6	41	1,902.7	15	35
271.7	12	70.0	18	254.8	1	552.7	12	1,850.6	24	36
232.8	24	63.9	27	213.5	21	503.0	26	1,922.9	11	37
251.9	21	75.6	12	219.8	14	473.0	38	1,866.1	22	38
312.3	2	81.6	3	252.6	2	614.6	4	1,829.4	27	39
256.6	19	65.6	23	218.5	16	522.1	20	1,883.4	20	40
260.7	17	72.2	14	235.8	6	544.4	17	2,004.9	4	41
280.8	7	78.2	6	223.2	11	561.2	11	1,730.0	39	42
270.9	14	72.8	13	228.9	8	581.7	8	1,852.1	23	43
263.5	16	70.2	17	224.4	10	545.2	15	1,915.5	12	44
275.9	8	76.1	10	216.5	19	596.2	6	1,670.1	43	45
296.3	4	80.7	4	252.4	3	586.9	7	1,884.9	19	46
313.1	1	93.2	1	217.7	17	605.8	5	1,815.4	30	47

			No. 128 衛生費 （人口1人当たり） （都道府県・市町村財政合計） Health expenditure per capita (Prefecture + Municipality) #D0330703		No. 129 土木費 （人口1人当たり） （都道府県・市町村財政合計） Public works expenditure per capita (Prefecture + Municipality) #D0331103		No. 130 警察費 （人口1人当たり） （都道府県財政） Police expenditure per capita (Prefecture) #D03312		No. 131 消防費 （人口1人当たり） （東京都・市町村財政合計） Fire service expenditure per capita (Tokyo-to + Municipality) #D03313	
単位	Unit		千円：thousand yen		千円：thousand yen		千円：thousand yen		千円：thousand yen	
年度	Fiscal year		2019		2019		2019		2019	
都道府県	Prefecture		指標値 Indicator	順位 Rank	指標値 Indicator	順位 Rank	指標値 Indicator	順位 Rank	指標値 Indicator	順位 Rank
00	全国	All Japan	55.5		97.8		26.6		21.5	
01	北海道	Hokkaido	64.9	14	132.4	12	25.1	17	28.9	10
02	青森県	Aomori-ken	79.8	6	127.5	15	23.7	24	43.9	1
03	岩手県	Iwate-ken	106.4	1	230.5	1	22.4	33	38.1	2
04	宮城県	Miyagi-ken	64.4	15	156.0	7	22.0	38	23.0	25
05	秋田県	Akita-ken	69.3	12	132.2	13	26.1	16	34.1	4
06	山形県	Yamagata-ken	83.5	5	123.4	20	24.6	20	26.7	15
07	福島県	Fukushima-ken	70.8	11	179.3	3	24.3	21	32.2	5
08	茨城県	Ibaraki-ken	60.0	28	97.6	32	21.3	43	25.1	19
09	栃木県	Tochigi-ken	60.8	25	97.1	33	22.3	34	20.8	30
10	群馬県	Gumma-ken	48.0	44	102.6	28	21.6	42	24.9	21
11	埼玉県	Saitama-ken	38.4	47	55.5	46	20.2	47	19.8	35
12	千葉県	Chiba-ken	50.2	40	49.8	47	23.4	26	18.5	39
13	東京都	Tokyo-to	55.2	34	100.7	30	46.2	1	25.0	20
14	神奈川県	Kanagawa-ken	40.1	46	64.3	45	21.3	44	13.8	47
15	新潟県	Niigata-ken	64.2	17	151.2	8	23.3	27	27.0	14
16	富山県	Toyama-ken	52.6	37	125.8	19	24.1	23	20.0	33
17	石川県	Ishikawa-ken	54.4	35	126.7	17	21.7	39	19.9	34
18	福井県	Fukui-ken	57.5	31	146.9	10	30.1	7	27.7	13
19	山梨県	Yamanashi-ken	71.4	9	167.4	5	26.8	13	31.4	6
20	長野県	Nagano-ken	62.6	22	118.8	21	21.3	45	26.6	16
21	岐阜県	Gifu-ken	53.6	36	101.5	29	23.0	31	23.5	24
22	静岡県	Shizuoka-ken	62.9	21	89.9	39	21.7	41	22.7	27
23	愛知県	Aichi-ken	48.5	43	78.2	42	23.1	29	15.6	44
24	三重県	Mie-ken	62.1	23	90.0	38	20.9	46	22.2	28
25	滋賀県	Shiga-ken	61.2	24	92.0	36	22.0	37	20.7	31
26	京都府	Kyoto-fu	51.4	39	73.0	44	34.0	2	18.0	41
27	大阪府	Osaka-fu	42.9	45	73.5	43	30.3	6	15.0	46
28	兵庫県	Hyogo-ken	48.9	41	83.0	41	24.7	19	15.7	43
29	奈良県	Nara-ken	56.9	32	92.4	35	21.7	40	24.4	22
30	和歌山県	Wakayama-ken	67.7	13	167.3	6	30.4	5	27.7	12
31	鳥取県	Tottori-ken	73.8	8	147.4	9	28.1	10	31.2	7
32	島根県	Shimane-ken	94.2	2	180.4	2	29.8	9	28.1	11
33	岡山県	Okayama-ken	58.3	30	93.9	34	27.9	11	18.9	38
34	広島県	Hiroshima-ken	63.7	19	97.9	31	22.1	36	20.1	32
35	山口県	Yamaguchi-ken	59.0	29	106.2	27	27.3	12	23.0	26
36	徳島県	Tokushima-ken	88.1	3	125.9	18	31.5	3	25.3	17
37	香川県	Kagawa-ken	60.4	26	91.0	37	26.3	14	19.7	36
38	愛媛県	Ehime-ken	64.0	18	107.5	25	23.1	28	25.1	18
39	高知県	Kochi-ken	77.0	7	168.9	4	30.1	8	36.2	3
40	福岡県	Fukuoka-ken	48.8	42	88.0	40	24.9	18	17.2	42
41	佐賀県	Saga-ken	71.0	10	111.8	23	26.1	15	31.0	8
42	長崎県	Nagasaki-ken	86.5	4	127.3	16	30.8	4	21.5	29
43	熊本県	Kumamoto-ken	63.1	20	140.4	11	23.1	30	29.8	9
44	大分県	Oita-ken	52.6	38	129.4	14	22.8	32	18.4	40
45	宮崎県	Miyazaki-ken	56.5	33	114.1	22	24.3	22	19.0	37
46	鹿児島県	Kagoshima-ken	64.3	16	109.2	24	22.2	35	23.5	23
47	沖縄県	Okinawa-ken	60.1	27	106.3	26	23.7	25	15.6	45

No. 132 教育費 (人口1人当たり) (都道府県・市町村財政合計) Education expenditure per capita (Prefecture + Municipality) #D0331403 千円:thousand yen 2019		No. 133 社会教育費 (人口1人当たり) (都道府県・市町村財政合計) Social education expenditure per capita (Prefecture + Municipality) #D0332003 千円:thousand yen 2019		No. 134 災害復旧費 (人口1人当たり) (都道府県・市町村財政合計) Disaster relief expenditure per capita (Prefecture + Municipality) #D0332103 千円:thousand yen 2019		No. 135 公立小学校費 (児童1人当たり) (都道府県・市町村財政合計) Elementary school expenditure per student (Prefecture + Municipality) #D0331503 千円:thousand yen 2019		No. 136 公立中学校費 (生徒1人当たり) (都道府県・市町村財政合計) Lower secondary school expenditure per student (Prefecture + Municipality) #D0331603 千円:thousand yen 2019		都道府県コード
指標値 Indicator	順位 Rank	指標値 Indicator	順位 Rank	指標値 Indicator	順位 Rank	指標値 Indicator	順位 Rank	指標値 Indicator	順位 Rank	Pref. code
140.6		10.2		8.5		788.1		942.2		00
152.1	28	10.1	37	10.5	19	993.5	7	1,108.6	12	01
174.1	8	13.1	19	1.1	42	1,017.6	4	1,224.8	2	02
186.9	4	15.7	9	81.1	1	1,161.9	1	1,208.7	4	03
158.8	22	13.0	22	62.4	2	855.6	20	1,080.7	17	04
167.8	13	13.6	15	17.7	11	980.3	9	1,224.6	3	05
164.4	15	12.9	23	11.3	16	996.7	6	1,027.1	20	06
177.9	6	14.0	12	41.1	4	933.5	12	1,038.7	19	07
151.6	29	9.8	39	2.4	38	840.2	21	961.6	27	08
144.4	36	10.7	33	8.4	24	763.8	33	896.8	33	09
145.5	33	12.8	24	4.2	32	722.0	39	851.7	39	10
108.6	46	7.2	46	1.0	43	588.6	47	771.2	47	11
117.6	45	7.4	44	2.0	39	696.1	42	823.7	43	12
145.1	35	8.6	41	0.5	46	871.3	18	1,133.5	8	13
108.2	47	5.8	47	0.7	45	655.3	46	786.5	46	14
155.9	24	10.4	35	5.3	28	977.4	10	1,099.3	14	15
160.3	19	14.8	10	2.5	37	894.8	15	919.9	31	16
152.3	27	19.2	4	4.1	33	801.5	27	810.8	44	17
164.6	14	19.1	5	3.0	35	796.5	28	886.0	34	18
172.7	10	13.8	13	8.4	25	910.8	14	964.2	26	19
162.4	17	15.9	7	17.9	10	961.6	11	1,107.2	13	20
150.6	30	13.1	21	8.6	23	779.0	32	835.9	41	21
131.8	40	8.7	40	3.2	34	719.7	40	838.3	40	22
125.1	43	8.3	42	0.2	47	698.8	41	799.1	45	23
152.4	26	11.5	29	4.6	30	819.8	23	971.2	25	24
159.8	20	12.8	25	1.3	41	677.8	45	834.6	42	25
139.2	38	13.1	20	8.2	26	788.6	29	931.6	29	26
122.2	44	7.3	45	1.0	44	744.7	36	857.9	37	27
130.0	41	7.9	43	5.1	29	737.4	38	872.3	36	28
145.4	34	15.9	8	4.6	31	754.1	35	927.4	30	29
170.9	11	16.5	6	14.1	13	885.3	17	1,124.0	9	30
178.8	5	20.9	3	27.4	6	932.3	13	1,084.6	15	31
203.5	1	21.2	2	9.6	20	1,052.0	2	1,167.4	6	32
144.2	37	10.2	36	23.1	9	779.4	31	854.0	38	33
138.2	39	11.9	26	24.5	7	739.6	37	934.6	28	34
160.4	18	10.8	32	10.7	18	890.2	16	1,110.2	11	35
164.0	16	11.5	30	8.7	22	868.5	19	1,083.6	16	36
155.3	25	13.2	18	2.6	36	691.3	43	919.2	32	37
148.1	32	14.7	11	24.1	8	803.1	26	1,022.3	21	38
202.7	2	25.0	1	34.1	5	1,034.9	3	1,525.8	1	39
129.1	42	10.1	38	9.4	21	682.6	44	882.8	35	40
172.8	9	13.5	16	13.3	15	784.4	30	1,120.5	10	41
170.0	12	13.2	17	7.1	27	1,016.9	5	1,180.7	5	42
150.6	31	10.5	34	46.7	3	814.5	25	974.7	24	43
159.6	21	13.8	14	13.9	14	816.0	24	1,012.9	22	44
156.5	23	11.7	28	14.3	12	755.7	34	1,056.9	18	45
174.5	7	11.4	31	11.1	17	992.5	8	1,155.1	7	46
189.4	3	11.9	27	1.4	40	831.9	22	983.7	23	47

36

都道府県 Prefecture		No. 137 公立高等学校費（生徒1人当たり）（都道府県・市町村財政合計） Upper secondary school expenditure per student (Prefecture + Municipality) #D0331703		No. 138 特別支援学校費（公立）（児童・生徒1人当たり）（都道府県・市町村財政合計） Expenditure for schools for special needs education per student (Prefecture + Municipality) #D0331804		No. 139 幼稚園費（児童1人当たり）（都道府県・市町村財政合計） Kindergarten expenditure per pupil (Prefecture + Municipality) #D0331903	
単位 Unit		千円：thousand yen		千円：thousand yen		千円：thousand yen	
年度 Fiscal year		2019		2019		2019	
		指標値 Indicator	順位 Rank	指標値 Indicator	順位 Rank	指標値 Indicator	順位 Rank
00	全国 All Japan	1,039.1		6,654.8		238.0	
01	北海道 Hokkaido	1,117.2	22	8,618.7	5	189.0	34
02	青森県 Aomori-ken	1,210.5	11	6,723.1	29	533.8	14
03	岩手県 Iwate-ken	1,291.0	3	8,032.5	10	498.6	17
04	宮城県 Miyagi-ken	1,218.7	8	8,135.1	9	290.2	25
05	秋田県 Akita-ken	1,159.5	16	8,560.3	7	535.1	13
06	山形県 Yamagata-ken	1,250.8	5	7,802.5	13	202.6	32
07	福島県 Fukushima-ken	1,237.3	7	8,000.7	11	418.9	21
08	茨城県 Ibaraki-ken	955.6	39	5,666.0	43	448.8	19
09	栃木県 Tochigi-ken	891.2	45	5,282.3	46	126.2	40
10	群馬県 Gumma-ken	991.7	34	7,067.8	20	343.7	23
11	埼玉県 Saitama-ken	991.9	33	5,635.3	44	84.1	45
12	千葉県 Chiba-ken	893.2	44	5,917.3	36	110.0	41
13	東京都 Tokyo-to	1,205.1	12	7,424.0	14	107.7	42
14	神奈川県 Kanagawa-ken	970.0	37	6,583.1	30	74.0	46
15	新潟県 Niigata-ken	1,178.8	14	7,184.1	19	419.9	20
16	富山県 Toyama-ken	1,152.8	18	7,283.5	18	625.8	12
17	石川県 Ishikawa-ken	1,023.8	29	6,029.2	34	200.9	33
18	福井県 Fukui-ken	1,116.8	23	9,468.7	3	815.9	5
19	山梨県 Yamanashi-ken	1,245.7	6	10,033.0	2	245.8	31
20	長野県 Nagano-ken	1,190.9	13	7,808.4	12	642.3	10
21	岐阜県 Gifu-ken	932.4	42	5,937.8	35	280.7	27
22	静岡県 Shizuoka-ken	962.1	38	5,272.2	47	462.8	18
23	愛知県 Aichi-ken	811.0	47	5,875.9	37	139.0	38
24	三重県 Mie-ken	930.1	43	6,782.5	28	502.1	16
25	滋賀県 Shiga-ken	945.4	40	5,793.8	40	828.7	3
26	京都府 Kyoto-fu	1,129.1	21	7,335.5	16	164.5	36
27	大阪府 Osaka-fu	852.0	46	5,388.2	45	274.0	29
28	兵庫県 Hyogo-ken	988.2	35	6,830.6	26	330.7	24
29	奈良県 Nara-ken	978.0	36	5,864.2	39	627.2	11
30	和歌山県 Wakayama-ken	1,017.9	30	6,914.9	25	522.0	15
31	鳥取県 Tottori-ken	1,151.4	19	8,152.3	8	106.5	43
32	島根県 Shimane-ken	1,262.9	4	8,581.6	6	980.1	1
33	岡山県 Okayama-ken	1,099.5	24	6,269.4	32	677.4	8
34	広島県 Hiroshima-ken	1,069.2	27	6,032.3	33	128.9	39
35	山口県 Yamaguchi-ken	1,217.6	9	8,628.0	4	141.6	37
36	徳島県 Tokushima-ken	1,045.0	28	6,937.9	23	756.1	6
37	香川県 Kagawa-ken	1,158.8	17	7,030.3	21	722.2	7
38	愛媛県 Ehime-ken	1,213.1	10	5,864.4	38	278.1	28
39	高知県 Kochi-ken	1,738.1	1	10,260.1	1	381.3	22
40	福岡県 Fukuoka-ken	937.4	41	5,787.7	41	72.8	47
41	佐賀県 Saga-ken	1,168.2	15	7,397.6	15	188.5	35
42	長崎県 Nagasaki-ken	1,069.5	26	7,025.3	22	930.0	2
43	熊本県 Kumamoto-ken	1,076.2	25	6,935.1	24	270.2	30
44	大分県 Oita-ken	1,137.7	20	7,322.3	17	665.1	9
45	宮崎県 Miyazaki-ken	1,014.6	31	6,365.1	31	85.4	44
46	鹿児島県 Kagoshima-ken	1,340.1	2	5,772.2	42	287.3	26
47	沖縄県 Okinawa-ken	999.4	32	6,790.8	27	817.4	4

E. 教育　　E Education

			No. 140 小学校数 （6～11歳人口10万人当たり） Number of elementary schools (per 100,000 population 6-11 years) #E0110101		No. 141 中学校数 （12～14歳人口10万人当たり） Number of lower secondary schools (per 100,000 population 12-14 years) #E0110102		No. 142 高等学校数 （15～17歳人口10万人当たり） Number of upper secondary schools (per 100,000 population 15-17 years) #E0110103		No. 143 幼稚園数 （3～5歳人口10万人当たり） Number of kindergartens (per 100,000 population 3-5 years) #E0110104	
単位	Unit		校：number of schools		校：number of schools		校：number of schools		園：number of kindergartens	
年度	Fiscal year		2019		2019		2019		2019	
都道府県	Prefecture		指標値 Indicator	順位 Rank	指標値 Indicator	順位 Rank	指標値 Indicator	順位 Rank	指標値 Indicator	順位 Rank
00	全国	All Japan	307.6		297.2		135.5		325.1	
01	北海道	Hokkaido	415.6	16	439.4	10	193.7	6	345.1	17
02	青森県	Aomori-ken	468.8	8	446.9	9	193.6	7	323.0	25
03	岩手県	Iwate-ken	504.8	6	462.7	6	212.3	3	326.0	23
04	宮城県	Miyagi-ken	331.2	30	329.4	23	142.2	28	432.8	9
05	秋田県	Akita-ken	440.3	14	458.6	7	194.4	5	198.3	41
06	山形県	Yamagata-ken	447.9	12	316.8	26	186.6	11	282.5	35
07	福島県	Fukushima-ken	470.4	7	428.0	13	190.1	9	586.0	3
08	茨城県	Ibaraki-ken	320.1	32	273.7	37	140.8	29	374.3	14
09	栃木県	Tochigi-ken	347.5	26	293.5	32	132.6	34	180.7	45
10	群馬県	Gumma-ken	300.6	34	294.3	31	133.2	33	295.7	33
11	埼玉県	Saitama-ken	219.9	46	227.5	44	94.9	46	299.1	31
12	千葉県	Chiba-ken	253.8	42	241.3	43	106.9	43	331.1	21
13	東京都	Tokyo-to	225.5	45	267.4	39	138.1	31	320.6	26
14	神奈川県	Kanagawa-ken	193.9	47	196.9	47	93.8	47	287.0	34
15	新潟県	Niigata-ken	404.7	19	376.8	16	153.1	24	167.7	46
16	富山県	Toyama-ken	354.1	24	277.2	36	172.0	15	196.1	42
17	石川県	Ishikawa-ken	337.0	28	272.1	38	160.8	20	183.2	44
18	福井県	Fukui-ken	464.1	9	358.6	18	143.0	27	359.1	16
19	山梨県	Yamanashi-ken	423.8	15	396.9	15	162.9	18	295.8	32
20	長野県	Nagano-ken	333.9	29	320.4	25	156.4	23	186.7	43
21	岐阜県	Gifu-ken	338.3	27	308.9	28	127.9	36	325.1	24
22	静岡県	Shizuoka-ken	260.1	41	281.9	33	127.8	37	413.8	11
23	愛知県	Aichi-ken	237.2	43	205.5	46	99.3	45	220.9	39
24	三重県	Mie-ken	390.8	22	323.4	24	128.0	35	407.9	12
25	滋賀県	Shiga-ken	271.3	39	242.8	42	126.0	39	343.7	18
26	京都府	Kyoto-fu	297.7	36	278.6	35	144.9	26	331.7	20
27	大阪府	Osaka-fu	227.4	44	217.1	45	102.8	44	277.1	36
28	兵庫県	Hyogo-ken	265.0	40	248.5	41	124.6	41	368.0	15
29	奈良県	Nara-ken	298.5	35	299.5	30	126.6	38	508.0	7
30	和歌山県	Wakayama-ken	528.4	5	480.8	5	160.8	19	326.1	22
31	鳥取県	Tottori-ken	408.1	18	365.7	17	190.0	10	140.6	47
32	島根県	Shimane-ken	577.2	3	514.8	2	229.5	1	537.8	5
33	岡山県	Okayama-ken	391.0	21	301.8	29	149.6	25	493.5	8
34	広島県	Hiroshima-ken	317.2	33	336.6	22	158.9	21	319.9	27
35	山口県	Yamaguchi-ken	442.9	13	437.2	11	201.6	4	516.4	6
36	徳島県	Tokushima-ken	543.7	4	451.0	8	173.8	14	735.9	1
37	香川県	Kagawa-ken	325.1	31	281.0	34	139.0	30	543.8	4
38	愛媛県	Ehime-ken	409.3	17	355.5	20	163.6	17	418.9	10
39	高知県	Kochi-ken	677.0	1	671.6	1	223.4	2	247.0	37
40	福岡県	Fukuoka-ken	272.8	38	264.0	40	113.0	42	316.1	29
41	佐賀県	Saga-ken	349.5	25	358.2	19	190.2	8	238.4	38
42	長崎県	Nagasaki-ken	460.1	10	484.6	4	186.3	12	317.3	28
43	熊本県	Kumamoto-ken	358.2	23	338.9	21	136.8	32	218.1	40
44	大分県	Oita-ken	454.7	11	419.7	14	165.9	16	608.2	2
45	宮崎県	Miyazaki-ken	399.2	20	432.6	12	157.6	22	315.8	30
46	鹿児島県	Kagoshima-ken	580.4	2	494.6	3	180.8	13	339.5	19
47	沖縄県	Okinawa-ken	275.2	37	312.4	27	125.7	40	391.4	13

No. 144 保育所等数（0〜5歳人口10万人当たり）Number of nursery centers (per 100,000 population 0-5 years) #E0110105 所：number of centers 2019		No. 145 認定こども園数（0〜5歳人口10万人当たり）Number of authorized child centers (per 100,000 population 0-5 years) #E0110106 園：number of centers 2019		No. 146 小学校数（可住地面積100k㎡当たり）Number of elementary schools (per inhabitable area 100 k㎡) #E0110201 校：number of schools 2020		No. 147 中学校数（可住地面積100k㎡当たり）Number of lower secondary schools (per inhabitable area 100 k㎡) #E0110202 校：number of schools 2020		No. 148 高等学校数（可住地面積100k㎡当たり）Number of upper secondary schools (per inhabitable area 100 k㎡) #E0110203 校：number of schools 2020		都道府県コード
指標値 Indicator	順位 Rank	指標値 Indicator	順位 Rank	指標値 Indicator	順位 Rank	指標値 Indicator	順位 Rank	指標値 Indicator	順位 Rank	Pref. code
476.4		119.5		15.88		8.25		3.96		00
451.8	34	180.7	16	4.40	47	2.58	47	1.22	47	01
918.6	1	549.3	1	8.27	44	4.89	42	2.37	42	02
705.2	9	175.4	18	8.10	45	4.13	44	2.11	45	03
447.4	35	54.9	42	11.96	37	6.50	33	2.98	35	04
750.8	4	254.8	7	5.91	46	3.46	45	1.67	46	05
588.8	19	173.8	19	8.49	43	3.38	46	2.12	44	06
459.5	32	128.7	31	10.12	40	5.37	40	2.60	40	07
457.1	33	162.2	21	12.24	36	5.86	38	3.11	32	08
464.8	31	138.2	26	11.65	38	5.42	39	2.50	41	09
500.0	24	254.5	8	13.62	31	7.40	28	3.48	28	10
396.0	41	34.6	46	31.27	6	17.21	4	7.41	5	11
409.4	39	62.5	41	21.99	12	11.18	14	5.15	12	12
496.5	25	23.1	47	93.34	1	56.44	1	30.08	1	13
421.0	38	42.4	45	60.18	3	32.09	3	15.67	3	14
710.9	8	193.7	12	9.93	41	5.05	41	2.24	43	15
652.0	13	251.3	9	9.93	42	4.23	43	2.88	36	16
643.9	15	406.3	2	14.63	30	6.38	35	4.02	19	17
739.1	6	324.7	4	18.19	19	7.61	25	3.25	31	18
627.1	16	190.0	14	18.57	17	9.76	17	4.51	16	19
582.8	21	79.0	39	11.23	39	6.00	37	3.08	33	20
428.1	37	133.4	29	16.60	25	8.37	20	3.66	25	21
367.0	46	153.5	24	18.34	18	10.56	16	4.97	13	22
372.7	44	52.4	43	32.35	4	14.69	6	7.41	6	23
501.5	23	63.9	40	18.02	20	8.14	21	3.39	30	24
405.9	40	125.0	32	16.93	23	7.93	23	4.31	17	25
432.7	36	91.8	38	31.51	5	16.14	5	9.34	4	26
370.0	45	158.3	22	74.66	2	38.90	2	19.19	2	27
389.6	42	192.5	13	27.22	7	13.83	7	7.40	7	28
357.6	47	115.9	36	23.66	10	12.88	10	6.32	8	29
473.4	27	136.6	27	22.08	11	11.39	12	4.18	18	30
672.5	10	162.7	20	13.05	32	6.41	34	3.54	27	31
905.9	2	178.1	17	15.74	27	7.63	24	3.70	24	32
470.4	29	118.7	33	17.46	22	7.40	27	3.86	23	33
468.1	30	116.3	35	20.66	13	11.62	11	5.66	11	34
478.0	26	95.0	37	17.67	21	9.56	18	4.61	15	35
646.7	14	186.6	15	18.70	16	8.66	19	3.64	26	36
473.1	28	147.4	25	15.92	26	7.56	26	3.98	20	37
501.9	22	133.9	28	16.87	24	8.04	22	3.96	21	38
834.6	3	117.8	34	19.63	14	11.02	15	3.96	22	39
383.7	43	49.6	44	26.38	8	13.10	9	5.93	9	40
588.2	20	195.3	11	12.29	35	6.89	31	3.45	29	41
727.8	7	229.7	10	19.60	15	11.27	13	4.74	14	42
665.0	12	158.2	23	12.38	34	6.23	36	2.66	39	43
597.3	17	257.3	6	14.82	29	7.24	30	3.06	34	44
741.3	5	334.9	3	12.69	33	7.30	29	2.77	37	45
667.3	11	267.9	5	15.42	28	6.87	32	2.71	38	46
596.1	18	130.1	30	23.79	9	13.49	8	5.68	10	47

教育 E（指標）

			No. 149 小学校教員割合（女） （対小学校教員数） Ratio of elementary school teachers (Female) #E0410201		No. 150 中学校教員割合（女） （対中学校教員数） Ratio of lower secondary school teachers (Female) #E0410202		No. 151 小学校児童数 （小学校教員1人当たり） Number of elementary school students (per teacher) #E0510301		No. 152 中学校生徒数 （中学校教員1人当たり） Number of lower secondary school students (per teacher) #E0510302	
	単位	Unit	%		%		人：persons		人：persons	
	年度	Fiscal year	2020		2020		2020		2020	
	都道府県	Prefecture	指標値 Indicator	順位 Rank	指標値 Indicator	順位 Rank	指標値 Indicator	順位 Rank	指標値 Indicator	順位 Rank
00	全国	All Japan	62.3		43.7		14.91		13.01	
01	北海道	Hokkaido	53.8	47	37.3	47	12.40	39	10.64	38
02	青森県	Aomori-ken	65.8	7	45.7	15	12.28	40	10.07	44
03	岩手県	Iwate-ken	62.7	28	45.7	14	11.94	41	10.60	40
04	宮城県	Miyagi-ken	60.0	40	44.9	20	14.48	14	11.98	24
05	秋田県	Akita-ken	62.5	29	42.4	37	12.59	37	10.15	43
06	山形県	Yamagata-ken	61.8	32	45.4	18	12.98	33	11.89	25
07	福島県	Fukushima-ken	64.7	13	43.0	33	12.84	35	11.10	34
08	茨城県	Ibaraki-ken	65.1	9	43.9	27	14.38	15	12.38	21
09	栃木県	Tochigi-ken	64.7	11	45.9	12	13.95	23	12.59	18
10	群馬県	Gumma-ken	63.4	21	41.2	43	14.16	20	12.61	17
11	埼玉県	Saitama-ken	61.5	36	42.4	38	17.61	1	14.90	4
12	千葉県	Chiba-ken	61.5	35	42.8	34	16.79	4	14.52	5
13	東京都	Tokyo-to	60.3	39	43.6	29	17.39	3	15.42	1
14	神奈川県	Kanagawa-ken	63.5	20	43.9	26	17.44	2	15.34	2
15	新潟県	Niigata-ken	61.6	34	42.7	36	12.77	36	11.30	32
16	富山県	Toyama-ken	64.6	14	46.6	9	13.56	26	12.95	13
17	石川県	Ishikawa-ken	65.9	6	46.6	10	14.21	18	13.77	8
18	福井県	Fukui-ken	65.0	10	41.8	41	12.98	32	11.56	30
19	山梨県	Yamanashi-ken	62.5	30	44.1	23	12.43	38	11.48	31
20	長野県	Nagano-ken	58.6	42	38.0	46	14.38	16	11.77	28
21	岐阜県	Gifu-ken	64.7	12	40.0	44	14.30	17	12.87	14
22	静岡県	Shizuoka-ken	58.6	43	39.2	45	16.19	6	14.12	6
23	愛知県	Aichi-ken	64.3	15	43.7	28	16.74	5	15.06	3
24	三重県	Mie-ken	64.0	19	45.3	19	13.42	28	12.59	19
25	滋賀県	Shiga-ken	63.1	24	43.1	32	14.70	12	13.04	12
26	京都府	Kyoto-fu	63.2	23	42.7	35	14.50	13	12.58	20
27	大阪府	Osaka-fu	61.8	33	45.6	16	14.97	11	13.06	11
28	兵庫県	Hyogo-ken	63.0	27	43.4	31	15.30	10	13.77	9
29	奈良県	Nara-ken	59.4	41	41.5	42	13.73	24	12.71	16
30	和歌山県	Wakayama-ken	61.0	37	44.8	21	11.37	44	10.37	41
31	鳥取県	Tottori-ken	58.4	44	42.3	39	11.69	43	10.35	42
32	島根県	Shimane-ken	62.1	31	44.6	22	10.73	47	9.21	46
33	岡山県	Okayama-ken	63.0	26	46.9	8	13.06	31	12.36	22
34	広島県	Hiroshima-ken	68.2	1	47.0	7	15.30	9	13.56	10
35	山口県	Yamaguchi-ken	64.3	16	45.6	17	13.11	29	11.20	33
36	徳島県	Tokushima-ken	67.8	2	51.5	1	11.36	45	10.00	45
37	香川県	Kagawa-ken	66.5	4	50.4	2	14.10	21	12.09	23
38	愛媛県	Ehime-ken	63.0	25	46.2	11	14.03	22	11.84	27
39	高知県	Kochi-ken	65.9	5	48.1	5	10.75	46	8.17	47
40	福岡県	Fukuoka-ken	65.6	8	45.8	13	15.86	7	13.81	7
41	佐賀県	Saga-ken	64.2	17	47.6	6	13.06	30	10.98	35
42	長崎県	Nagasaki-ken	57.9	45	48.4	4	12.93	34	10.90	37
43	熊本県	Kumamoto-ken	60.6	38	44.1	24	13.69	25	11.88	26
44	大分県	Oita-ken	63.4	22	43.5	30	13.46	27	11.60	29
45	宮崎県	Miyazaki-ken	64.1	18	44.0	25	14.17	19	10.95	36
46	鹿児島県	Kagoshima-ken	56.3	46	41.9	40	11.88	42	10.60	39
47	沖縄県	Okinawa-ken	67.0	3	49.4	3	15.41	8	12.76	15

No. 153 高等学校生徒数 (高等学校教員1人当たり) Number of upper secondary school students (per teacher) #E0510303 人：persons 2020		No. 154 幼稚園在園者数 (幼稚園教員1人当たり) Number of kindergarten pupils (per teacher) #E0510304 人：persons 2020		No. 155 保育所等在所児数 (保育所等保育士1人当たり) Number of infants enrolled in nursery centers (per nurse) #E0510305 人：persons 2019		No. 156 公立高等学校生徒比率 (対高等学校生徒数) Ratio of public upper secondary school students #E05203 % 2020		No. 157 公立幼稚園在園者比率 (対幼稚園在園者数) Ratio of public kindergarteners #E05204 % 2020		都道府県コード
指標値 Indicator	順位 Rank	指標値 Indicator	順位 Rank	指標値 Indicator	順位 Rank	指標値 Indicator	順位 Rank	指標値 Indicator	順位 Rank	Pref. code
13.49		11.21		7.55		66.8		13.5		00
11.79	31	8.53	32	7.77	31	74.6	17	4.0	39	01
10.89	41	7.00	44	10.81	5	74.4	20	0.7	46	02
10.69	43	8.73	31	8.04	27	79.3	6	15.4	23	03
12.60	24	11.05	9	6.25	45	71.6	24	13.1	24	04
10.88	42	5.63	46	8.25	23	90.2	3	5.0	37	05
11.49	33	7.83	37	6.25	44	68.0	35	9.0	28	06
11.93	30	9.71	17	7.07	37	78.3	10	30.6	11	07
13.13	16	10.88	10	8.68	18	72.3	23	20.5	18	08
14.16	9	9.33	23	7.58	34	70.4	25	0.5	47	09
13.64	10	7.43	39	11.32	3	74.5	19	31.8	9	10
15.14	4	13.83	3	6.32	40	67.7	36	2.6	43	11
14.91	5	14.09	2	6.29	41	67.4	38	6.8	34	12
15.91	1	12.86	5	5.18	47	42.5	47	7.4	29	13
15.41	2	13.21	4	6.25	43	65.1	42	1.7	44	14
13.13	17	6.52	45	8.82	16	75.4	14	22.8	16	15
12.03	29	7.92	35	10.60	6	78.5	8	22.5	17	16
12.67	23	7.43	40	12.05	2	70.2	27	1.4	45	17
12.83	21	5.10	47	12.71	1	69.9	28	31.5	10	18
12.80	22	7.30	42	9.14	13	72.4	22	3.4	42	19
12.50	25	8.91	27	7.42	35	80.9	5	4.4	38	20
12.89	19	10.02	14	8.74	17	79.0	7	17.8	20	21
14.21	8	10.77	12	10.13	7	67.0	39	30.5	12	22
15.40	3	15.04	1	8.53	19	68.0	33	7.1	32	23
13.20	14	9.38	22	8.24	24	78.1	12	36.0	8	24
13.61	11	9.39	21	8.97	15	78.4	9	78.3	3	25
12.99	18	10.02	15	8.32	22	52.8	46	12.0	26	26
14.82	7	12.40	6	9.95	8	56.5	45	15.5	22	27
13.37	12	11.25	7	11.00	4	74.7	16	28.6	13	28
13.22	13	9.44	19	9.19	12	70.3	26	51.3	6	29
11.44	34	9.31	25	8.01	28	81.2	4	25.4	14	30
10.49	44	7.86	36	8.21	25	76.5	13	6.3	35	31
10.18	46	7.15	43	6.29	42	78.1	11	88.2	1	32
12.88	20	9.07	26	8.39	21	68.0	34	57.7	5	33
13.18	15	11.19	8	7.78	30	65.3	41	7.1	31	34
11.23	38	9.64	18	7.14	36	69.0	32	5.8	36	35
11.06	40	8.23	33	7.61	33	95.9	1	78.7	2	36
12.31	27	8.17	34	8.15	26	75.2	15	47.3	7	37
11.64	32	9.39	20	7.65	32	73.3	21	13.0	25	38
8.77	47	7.54	38	6.41	39	69.9	29	20.4	19	39
14.86	6	10.84	11	6.50	38	58.2	44	3.4	41	40
11.30	37	8.77	28	9.14	14	74.6	18	7.4	30	41
11.35	36	8.75	29	7.80	29	67.4	37	7.0	33	42
12.18	28	9.33	24	8.42	20	63.2	43	11.9	27	43
11.14	39	8.73	30	9.62	9	69.6	30	23.5	15	44
11.38	35	7.41	41	9.41	10	69.5	31	3.8	40	45
10.49	45	10.52	13	9.40	11	65.7	40	16.9	21	46
12.46	26	9.89	16	6.22	46	93.3	2	63.4	4	47

			No. 158 公営保育所等在所児比率（対保育所等在所児数） Ratio of infants enrolled in public nursery centers #E05205		No. 159 小学校児童数（1学級当たり） Number of elementary school students (per class) #E0510205		No. 160 中学校生徒数（1学級当たり） Number of lower secondary school students (per class) #E0510206		No. 161 幼稚園教育普及度（幼稚園修了者数／小学校児童数（第1学年児童数）） Educational diffusion rate (Kindergartens) #E0910101	
	単位	Unit	%		人：persons		人：persons		%	
	年度	Fiscal year	2019		2020		2020		2019	
	都道府県	Prefecture	指標値 Indicator	順位 Rank	指標値 Indicator	順位 Rank	指標値 Indicator	順位 Rank	指標値 Indicator	順位 Rank
00	全国	All Japan	27.4		23.1		27.1		40.7	
01	北海道	Hokkaido	28.6	24	19.9	33	22.7	40	42.8	16
02	青森県	Aomori-ken	0.7	47	19.4	38	23.1	38	18.8	40
03	岩手県	Iwate-ken	25.5	27	18.6	43	22.7	41	25.9	33
04	宮城県	Miyagi-ken	47.2	8	23.0	11	25.3	25	53.4	1
05	秋田県	Akita-ken	14.1	36	19.4	40	22.3	43	14.6	44
06	山形県	Yamagata-ken	18.1	33	19.5	36	23.6	36	29.2	27
07	福島県	Fukushima-ken	29.0	22	19.5	37	23.7	35	49.5	6
08	茨城県	Ibaraki-ken	17.8	34	21.4	23	25.3	26	39.1	21
09	栃木県	Tochigi-ken	26.4	26	21.7	19	25.5	23	28.4	28
10	群馬県	Gumma-ken	23.9	29	21.9	18	27.2	13	26.6	30
11	埼玉県	Saitama-ken	19.0	31	27.1	2	30.6	2	52.9	2
12	千葉県	Chiba-ken	35.1	18	25.0	5	29.0	6	52.8	3
13	東京都	Tokyo-to	26.4	25	29.3	1	31.7	1	50.0	5
14	神奈川県	Kanagawa-ken	10.4	42	26.4	3	30.5	3	52.5	4
15	新潟県	Niigata-ken	48.3	7	19.4	39	23.8	34	12.6	45
16	富山県	Toyama-ken	37.7	15	22.2	16	28.8	7	12.3	46
17	石川県	Ishikawa-ken	25.5	28	22.7	13	28.7	8	20.8	37
18	福井県	Fukui-ken	28.9	23	20.3	31	23.6	37	8.6	47
19	山梨県	Yamanashi-ken	42.3	12	19.6	35	23.9	33	21.0	35
20	長野県	Nagano-ken	66.0	1	21.0	25	24.1	32	18.2	42
21	岐阜県	Gifu-ken	50.0	5	23.0	10	26.9	15	42.3	17
22	静岡県	Shizuoka-ken	22.6	30	24.6	6	27.3	12	44.6	12
23	愛知県	Aichi-ken	54.1	2	25.2	4	29.5	5	39.7	20
24	三重県	Mie-ken	37.3	16	21.1	24	26.0	19	36.0	23
25	滋賀県	Shiga-ken	41.7	14	22.5	14	25.9	20	34.5	26
26	京都府	Kyoto-fu	18.5	32	23.2	9	27.7	10	41.0	19
27	大阪府	Osaka-fu	15.9	35	22.5	15	27.1	14	43.5	13
28	兵庫県	Hyogo-ken	31.3	20	24.1	8	29.7	4	42.1	18
29	奈良県	Nara-ken	30.6	21	20.5	29	25.8	22	43.4	14
30	和歌山県	Wakayama-ken	42.1	13	18.9	41	22.4	42	26.5	32
31	鳥取県	Tottori-ken	48.9	6	18.8	42	22.2	44	17.1	43
32	島根県	Shimane-ken	13.2	38	17.0	46	20.8	46	20.9	36
33	岡山県	Okayama-ken	42.5	11	20.7	28	26.0	18	35.7	25
34	広島県	Hiroshima-ken	42.5	10	22.9	12	27.4	11	35.9	24
35	山口県	Yamaguchi-ken	36.4	17	20.3	30	22.8	39	48.6	8
36	徳島県	Tokushima-ken	53.1	3	17.9	45	21.1	45	49.3	7
37	香川県	Kagawa-ken	52.1	4	21.7	20	26.1	17	44.7	11
38	愛媛県	Ehime-ken	34.9	19	20.8	27	25.4	24	38.8	22
39	高知県	Kochi-ken	43.4	9	16.3	47	20.4	47	18.7	41
40	福岡県	Fukuoka-ken	6.4	45	24.2	7	28.4	9	44.9	10
41	佐賀県	Saga-ken	14.1	37	20.1	32	24.8	30	20.3	39
42	長崎県	Nagasaki-ken	9.7	43	19.8	34	24.2	31	27.1	29
43	熊本県	Kumamoto-ken	11.3	41	21.6	21	25.8	21	20.4	38
44	大分県	Oita-ken	11.8	39	20.8	26	25.1	27	47.5	9
45	宮崎県	Miyazaki-ken	7.6	44	21.4	22	25.1	28	23.7	34
46	鹿児島県	Kagoshima-ken	5.3	46	18.2	44	24.8	29	26.5	31
47	沖縄県	Okinawa-ken	11.4	40	22.1	17	26.1	16	43.1	15

No. 162 保育所等教育普及度（保育所等修了者数／小学校児童数（第1学年児童数）） Educational diffusion rate (Nursery centers) #E0910102 % 2019		No. 163 不登校による小学校長期欠席児童比率（年度間30日以上）（児童千人当たり） Ratio of long-term absentees from elementary school due to refusal to attend school a) #E09213 — 2019		No. 164 不登校による中学校長期欠席生徒比率（年度間30日以上）（生徒千人当たり） Ratio of long-term absentees from lower secondary school due to refusal to attend school a) #E09214 — 2019		No. 165 中学校卒業者の進学率 Ratio of lower secondary graduates going to further education #E09401 % 2019		No. 166 高等学校卒業者の進学率 Ratio of upper secondary graduates going to further education #E09402 % 2019		都道府県コード
指標値 Indicator	順位 Rank	指標値 Indicator	順位 Rank	指標値 Indicator	順位 Rank	指標値 Indicator	順位 Rank	指標値 Indicator	順位 Rank	Pref. code
48.3		8.38		39.75		95.5		55.7		00
39.1	43	8.30	22	45.27	3	95.9	31	47.7	33	01
68.1	10	6.29	38	32.14	42	98.0	4	46.6	34	02
62.8	13	5.50	44	30.93	46	97.9	6	45.1	40	03
38.6	44	10.25	6	51.46	1	96.0	27	49.9	29	04
75.6	6	5.82	40	31.90	43	97.6	10	44.9	42	05
58.4	19	5.34	46	31.32	44	98.6	1	46.1	36	06
40.4	42	6.51	36	34.54	35	94.9	37	45.8	38	07
50.1	28	9.34	12	39.44	21	96.2	24	51.3	27	08
51.2	27	9.07	15	42.78	12	94.8	39	51.9	24	09
59.6	16	7.84	27	35.97	31	97.3	13	53.0	22	10
36.3	45	5.76	41	34.03	38	94.9	37	58.4	9	11
35.1	46	7.55	30	33.80	39	96.1	26	55.9	15	12
48.7	30	8.65	20	41.06	14	95.2	35	66.5	2	13
31.2	47	10.06	7	45.08	4	94.6	43	60.8	6	14
75.7	5	7.24	34	36.79	28	96.7	19	47.9	32	15
71.8	8	8.53	21	31.06	45	98.0	4	55.3	16	16
72.0	7	9.20	13	39.95	19	98.4	2	56.4	12	17
78.2	2	5.50	45	28.81	47	98.2	3	56.9	11	18
67.5	11	7.63	29	44.65	7	95.4	34	57.0	10	19
71.1	9	11.13	3	42.37	13	96.0	27	49.1	30	20
48.9	29	8.73	19	38.30	24	93.8	46	56.1	14	21
42.0	41	10.46	4	45.03	5	94.2	45	53.3	20	22
48.5	31	8.96	17	40.90	15	92.7	47	59.0	8	23
56.0	22	7.51	31	35.21	33	94.5	44	51.1	28	24
58.4	18	9.01	16	34.46	36	96.4	21	56.4	12	25
56.2	21	7.85	26	37.07	26	96.0	27	67.8	1	26
42.9	40	7.99	24	40.74	16	94.7	41	61.8	4	27
44.3	37	8.22	23	44.42	8	94.8	39	62.5	3	28
53.1	25	9.51	10	40.51	17	96.9	17	59.9	7	29
60.2	15	6.60	35	36.20	30	97.9	6	51.5	26	30
77.5	3	9.49	11	37.53	25	96.3	22	45.3	39	31
76.4	4	14.51	1	44.33	9	97.7	9	45.1	40	32
55.1	24	9.08	14	34.44	37	96.0	27	51.8	25	33
55.4	23	8.82	18	35.37	32	95.2	35	61.3	5	34
48.2	32	7.42	32	38.94	22	96.5	20	44.2	44	35
43.1	39	7.79	28	36.70	29	97.4	12	53.7	19	36
47.6	33	5.62	42	32.25	41	96.2	24	55.1	17	37
45.8	34	6.14	39	33.64	40	97.2	15	53.1	21	38
79.0	1	10.30	5	45.44	2	97.6	10	52.5	23	39
44.6	36	9.63	8	44.86	6	95.5	33	53.8	18	40
59.6	17	7.39	33	39.65	20	95.7	32	43.6	45	41
56.5	20	6.50	37	38.38	23	97.3	13	46.1	36	42
66.4	12	7.89	25	40.00	18	96.9	17	46.4	35	43
43.4	38	9.53	9	44.02	11	97.9	6	48.8	31	44
60.6	14	5.51	43	36.85	27	96.3	22	44.7	43	45
51.5	26	5.22	47	34.74	34	97.0	16	43.4	46	46
45.0	35	12.43	2	44.31	10	94.7	41	40.7	47	47

a) (per 1,000 students, 30 days and more for a school year)

教育 E （指標）

		No.167 大学数（人口10万人当たり）Number of colleges and universities (per 100,000 persons) #E0610102		No.168 出身高校所在地県の県内大学への入学者割合（対大学入学者数）Ratio of upper secondary school graduates entering colleges and universities in the same prefecture #E0940302		No.169 大学収容力指数（高等学校卒業者のうち大学進学者数）Entrance capacity index of colleges and universities #E0610202		No.170 短期大学数（人口10万人当たり）Number of junior colleges (per 100,000 persons) #E0610101	
単位	Unit	校：number of schools		％		－		校：number of schools	
年度	Fiscal year	2019		2020		2020		2019	
都道府県	Prefecture	指標値 Indicator	順位 Rank	指標値 Indicator	順位 Rank	指標値 Indicator	順位 Rank	指標値 Indicator	順位 Rank
00 全国	All Japan	0.62		...		120.0		0.26	
01 北海道	Hokkaido	0.70	14	66.9	2	114.2	11	0.29	21
02 青森県	Aomori-ken	0.80	8	37.5	15	74.8	30	0.40	11
03 岩手県	Iwate-ken	0.49	30	27.4	26	61.3	36	0.41	10
04 宮城県	Miyagi-ken	0.61	21	56.5	6	138.3	3	0.22	31
05 秋田県	Akita-ken	0.72	11	24.1	32	67.4	33	0.41	7
06 山形県	Yamagata-ken	0.56	25	21.2	36	71.8	31	0.28	22
07 福島県	Fukushima-ken	0.43	35	20.3	39	50.8	45	0.27	23
08 茨城県	Ibaraki-ken	0.35	43	20.6	38	61.2	37	0.10	47
09 栃木県	Tochigi-ken	0.47	33	23.4	33	60.1	38	0.31	18
10 群馬県	Gumma-ken	0.72	12	30.6	23	86.8	21	0.41	9
11 埼玉県	Saitama-ken	0.38	40	30.8	22	97.7	17	0.16	38
12 千葉県	Chiba-ken	0.43	37	33.8	19	109.1	12	0.13	44
13 東京都	Tokyo-to	1.01	3	66.4	3	234.8	2	0.27	24
14 神奈川県	Kanagawa-ken	0.33	45	38.9	14	124.6	7	0.15	39
15 新潟県	Niigata-ken	0.90	4	37.1	16	83.1	23	0.22	29
16 富山県	Toyama-ken	0.48	32	19.2	40	59.0	40	0.19	34
17 石川県	Ishikawa-ken	1.14	2	46.0	10	130.1	6	0.44	4
18 福井県	Fukui-ken	0.78	9	30.3	24	65.7	34	0.26	27
19 山梨県	Yamanashi-ken	0.86	6	25.2	30	106.2	15	0.37	13
20 長野県	Nagano-ken	0.49	31	17.3	41	51.8	44	0.44	5
21 岐阜県	Gifu-ken	0.65	18	22.3	34	56.8	41	0.55	1
22 静岡県	Shizuoka-ken	0.33	44	28.2	25	52.5	43	0.14	43
23 愛知県	Aichi-ken	0.66	17	71.1	1	123.5	8	0.26	25
24 三重県	Mie-ken	0.39	39	21.9	35	47.8	46	0.22	30
25 滋賀県	Shiga-ken	0.57	24	20.9	37	117.4	10	0.21	32
26 京都府	Kyoto-fu	1.32	1	50.7	8	243.5	1	0.43	6
27 大阪府	Osaka-fu	0.62	20	57.4	5	137.0	4	0.26	26
28 兵庫県	Hyogo-ken	0.68	15	44.9	12	108.5	13	0.31	17
29 奈良県	Nara-ken	0.83	7	16.1	45	80.6	25	0.30	19
30 和歌山県	Wakayama-ken	0.43	36	16.0	46	47.1	47	0.11	46
31 鳥取県	Tottori-ken	0.54	28	14.6	47	87.6	20	0.18	36
32 島根県	Shimane-ken	0.30	46	16.5	43	71.4	32	0.15	41
33 岡山県	Okayama-ken	0.90	5	43.0	13	117.8	9	0.48	2
34 広島県	Hiroshima-ken	0.71	13	52.1	7	100.9	16	0.18	37
35 山口県	Yamaguchi-ken	0.74	10	25.9	29	106.8	14	0.37	14
36 徳島県	Tokushima-ken	0.55	27	35.9	17	90.0	19	0.41	8
37 香川県	Kagawa-ken	0.42	38	16.8	42	52.6	42	0.21	33
38 愛媛県	Ehime-ken	0.37	42	31.3	21	76.9	29	0.37	12
39 高知県	Kochi-ken	0.57	23	24.8	31	82.1	24	0.29	20
40 福岡県	Fukuoka-ken	0.67	16	64.8	4	134.5	5	0.35	16
41 佐賀県	Saga-ken	0.25	47	16.2	44	59.8	39	0.37	15
42 長崎県	Nagasaki-ken	0.60	22	35.5	18	80.5	26	0.15	40
43 熊本県	Kumamoto-ken	0.51	29	45.5	11	94.1	18	0.11	45
44 大分県	Oita-ken	0.44	34	26.0	28	83.1	22	0.44	3
45 宮崎県	Miyazaki-ken	0.65	19	26.7	27	61.4	35	0.19	35
46 鹿児島県	Kagoshima-ken	0.37	41	33.1	20	78.1	28	0.25	28
47 沖縄県	Okinawa-ken	0.55	26	47.7	9	78.6	27	0.14	42

No. 171 専修学校数（人口10万人当たり）Number of specialized training colleges (per 100,000 persons) #E08101 校 : number of schools 2019		No. 172 各種学校数（人口10万人当たり）Number of miscellaneous schools (per 100,000 persons) #E08102 校 : number of schools 2019		No. 173 最終学歴が小学・中学卒の者の割合（対卒業者総数）Ratio of people having completed up to elementary or lower secondary school only #E09501 ％ 2010		No. 174 最終学歴が高校・旧中卒の者の割合（対卒業者総数）Ratio of people having completed up to upper secondary school only #E09502 ％ 2010		No. 175 最終学歴が短大・高専卒の者の割合（対卒業者総数）Ratio of people having completed up to junior colleges or equivalent #E09503 ％ 2010		都道府県コード Pref. code
指標値 Indicator	順位 Rank	指標値 Indicator	順位 Rank	指標値 Indicator	順位 Rank	指標値 Indicator	順位 Rank	指標値 Indicator	順位 Rank	
2.49		0.89		16.4		40.4		12.9		00
3.12	11	0.93	23	20.9	20	44.1	30	12.5	23	01
2.25	37	0.88	25	28.8	1	48.8	7	9.7	46	02
2.85	22	0.57	32	27.9	2	47.7	10	10.7	41	03
2.82	23	1.00	21	18.1	28	48.3	9	11.3	33	04
1.97	41	0.21	46	26.7	3	50.0	5	9.5	47	05
2.04	40	0.46	35	24.0	9	52.3	2	10.2	44	06
2.93	18	0.65	31	22.8	11	48.4	8	10.0	45	07
2.20	38	0.42	38	19.7	25	45.9	18	11.6	28	08
2.95	15	1.03	20	19.6	26	45.7	22	12.1	26	09
3.55	7	1.13	18	20.6	22	45.7	23	13.1	15	10
1.44	46	0.37	40	13.5	41	38.1	41	14.4	5	11
1.60	45	0.29	42	12.4	45	37.6	43	14.3	6	12
2.91	19	1.12	19	7.7	47	26.6	47	12.9	18	13
1.17	47	0.13	47	10.0	46	33.7	46	15.0	1	14
3.73	6	0.27	43	25.2	4	45.5	25	11.5	30	15
2.49	31	2.20	7	20.6	23	44.6	28	13.8	9	16
3.34	9	1.76	9	20.0	24	41.3	34	13.1	14	17
2.60	28	1.56	13	23.9	10	47.3	12	11.4	32	18
2.96	14	1.60	12	17.9	30	45.8	20	14.3	7	19
2.93	17	0.98	22	17.7	32	46.9	13	14.7	4	20
1.66	44	1.66	11	22.7	12	45.5	26	12.1	24	21
2.47	33	0.71	30	20.7	21	45.8	19	12.8	21	22
2.36	35	0.86	26	16.7	37	37.7	42	13.0	16	23
2.13	39	2.30	6	21.1	18	42.8	32	11.0	39	24
1.84	42	0.78	29	16.8	36	41.1	36	14.1	8	25
2.40	34	2.01	8	13.2	42	36.7	44	13.3	10	26
2.53	30	0.44	37	13.6	40	36.4	45	13.0	17	27
1.77	43	1.39	15	14.3	38	38.8	39	13.2	12	28
2.56	29	2.33	5	13.1	43	40.6	37	14.8	2	29
2.49	32	3.35	2	21.9	15	46.1	17	11.5	29	30
4.14	2	3.06	4	18.0	29	47.4	11	11.3	35	31
3.12	12	4.30	1	25.1	5	44.4	29	10.6	42	32
2.86	21	0.79	28	17.2	35	49.5	6	12.7	22	33
2.71	26	0.86	27	12.5	44	40.1	38	14.8	3	34
2.95	16	3.09	3	17.3	34	51.2	3	12.1	25	35
2.34	36	0.55	33	22.1	14	41.2	35	11.3	36	36
2.72	25	1.67	10	17.7	33	45.4	27	12.8	19	37
2.76	24	0.90	24	21.5	16	45.6	24	12.8	20	38
3.87	3	1.15	17	24.7	6	41.7	33	11.0	38	39
3.19	10	0.37	39	13.9	39	43.1	31	13.1	13	40
3.80	4	0.25	45	21.0	19	50.5	4	11.3	34	41
2.86	20	0.45	36	24.3	8	46.9	14	10.8	40	42
3.03	13	0.34	41	21.5	17	45.8	21	11.2	37	43
4.23	1	1.23	16	17.8	31	53.7	1	11.5	31	44
3.36	8	0.47	34	24.4	7	46.6	15	10.5	43	45
2.62	27	0.25	44	22.4	13	46.6	16	11.8	27	46
3.79	5	1.45	14	19.2	27	38.3	40	13.3	11	47

都道府県 Prefecture		No. 176 最終学歴が大学・大学院卒の者の割合（対卒業者総数） Ratio of people having completed up to colleges and universities #E09504		No. 177 小学校教育費（児童1人当たり） Elementary school educational expenses (per student) #E10102		No. 178 中学校教育費（生徒1人当たり） Lower secondary school educational expenses (per student) #E10103		No. 179 高等学校教育費（全日制）（生徒1人当たり） Upper secondary school educational expenses (Full-day course) (per student) #E10104	
単位 Unit		%		円：yen		円：yen		円：yen	
年度 Fiscal year		2010		2018		2018		2018	
		指標値 Indicator	順位 Rank	指標値 Indicator	順位 Rank	指標値 Indicator	順位 Rank	指標値 Indicator	順位 Rank
00 全国	All Japan	17.3		938,528		1,125,909		1,211,336	
01 北海道	Hokkaido	11.3	37	1,175,986	8	1,363,893	9	1,336,762	16
02 青森県	Aomori-ken	9.1	46	1,293,267	3	1,401,150	5	1,426,908	12
03 岩手県	Iwate-ken	9.7	45	1,327,029	1	1,386,552	8	1,598,084	2
04 宮城県	Miyagi-ken	14.3	25	946,788	30	1,216,330	21	1,308,647	18
05 秋田県	Akita-ken	9.0	47	1,176,345	7	1,469,652	3	1,394,659	13
06 山形県	Yamagata-ken	10.5	42	1,236,666	5	1,281,649	17	1,368,101	14
07 福島県	Fukushima-ken	10.1	44	1,141,155	11	1,321,424	13	1,505,353	6
08 茨城県	Ibaraki-ken	14.5	22	1,029,643	20	1,154,596	27	1,135,019	34
09 栃木県	Tochigi-ken	13.5	27	991,039	23	1,105,170	34	1,034,169	45
10 群馬県	Gumma-ken	13.5	29	932,084	31	1,065,681	37	1,112,996	37
11 埼玉県	Saitama-ken	19.4	7	742,329	47	928,684	45	1,083,358	41
12 千葉県	Chiba-ken	21.0	4	882,408	36	1,051,548	39	1,042,703	44
13 東京都	Tokyo-to	25.1	1	1,013,372	21	1,387,860	7	1,255,448	21
14 神奈川県	Kanagawa-ken	24.8	2	827,779	43	890,133	46	1,120,814	36
15 新潟県	Niigata-ken	10.8	40	1,161,198	10	1,354,047	10	1,333,341	17
16 富山県	Toyama-ken	15.3	17	1,129,002	13	1,196,979	22	1,240,606	23
17 石川県	Ishikawa-ken	15.2	18	887,945	35	1,012,940	42	1,224,325	24
18 福井県	Fukui-ken	14.6	21	1,041,209	19	1,107,626	33	1,172,012	32
19 山梨県	Yamanashi-ken	15.6	15	1,175,823	9	1,218,170	20	1,246,440	22
20 長野県	Nagano-ken	13.9	26	960,087	29	1,165,542	24	1,151,222	33
21 岐阜県	Gifu-ken	14.7	20	877,962	37	1,062,615	38	1,094,149	40
22 静岡県	Shizuoka-ken	15.3	16	770,724	46	963,780	44	1,104,962	38
23 愛知県	Aichi-ken	18.7	8	795,105	45	888,992	47	965,589	47
24 三重県	Mie-ken	14.3	23	971,324	26	1,159,108	26	1,102,861	39
25 滋賀県	Shiga-ken	18.0	10	924,290	33	1,066,023	36	1,013,440	46
26 京都府	Kyoto-fu	20.1	6	913,406	34	1,113,152	31	1,558,672	3
27 大阪府	Osaka-fu	17.8	11	850,608	42	993,293	43	1,079,427	42
28 兵庫県	Hyogo-ken	20.2	5	853,787	41	1,023,316	41	1,211,354	25
29 奈良県	Nara-ken	22.3	3	859,960	39	1,107,828	32	1,045,270	43
30 和歌山県	Wakayama-ken	13.0	30	1,102,554	14	1,250,097	18	1,195,752	28
31 鳥取県	Tottori-ken	13.0	31	1,099,279	15	1,390,462	6	1,447,881	10
32 島根県	Shimane-ken	11.8	36	1,260,669	4	1,568,307	2	1,364,532	15
33 岡山県	Okayama-ken	16.1	14	982,718	25	1,162,205	25	1,178,134	31
34 広島県	Hiroshima-ken	18.1	9	876,951	38	1,048,633	40	1,497,959	8
35 山口県	Yamaguchi-ken	13.5	28	1,069,474	16	1,287,942	15	1,501,663	7
36 徳島県	Tokushima-ken	14.3	24	1,213,246	6	1,439,551	4	1,450,029	9
37 香川県	Kagawa-ken	16.5	12	964,196	28	1,140,885	29	1,259,058	20
38 愛媛県	Ehime-ken	14.8	19	984,467	24	1,297,236	14	1,189,512	30
39 高知県	Kochi-ken	11.0	38	1,312,662	2	1,934,383	1	1,935,152	1
40 福岡県	Fukuoka-ken	16.3	13	823,958	44	1,072,351	35	1,205,804	27
41 佐賀県	Saga-ken	12.3	35	1,063,161	18	1,221,667	19	1,132,795	35
42 長崎県	Nagasaki-ken	11.0	39	1,063,890	17	1,344,789	11	1,302,606	19
43 熊本県	Kumamoto-ken	12.4	34	965,609	27	1,152,234	28	1,443,215	11
44 大分県	Oita-ken	12.7	33	998,891	22	1,336,437	12	1,547,603	4
45 宮崎県	Miyazaki-ken	10.4	43	857,624	40	1,119,802	30	1,194,009	29
46 鹿児島県	Kagoshima-ken	10.6	41	1,129,784	12	1,284,490	16	1,527,837	5
47 沖縄県	Okinawa-ken	12.7	32	926,736	32	1,169,795	23	1,206,019	26

No. 180 幼稚園教育費 （在園者1人当たり） Kindergarten educational expenses (per kindergarten pupil) #E10101 円：yen 2018		No. 181 幼保連携型認定こども園教育費（在園者1人当たり） Authorized child centers educational expenses (per pupil) b) #E10105 円：yen 2018		都道府県コード
指標値 Indicator	順位 Rank	指標値 Indicator	順位 Rank	Pref. code
989,642		1,445,682		00
1,799,762	2	1,644,750	9	01
2,090,897	1	1,332,010	17	02
1,439,899	4	1,307,773	23	03
947,905	35	1,326,746	19	04
1,515,436	3	1,524,041	10	05
1,154,270	13	797,241	41	06
982,209	28	964,570	36	07
1,190,832	11	1,364,879	14	08
809,783	45	1,110,819	32	09
1,202,757	9	1,004,292	34	10
859,842	42	0	43	11
1,099,588	17	1,702,497	6	12
1,065,527	19	1,722,431	5	13
903,715	37	1,272,286	26	14
1,191,371	10	888,880	38	15
1,113,261	16	1,331,177	18	16
1,282,663	5	928,523	37	17
1,087,483	18	1,348,235	16	18
970,862	29	0	43	19
852,236	43	1,113,702	31	20
1,016,973	24	1,317,315	21	21
965,060	30	1,443,155	12	22
753,777	46	765,888	42	23
822,041	44	811,536	40	24
874,811	40	850,990	39	25
956,939	33	1,212,844	28	26
1,051,095	21	2,037,134	3	27
957,457	32	1,507,585	11	28
948,713	34	1,221,514	27	29
958,562	31	1,673,698	7	30
1,273,683	6	1,322,985	20	31
1,229,082	8	1,355,371	15	32
885,901	39	1,664,485	8	33
992,657	27	1,395,394	13	34
996,150	26	2,582,739	1	35
1,015,105	25	2,184,055	2	36
1,257,652	7	1,295,455	24	37
936,639	36	1,120,478	30	38
1,120,639	15	1,066,016	33	39
869,798	41	1,000,042	35	40
1,036,682	23	0	43	41
1,128,365	14	1,313,967	22	42
1,187,059	12	0	43	43
1,058,143	20	1,946,611	4	44
1,037,262	22	0	43	45
902,322	38	1,180,693	29	46
726,286	47	1,281,867	25	47

b) (Kindergarten-and-day-care center type)

教育

E

（指標）

F. 労働　　F Labour

		No. 182 労働力人口比率（対15歳以上人口）(男) Labour force participation rate (Male) #F0110101		No. 183 労働力人口比率（対15歳以上人口）(女) Labour force participation rate (Female) #F0110102		No. 184 第1次産業就業者比率（対就業者） Ratio of persons employed in primary industry #F01201		No. 185 第2次産業就業者比率（対就業者） Ratio of persons employed in secondary industry #F01202	
単位 Unit		%		%		%		%	
年度 Fiscal year		2015		2015		2015		2015	
都道府県 Prefecture		指標値 Indicator	順位 Rank	指標値 Indicator	順位 Rank	指標値 Indicator	順位 Rank	指標値 Indicator	順位 Rank
00	全国 All Japan	65.8		47.0		3.8		23.6	
01	北海道 Hokkaido	64.2	39	44.6	43	7.0	18	16.9	44
02	青森県 Aomori-ken	67.9	20	48.6	21	12.0	1	19.8	40
03	岩手県 Iwate-ken	69.6	6	49.6	16	10.6	4	25.1	21
04	宮城県 Miyagi-ken	67.4	23	46.6	33	4.4	29	22.9	28
05	秋田県 Akita-ken	66.4	30	46.2	39	9.6	5	24.0	23
06	山形県 Yamagata-ken	68.9	11	50.6	9	9.2	8	28.4	13
07	福島県 Fukushima-ken	68.5	16	48.0	24	6.5	20	29.4	10
08	茨城県 Ibaraki-ken	68.5	15	48.1	23	5.6	22	28.5	11
09	栃木県 Tochigi-ken	68.9	12	49.0	19	5.5	23	30.7	8
10	群馬県 Gumma-ken	68.9	9	49.8	14	5.0	25	30.8	7
11	埼玉県 Saitama-ken	68.0	19	47.8	27	1.6	44	23.1	27
12	千葉県 Chiba-ken	65.8	35	46.5	36	2.8	37	19.4	42
13	東京都 Tokyo-to	59.8	47	44.3	45	0.4	47	15.3	46
14	神奈川県 Kanagawa-ken	63.8	42	44.9	42	0.8	45	21.0	36
15	新潟県 Niigata-ken	68.3	17	49.8	13	5.8	21	28.3	14
16	富山県 Toyama-ken	69.3	8	51.4	5	3.3	33	33.1	1
17	石川県 Ishikawa-ken	68.6	14	51.8	3	3.0	36	27.4	16
18	福井県 Fukui-ken	70.2	3	53.0	1	3.7	31	30.7	9
19	山梨県 Yamanashi-ken	68.8	13	50.0	11	7.2	17	27.8	15
20	長野県 Nagano-ken	70.9	1	52.1	2	9.1	9	28.5	12
21	岐阜県 Gifu-ken	69.8	5	50.9	8	3.1	35	32.1	4
22	静岡県 Shizuoka-ken	70.9	2	51.2	7	3.8	30	32.2	3
23	愛知県 Aichi-ken	69.5	7	49.7	15	2.1	41	32.0	5
24	三重県 Mie-ken	67.7	22	48.7	20	3.6	32	31.0	6
25	滋賀県 Shiga-ken	68.9	10	49.1	18	2.6	39	32.6	2
26	京都府 Kyoto-fu	65.3	37	46.9	32	2.1	42	21.6	34
27	大阪府 Osaka-fu	61.9	44	43.7	46	0.5	46	22.2	32
28	兵庫県 Hyogo-ken	64.4	38	44.4	44	2.0	43	25.0	22
29	奈良県 Nara-ken	63.7	43	42.6	47	2.6	40	22.6	29
30	和歌山県 Wakayama-ken	66.1	31	46.0	40	8.8	11	21.7	33
31	鳥取県 Tottori-ken	67.8	21	51.2	6	8.8	10	21.3	35
32	島根県 Shimane-ken	68.2	18	50.5	10	7.8	14	22.5	30
33	岡山県 Okayama-ken	67.4	24	48.3	22	4.6	27	26.1	17
34	広島県 Hiroshima-ken	67.1	26	47.7	28	3.1	34	26.0	18
35	山口県 Yamaguchi-ken	65.4	36	45.5	41	4.8	26	25.6	19
36	徳島県 Tokushima-ken	64.0	41	46.6	35	8.2	13	23.4	25
37	香川県 Kagawa-ken	66.1	32	47.8	26	5.3	24	25.1	20
38	愛媛県 Ehime-ken	66.9	28	47.2	31	7.3	16	23.1	26
39	高知県 Kochi-ken	61.1	46	46.6	34	11.4	2	16.6	45
40	福岡県 Fukuoka-ken	64.2	40	46.2	38	2.8	38	20.2	39
41	佐賀県 Saga-ken	69.9	4	51.6	4	8.4	12	23.5	24
42	長崎県 Nagasaki-ken	67.1	27	47.7	29	7.4	15	19.5	41
43	熊本県 Kumamoto-ken	65.8	34	49.2	17	9.6	6	20.6	38
44	大分県 Oita-ken	67.2	25	47.5	30	6.7	19	22.3	31
45	宮崎県 Miyazaki-ken	66.5	29	49.9	12	10.8	3	20.6	37
46	鹿児島県 Kagoshima-ken	65.9	33	47.9	25	9.3	7	19.1	43
47	沖縄県 Okinawa-ken	61.6	45	46.3	37	4.5	28	13.8	47

No. 186 第3次産業就業者比率（対就業者） Ratio of persons employed in tertiary industry #F01203 % 2015		No. 187 完全失業率（完全失業者数／労働力人口） Unemployment rate (Both sexes) #F01301 % 2015		No. 188 雇用者比率（雇用者数／就業者） Ratio of employees to all workers #F02301 % 2015		No. 189 県内就業者比率（対就業者） Ratio of persons living and working in the same prefecture #F02501 % 2015		No. 190 他市区町村への通勤者比率（対就業者） Ratio of commuters to other municipalities #F02701 % 2015		都道府県コード Pref. code
指標値 Indicator	順位 Rank	指標値 Indicator	順位 Rank	指標値 Indicator	順位 Rank	指標値 Indicator	順位 Rank	指標値 Indicator	順位 Rank	
67. 2		4. 2		79. 1		87. 1		41. 8		00
70. 6	7	4. 6	11	78. 4	26	95. 0	24	28. 0	30	01
65. 1	27	5. 3	2	75. 4	42	96. 6	11	19. 2	40	02
62. 9	35	4. 0	31	78. 6	24	97. 2	7	21. 8	38	03
70. 5	8	4. 9	8	82. 4	4	96. 7	10	43. 1	11	04
64. 7	30	4. 3	22	77. 7	30	98. 1	2	16. 3	42	05
60. 2	45	3. 6	38	76. 3	38	97. 6	3	26. 7	34	06
60. 2	44	4. 4	20	77. 9	28	95. 7	19	22. 2	37	07
61. 7	39	4. 5	15	79. 4	18	87. 2	37	40. 7	13	08
60. 1	47	4. 3	23	79. 0	22	90. 3	35	32. 9	21	09
61. 2	41	4. 3	25	79. 3	19	92. 5	31	34. 9	19	10
67. 9	14	4. 3	24	80. 4	12	66. 3	47	56. 4	2	11
72. 3	2	4. 1	26	81. 8	6	69. 4	46	55. 1	5	12
72. 1	3	3. 9	35	74. 2	45	82. 0	42	56. 4	3	13
72. 1	5	3. 9	33	83. 0	2	71. 3	44	59. 1	1	14
63. 9	32	3. 7	37	80. 2	13	98. 1	1	27. 8	32	15
62. 1	37	3. 1	46	82. 6	3	97. 5	5	29. 1	26	16
65. 5	25	3. 4	44	79. 2	20	94. 9	25	29. 0	27	17
63. 8	33	3. 3	45	79. 8	16	97. 2	8	28. 6	28	18
62. 9	34	4. 4	19	75. 6	40	94. 7	26	40. 6	14	19
60. 1	46	3. 4	40	76. 3	37	97. 5	4	27. 4	33	20
61. 8	38	3. 4	43	79. 8	17	86. 6	39	39. 4	15	21
60. 9	43	4. 0	32	80. 0	14	95. 6	21	35. 4	18	22
61. 3	40	3. 4	41	81. 7	7	94. 1	28	47. 6	7	23
62. 1	36	3. 4	42	81. 7	8	92. 0	33	30. 9	25	24
61. 1	42	3. 5	39	83. 1	1	86. 3	40	42. 2	12	25
67. 7	15	4. 4	21	75. 0	44	80. 7	43	46. 5	9	26
68. 5	13	5. 3	3	78. 1	27	86. 7	38	54. 8	6	27
69. 0	11	4. 6	10	81. 9	5	83. 1	41	47. 4	8	28
71. 6	6	4. 9	6	80. 4	11	69. 7	45	55. 9	4	29
66. 7	21	4. 5	16	74. 1	46	91. 5	34	27. 9	31	30
66. 9	20	3. 9	34	77. 7	29	95. 1	22	23. 0	35	31
67. 3	19	2. 9	47	78. 4	25	95. 8	17	13. 1	47	32
64. 4	31	4. 1	28	78. 8	23	93. 6	29	31. 8	23	33
67. 7	16	3. 7	36	81. 5	9	95. 9	14	33. 7	20	34
67. 5	17	4. 0	29	81. 2	10	95. 7	18	20. 1	39	35
65. 3	26	5. 0	5	75. 4	43	95. 6	20	32. 3	22	36
66. 6	22	4. 0	30	79. 2	21	96. 3	13	28. 6	29	37
64. 8	29	4. 4	17	75. 6	41	95. 0	23	14. 9	45	38
68. 7	12	4. 9	7	72. 9	47	96. 4	12	22. 7	36	39
72. 1	4	5. 3	4	80. 0	15	93. 1	30	46. 5	10	40
65. 0	28	4. 1	27	76. 9	34	89. 4	36	31. 4	24	41
69. 9	9	4. 4	18	77. 7	31	95. 9	15	16. 9	41	42
67. 5	18	4. 5	14	76. 5	36	95. 9	16	36. 6	17	43
66. 5	23	4. 5	13	77. 2	33	94. 1	27	15. 6	43	44
66. 5	24	4. 6	12	76. 1	39	96. 8	9	15. 1	44	45
69. 7	10	4. 7	9	77. 5	32	97. 5	6	14. 4	46	46
73. 5	1	6. 3	1	76. 7	35	92. 4	32	37. 7	16	47

労働 F（指標）

		No. 191 他市区町村からの通勤者比率（対就業者） Ratio of commuters from other municipalities #F02702		No. 192 就職率（就職件数／求職者数） Ratio of new employment #F03101		No. 193 有効求人倍率（求人数／求職者数） Ratio of job vacancies to application #F03103		No. 194 充足率（就職件数／求人数） Ratio of newly filled vacancies #F03104	
単位	Unit	%		%		倍：times		%	
年度	Fiscal year	2015		2020		2020		2020	
都道府県	Prefecture	指標値 Indicator	順位 Rank	指標値 Indicator	順位 Rank	指標値 Indicator	順位 Rank	指標値 Indicator	順位 Rank
00 全国	All Japan	41.8		4.6		1.06		4.3	
01 北海道	Hokkaido	27.9	30	4.4	38	1.00	34	4.4	36
02 青森県	Aomori-ken	18.9	40	7.2	14	0.94	40	7.7	3
03 岩手県	Iwate-ken	21.5	38	8.5	4	1.04	30	8.2	1
04 宮城県	Miyagi-ken	43.3	6	5.7	26	1.25	10	4.6	34
05 秋田県	Akita-ken	15.9	42	8.4	5	1.25	11	6.8	6
06 山形県	Yamagata-ken	26.4	33	7.9	7	1.12	23	7.0	4
07 福島県	Fukushima-ken	23.1	35	7.4	11	1.27	8	5.8	16
08 茨城県	Ibaraki-ken	36.7	11	5.2	32	1.18	18	4.4	37
09 栃木県	Tochigi-ken	31.3	24	5.2	31	1.00	35	5.2	25
10 群馬県	Gumma-ken	35.3	17	5.1	34	1.07	28	4.7	31
11 埼玉県	Saitama-ken	35.4	14	3.0	45	0.85	43	3.5	43
12 千葉県	Chiba-ken	34.5	18	3.1	43	0.84	44	3.7	42
13 東京都	Tokyo-to	93.0	1	2.2	47	1.15	22	1.9	47
14 神奈川県	Kanagawa-ken	41.6	7	2.4	46	0.74	46	3.3	44
15 新潟県	Niigata-ken	27.8	31	7.1	17	1.31	5	5.4	23
16 富山県	Toyama-ken	29.0	27	7.1	16	1.23	16	5.8	18
17 石川県	Ishikawa-ken	29.2	26	5.8	24	1.16	21	5.0	29
18 福井県	Fukui-ken	28.9	28	8.8	1	1.55	1	5.7	20
19 山梨県	Yamanashi-ken	39.3	8	5.4	28	0.95	39	5.7	19
20 長野県	Nagano-ken	27.4	32	6.0	23	1.16	20	5.2	26
21 岐阜県	Gifu-ken	32.9	20	5.1	33	1.25	12	4.1	40
22 静岡県	Shizuoka-ken	35.4	16	4.3	39	1.00	33	4.3	39
23 愛知県	Aichi-ken	49.9	3	3.3	42	1.08	27	3.0	45
24 三重県	Mie-ken	28.6	29	5.3	29	1.06	29	5.0	28
25 滋賀県	Shiga-ken	36.4	12	5.0	35	0.76	45	6.6	9
26 京都府	Kyoto-fu	47.1	4	4.0	40	1.00	32	4.0	41
27 大阪府	Osaka-fu	64.5	2	3.0	44	1.08	26	2.8	46
28 兵庫県	Hyogo-ken	38.3	9	3.9	41	0.87	42	4.5	35
29 奈良県	Nara-ken	35.4	15	5.3	30	1.01	31	5.2	24
30 和歌山県	Wakayama-ken	24.8	34	5.8	25	0.93	41	6.2	14
31 鳥取県	Tottori-ken	22.8	36	7.4	12	1.24	15	6.0	15
32 島根県	Shimane-ken	13.3	47	8.6	2	1.55	2	5.5	21
33 岡山県	Okayama-ken	31.5	23	6.4	20	1.36	3	4.7	32
34 広島県	Hiroshima-ken	34.3	19	5.4	27	1.24	14	4.4	38
35 山口県	Yamaguchi-ken	19.5	39	7.6	10	1.31	4	5.8	17
36 徳島県	Tokushima-ken	31.6	22	6.9	18	1.10	24	6.2	13
37 香川県	Kagawa-ken	29.3	25	7.1	15	1.31	6	5.4	22
38 愛媛県	Ehime-ken	15.1	44	6.4	19	1.31	7	4.9	30
39 高知県	Kochi-ken	22.5	37	6.2	22	0.96	38	6.5	12
40 福岡県	Fukuoka-ken	46.5	5	4.5	37	0.98	37	4.6	33
41 佐賀県	Saga-ken	32.5	21	7.3	13	1.09	25	6.7	7
42 長崎県	Nagasaki-ken	16.5	41	7.7	9	0.99	36	7.8	2
43 熊本県	Kumamoto-ken	35.8	13	6.3	21	1.24	13	5.1	27
44 大分県	Oita-ken	15.6	43	8.2	6	1.16	19	7.0	5
45 宮崎県	Miyazaki-ken	15.0	45	8.5	3	1.26	9	6.7	8
46 鹿児島県	Kagoshima-ken	14.2	46	7.7	8	1.18	17	6.5	10
47 沖縄県	Okinawa-ken	37.8	10	4.6	36	0.71	47	6.5	11

No. 195 パートタイム就職率（常用）（就職件数／求職者数）Ratio of employment to part-time job applications (Regular) #F0320101 % 2020		No. 196 高齢就業者割合（65歳以上）（対65歳以上人口）Ratio of aged employees (65 years old and over) #F0350303 % 2015		No. 197 高齢一般労働者割合（65歳以上）（対65歳以上人口）Ratio of aged general workers (65 years old and over) #F0350403 % 2019		No. 198 障害者就職率 Ratio of employment for the disabled persons #F03602 % 2019		No. 199 高等学校卒業者に占める就職者の割合（対高等学校卒業者数）Ratio of new employment to upper secondary school graduates #F03303 % 2019		都道府県コード Pref. code
指標値 Indicator	順位 Rank	指標値 Indicator	順位 Rank	指標値 Indicator	順位 Rank	指標値 Indicator	順位 Rank	指標値 Indicator	順位 Rank	
6.0		22.5		2.13		46.2		17.4		00
4.8	43	19.4	45	2.13	20	45.6	40	22.3	24	01
8.3	8	23.0	21	1.74	37	53.2	17	30.1	4	02
9.8	3	24.5	9	2.53	12	55.2	13	28.4	8	03
7.0	28	20.2	43	2.63	7	44.4	42	23.2	17	04
10.1	1	21.0	39	2.25	16	56.4	9	30.9	3	05
9.3	4	23.6	17	1.81	32	54.6	14	28.0	9	06
8.2	9	23.1	19	2.04	27	49.7	29	29.1	5	07
6.8	29	22.8	23	1.81	33	51.2	25	21.4	27	08
6.5	34	24.2	11	2.13	21	53.2	17	22.6	22	09
7.5	23	23.8	16	2.54	11	48.8	31	20.2	29	10
4.6	44	23.2	18	1.94	28	39.7	45	13.2	41	11
4.8	42	22.2	31	2.06	25	45.7	38	13.0	42	12
4.1	47	24.7	6	3.33	1	34.0	46	6.2	47	13
4.5	46	21.2	37	1.52	42	33.5	47	8.3	45	14
8.3	7	22.5	27	1.60	40	50.1	28	19.3	31	15
8.1	10	24.0	14	2.69	6	63.5	3	21.3	28	16
7.6	22	24.5	10	2.93	2	54.6	14	21.4	26	17
10.1	2	25.5	4	2.82	3	56.3	10	22.8	19	18
8.7	6	27.0	2	2.58	10	52.7	20	16.8	37	19
7.8	17	28.7	1	2.73	5	52.0	21	18.3	33	20
7.2	25	24.9	5	1.77	35	57.1	8	23.4	16	21
5.2	40	24.7	7	2.13	22	49.1	30	22.7	21	22
4.6	45	24.1	13	2.59	9	45.7	38	19.4	30	23
6.5	33	22.6	25	1.67	39	50.3	27	27.0	11	24
8.0	13	22.2	30	1.60	41	59.4	5	18.5	32	25
5.2	39	24.1	12	2.29	15	46.1	35	8.3	46	26
4.9	41	20.2	41	1.80	34	42.5	44	11.2	44	27
5.3	37	19.7	44	1.36	44	45.9	36	13.5	40	28
8.1	12	19.3	46	1.07	47	51.8	22	11.5	43	29
6.8	30	22.9	22	1.36	45	45.4	41	22.0	25	30
8.1	11	24.6	8	1.82	31	68.8	1	25.1	14	31
7.9	14	25.6	3	1.87	30	59.7	4	24.4	15	32
6.7	31	22.3	29	2.14	19	51.7	24	22.8	20	33
5.8	36	22.5	26	1.93	29	46.7	34	14.9	39	34
7.4	24	21.9	34	2.08	23	53.0	19	30.9	2	35
7.2	26	21.3	36	1.23	46	63.7	2	22.9	18	36
7.8	16	22.7	24	2.08	24	46.9	33	18.3	34	37
6.0	35	22.0	32	1.67	38	58.1	6	22.5	23	38
7.7	19	23.0	20	1.42	43	47.1	32	17.7	36	39
5.3	38	20.2	42	2.20	17	44.4	42	17.8	35	40
7.9	15	23.9	15	2.61	8	56.1	11	32.8	1	41
7.7	18	20.4	40	2.15	18	45.9	36	28.6	7	42
6.6	32	21.9	33	2.04	26	51.8	22	26.4	12	43
8.8	5	21.5	35	2.74	4	50.4	26	25.5	13	44
7.1	27	22.5	28	2.32	14	56.1	11	28.7	6	45
7.6	21	21.1	38	1.75	36	54.2	16	27.5	10	46
7.6	20	17.9	47	2.52	13	58.1	6	16.6	38	47

労 働 F （指標）

		No. 200 高等学校卒業者に占める 県外就職者の割合 （対高等学校卒業者就職者数） Ratio of upper secondary school graduates getting jobs outside the prefecture #F03302		No. 201 高等学校新規卒業者の 求人倍率 （対新規高等学校卒業者求職者数） Job vacancies rate of new upper secondary school graduates #F03304		No. 202 大学卒業者に占める就職者の割合 （対大学卒業者数） Ratio of new employment to college or university graduates #F03403		No. 203 大学新規卒業者の無業者率 （対大学卒業者数） Ratio of new college or university graduates not working #F03402	
単位	Unit	%		倍：times		%		%	
年度	Fiscal year	2019		2019		2019		2019	
都道府県	Prefecture	指標値 Indicator	順位 Rank	指標値 Indicator	順位 Rank	指標値 Indicator	順位 Rank	指標値 Indicator	順位 Rank
00 全国	All Japan	19.2		2.90		77.7		7.1	
01 北海道	Hokkaido	7.7	45	2.67	18	75.1	25	7.5	14
02 青森県	Aomori-ken	45.0	1	1.69	45	82.4	3	5.6	33
03 岩手県	Iwate-ken	32.7	9	2.10	34	70.3	39	7.7	13
04 宮城県	Miyagi-ken	20.4	22	2.87	14	77.2	18	5.7	31
05 秋田県	Akita-ken	32.2	10	2.21	30	73.8	31	3.4	46
06 山形県	Yamagata-ken	25.8	16	2.34	24	71.0	37	4.3	43
07 福島県	Fukushima-ken	18.4	25	2.13	33	80.0	7	6.8	22
08 茨城県	Ibaraki-ken	13.9	32	2.33	25	66.0	45	6.3	26
09 栃木県	Tochigi-ken	18.1	26	2.31	27	78.2	11	5.0	38
10 群馬県	Gumma-ken	12.5	36	2.94	12	81.6	5	5.1	37
11 埼玉県	Saitama-ken	29.9	11	2.64	19	82.9	1	7.2	15
12 千葉県	Chiba-ken	21.2	21	2.54	22	77.8	14	7.0	17
13 東京都	Tokyo-to	11.2	38	9.06	1	77.9	12	7.9	10
14 神奈川県	Kanagawa-ken	19.9	23	3.00	9	77.8	15	7.7	12
15 新潟県	Niigata-ken	11.5	37	3.00	10	72.3	35	5.6	32
16 富山県	Toyama-ken	5.7	46	2.88	13	68.9	41	4.1	45
17 石川県	Ishikawa-ken	9.9	41	3.01	8	72.4	34	5.8	30
18 福井県	Fukui-ken	10.8	39	2.98	11	75.4	24	3.2	47
19 山梨県	Yamanashi-ken	13.7	33	2.61	20	77.7	16	8.8	4
20 長野県	Nagano-ken	9.9	40	2.23	29	66.8	43	5.3	35
21 岐阜県	Gifu-ken	26.1	15	2.77	16	76.2	21	5.0	40
22 静岡県	Shizuoka-ken	9.2	43	2.60	21	79.6	9	6.1	28
23 愛知県	Aichi-ken	4.4	47	3.41	5	82.6	2	5.0	39
24 三重県	Mie-ken	14.7	31	2.38	23	77.9	13	5.5	34
25 滋賀県	Shiga-ken	8.9	44	2.16	32	74.4	27	5.3	35
26 京都府	Kyoto-fu	17.1	29	3.41	4	76.9	20	6.9	19
27 大阪府	Osaka-fu	9.9	42	5.24	2	79.7	8	7.0	18
28 兵庫県	Hyogo-ken	15.3	30	3.11	7	81.9	4	6.5	25
29 奈良県	Nara-ken	35.1	6	1.90	39	79.5	10	6.8	20
30 和歌山県	Wakayama-ken	22.8	19	1.93	38	72.8	33	4.1	44
31 鳥取県	Tottori-ken	24.6	18	2.02	36	66.3	44	4.8	41
32 島根県	Shimane-ken	25.0	17	2.32	26	74.1	29	4.6	42
33 岡山県	Okayama-ken	17.2	28	2.20	31	75.6	22	7.7	11
34 広島県	Hiroshima-ken	13.1	35	3.70	3	81.1	6	6.8	21
35 山口県	Yamaguchi-ken	17.6	27	2.28	28	73.9	30	8.8	3
36 徳島県	Tokushima-ken	28.2	13	1.86	41	65.9	46	7.2	16
37 香川県	Kagawa-ken	13.1	34	3.21	6	77.7	17	6.7	24
38 愛媛県	Ehime-ken	22.2	20	2.77	17	77.0	19	6.2	27
39 高知県	Kochi-ken	34.6	7	1.88	40	71.4	36	5.9	29
40 福岡県	Fukuoka-ken	19.3	24	2.82	15	75.5	23	8.1	8
41 佐賀県	Saga-ken	39.3	4	1.83	43	67.2	42	6.7	23
42 長崎県	Nagasaki-ken	34.4	8	1.68	46	74.3	28	8.1	9
43 熊本県	Kumamoto-ken	39.2	5	2.02	35	74.5	26	8.3	6
44 大分県	Oita-ken	26.2	14	1.94	37	70.7	38	13.4	2
45 宮崎県	Miyazaki-ken	42.0	3	1.76	44	72.9	32	8.1	7
46 鹿児島県	Kagoshima-ken	44.0	2	1.52	47	70.1	40	8.3	5
47 沖縄県	Okinawa-ken	28.6	12	1.85	42	65.2	47	15.7	1

No. 204 転職率 (転職者数／有業者数) Ratio of persons who changed jobs #F04101 % 2017		No. 205 離職率 (離職者数／（継続就業者数＋転職者数＋離職者数）) Ratio of persons who quit their jobs #F04102 % 2017		No. 206 新規就業率 (新規就業者数／有業者数) Ratio of newly employed #F04103 % 2017		No. 207 就業異動率 ((転職者数+離職者数+新規就業者数)/15歳以上人口) Ratio of job changes #F04104 % 2017		No. 208 月間平均実労働時間数(男) Monthly average of hours actually worked (Male) #F0610103 時間：hours 2020		都道府県コード
指標値 Indicator	順位 Rank	指標値 Indicator	順位 Rank	指標値 Indicator	順位 Rank	指標値 Indicator	順位 Rank	指標値 Indicator	順位 Rank	Pref. code
5.0		4.0		5.7		8.7		178		00
4.9	16	4.9	1	5.6	13	8.4	16	181	4	01
3.7	46	3.6	39	4.5	39	6.7	46	180	9	02
4.7	19	3.9	30	4.1	44	7.5	38	179	21	03
5.1	10	4.0	22	5.4	19	8.5	11	181	4	04
4.0	45	3.8	32	4.0	46	6.6	47	178	30	05
4.1	43	3.5	42	3.8	47	6.8	45	178	30	06
4.4	36	3.9	28	4.7	35	7.6	35	179	21	07
4.4	38	4.1	15	5.0	28	8.0	24	179	21	08
5.0	14	3.9	31	4.8	32	8.2	22	178	30	09
5.1	13	4.0	23	5.1	25	8.4	13	179	21	10
5.6	4	4.0	24	6.2	7	9.5	4	180	9	11
5.8	2	4.1	16	5.7	11	9.3	5	180	9	12
5.7	3	3.5	44	6.2	6	9.8	2	175	47	13
5.3	6	4.1	18	6.4	4	9.5	3	180	9	14
4.5	34	4.1	20	4.1	45	7.3	40	178	30	15
4.3	39	3.5	43	4.3	40	7.2	42	178	30	16
4.4	37	3.4	46	5.2	22	7.9	27	179	21	17
4.5	31	3.1	47	4.3	42	7.4	39	178	30	18
4.5	30	3.7	34	4.8	34	7.9	28	179	21	19
4.1	44	3.4	45	5.0	27	7.7	33	176	43	20
4.5	29	3.7	36	4.7	38	7.8	31	180	9	21
5.1	9	3.6	38	5.0	26	8.3	18	178	30	22
4.7	23	3.7	37	6.1	8	8.9	9	176	43	23
4.9	15	3.7	33	5.0	29	8.1	23	181	4	24
4.6	26	3.9	27	5.6	12	8.6	10	178	30	25
4.7	22	4.0	25	6.9	1	8.9	8	178	30	26
5.1	12	4.6	4	6.3	5	9.0	7	178	30	27
4.6	24	4.5	5	6.0	10	8.4	12	179	21	28
5.1	8	4.4	7	6.1	9	8.4	17	176	43	29
3.7	47	4.4	6	4.9	30	7.2	41	180	9	30
4.5	32	3.6	40	4.8	33	7.5	37	177	41	31
4.6	25	3.5	41	4.3	41	7.2	43	177	41	32
5.2	7	3.7	35	5.1	24	8.0	26	179	21	33
4.8	17	4.0	21	5.4	17	8.4	15	180	9	34
4.6	27	4.2	11	4.9	31	7.5	36	180	9	35
4.1	42	4.2	14	4.1	43	6.8	44	176	43	36
4.5	33	4.0	26	5.1	23	7.8	29	180	9	37
4.3	41	4.3	10	5.3	21	7.8	32	184	1	38
4.5	35	4.3	9	4.7	37	7.6	34	179	21	39
5.5	5	4.2	13	6.5	3	9.3	6	178	30	40
4.7	20	3.9	29	5.4	16	8.3	19	184	1	41
4.3	40	4.1	17	5.4	20	7.8	30	182	3	42
4.5	28	4.3	8	5.6	14	8.2	21	181	4	43
4.7	21	4.1	19	5.4	18	8.0	25	181	4	44
4.7	18	4.8	3	4.7	36	8.3	20	180	9	45
5.1	11	4.2	12	5.5	15	8.4	14	180	9	46
6.7	1	4.8	2	6.7	2	10.5	1	180	9	47

労働 F （指標）

都道府県	Prefecture	No. 209 月間平均実労働時間数（女）Monthly average of hours actually worked (Female) #F0610104 時間：hours 2020 指標値 Indicator	順位 Rank	No. 210 男性パートタイムの給与（１時間当たり）Salary of part-time workers (per hour, Male) #F06207 円：yen 2020 指標値 Indicator	順位 Rank	No. 211 女性パートタイムの給与（１時間当たり）Salary of part-time workers (per hour, Female) #F06206 円：yen 2020 指標値 Indicator	順位 Rank	No. 212 男性パートタイム労働者数 Number of part-time workers (Male) #F03242 人：person 2020 指標値 Indicator	順位 Rank
単位	Unit	時間：hours		円：yen		円：yen		人：person	
年度	Fiscal year	2020		2020		2020		2020	
00 全国	All Japan	168		1,658		1,321		3,202,750	
01 北海道	Hokkaido	167	40	1,415	29	1,151	29	96,380	9
02 青森県	Aomori-ken	169	16	1,367	32	1,017	46	16,620	36
03 岩手県	Iwate-ken	168	23	1,358	33	1,057	43	14,980	42
04 宮城県	Miyagi-ken	171	2	1,432	28	1,153	28	47,110	16
05 秋田県	Akita-ken	168	23	1,167	46	1,160	26	12,370	44
06 山形県	Yamagata-ken	168	23	1,306	40	1,157	27	15,190	41
07 福島県	Fukushima-ken	167	40	1,302	41	1,076	40	28,790	25
08 茨城県	Ibaraki-ken	168	23	1,566	12	1,178	23	68,090	12
09 栃木県	Tochigi-ken	167	40	1,371	31	1,148	32	41,470	19
10 群馬県	Gumma-ken	169	16	1,593	10	1,309	9	48,130	15
11 埼玉県	Saitama-ken	168	23	1,524	14	1,282	10	185,410	5
12 千葉県	Chiba-ken	167	40	1,557	13	1,325	6	154,720	6
13 東京都	Tokyo-to	168	23	2,068	1	1,706	1	518,830	1
14 神奈川県	Kanagawa-ken	168	23	1,858	4	1,419	4	246,720	4
15 新潟県	Niigata-ken	168	23	1,348	34	1,145	33	53,520	14
16 富山県	Toyama-ken	168	23	1,482	21	1,208	20	20,950	32
17 石川県	Ishikawa-ken	169	16	1,295	43	1,210	18	25,880	28
18 福井県	Fukui-ken	168	23	1,300	42	1,150	31	16,030	40
19 山梨県	Yamanashi-ken	169	16	1,503	17	1,240	13	17,270	35
20 長野県	Nagano-ken	166	46	1,434	26	1,209	19	38,520	21
21 岐阜県	Gifu-ken	170	8	1,440	25	1,216	16	43,510	17
22 静岡県	Shizuoka-ken	168	23	1,413	30	1,274	11	88,250	10
23 愛知県	Aichi-ken	167	40	1,754	6	1,324	7	264,230	3
24 三重県	Mie-ken	171	2	1,324	38	1,178	23	38,290	22
25 滋賀県	Shiga-ken	168	23	1,509	16	1,245	12	31,870	23
26 京都府	Kyoto-fu	166	46	1,794	5	1,437	3	80,750	11
27 大阪府	Osaka-fu	168	23	1,981	3	1,448	2	272,930	2
28 兵庫県	Hyogo-ken	168	23	1,515	15	1,326	5	149,500	7
29 奈良県	Nara-ken	170	8	1,574	11	1,215	17	27,900	26
30 和歌山県	Wakayama-ken	170	8	1,471	23	1,113	36	16,170	38
31 鳥取県	Tottori-ken	169	16	1,490	19	1,068	41	8,930	47
32 島根県	Shimane-ken	170	8	1,445	24	1,187	21	12,020	45
33 岡山県	Okayama-ken	171	2	1,475	22	1,324	7	39,140	20
34 広島県	Hiroshima-ken	169	16	1,348	34	1,172	25	63,400	13
35 山口県	Yamaguchi-ken	168	23	1,491	18	1,238	15	29,130	24
36 徳島県	Tokushima-ken	168	23	1,620	9	1,151	29	11,720	46
37 香川県	Kagawa-ken	170	8	1,683	7	1,239	14	20,210	33
38 愛媛県	Ehime-ken	172	1	1,193	45	1,115	35	23,270	31
39 高知県	Kochi-ken	168	23	1,434	26	1,066	42	13,410	43
40 福岡県	Fukuoka-ken	167	40	1,313	39	1,112	37	131,420	8
41 佐賀県	Saga-ken	171	2	1,621	8	1,143	34	16,330	37
42 長崎県	Nagasaki-ken	170	8	1,341	36	1,056	44	23,970	30
43 熊本県	Kumamoto-ken	171	2	1,327	37	1,093	39	43,310	18
44 大分県	Oita-ken	171	2	1,983	2	1,109	38	16,060	39
45 宮崎県	Miyazaki-ken	170	8	1,239	44	1,036	45	17,720	34
46 鹿児島県	Kagoshima-ken	170	8	1,483	20	1,017	46	25,200	29
47 沖縄県	Okinawa-ken	169	16	1,145	47	1,179	22	27,100	27

No. 213 女性パートタイム労働者数 Number of part-time workers (Female) #F03241		No. 214 新規学卒者所定内給与額(高校)(男) Scheduled cash earnings for upper secondary school graduates (Male) #F0620307		No. 215 新規学卒者所定内給与額(高校)(女) Scheduled cash earnings for upper secondary school graduates (Female) #F0620308		都道府県コード
人:person		千円:thousand yen		千円:thousand yen		
2020		2020		2020		
指標値 Indicator	順位 Rank	指標値 Indicator	順位 Rank	指標値 Indicator	順位 Rank	Pref. code
8,664,130		179.5		174.6		00
343,600	8	174.7	31	165.0	33	01
55,100	36	165.5	45	161.8	43	02
55,980	35	169.0	39	163.7	37	03
133,540	15	175.8	29	173.1	18	04
41,170	43	169.2	38	158.5	47	05
42,270	42	163.6	46	158.7	46	06
79,750	27	177.6	23	169.1	25	07
193,240	11	181.9	10	169.8	24	08
122,700	19	180.8	14	170.6	21	09
138,530	14	183.5	6	177.2	13	10
508,400	5	187.7	3	189.6	1	11
389,700	7	179.4	18	183.3	4	12
1,130,250	1	181.9	10	186.7	3	13
667,420	4	193.3	1	181.2	6	14
123,910	18	177.7	22	170.3	22	15
57,050	34	180.7	15	168.8	26	16
74,920	30	178.7	19	166.0	31	17
44,280	41	181.8	12	168.6	27	18
50,100	38	174.6	32	179.6	10	19
110,900	22	174.1	34	179.3	11	20
130,490	16	176.2	27	176.6	14	21
267,930	10	185.0	4	178.3	12	22
685,130	3	178.7	19	180.6	8	23
127,850	17	181.8	12	174.3	16	24
92,290	23	182.4	9	172.8	19	25
184,910	12	177.6	23	176.0	15	26
775,210	2	189.6	2	188.1	2	27
395,350	6	182.5	8	181.5	5	28
81,080	26	175.0	30	180.5	9	29
54,720	37	171.1	35	159.6	45	30
27,790	47	180.5	16	164.5	36	31
35,000	45	171.0	36	170.2	23	32
115,610	21	176.1	28	173.4	17	33
183,250	13	177.1	25	164.8	35	34
78,730	29	178.6	21	166.9	30	35
37,820	44	182.7	7	167.1	29	36
49,570	39	176.9	26	164.9	34	37
85,070	25	170.6	37	166.0	31	38
33,210	46	167.9	41	162.8	38	39
329,880	9	179.6	17	170.9	20	40
44,820	40	184.0	5	162.0	42	41
73,420	31	167.7	42	162.6	39	42
120,960	20	174.2	33	162.6	39	43
64,450	32	168.0	40	167.4	28	44
58,760	33	166.7	44	160.0	44	45
89,110	24	159.4	47	162.1	41	46
78,900	28	167.1	43	180.7	7	47

労 働 F (指標)

G. 文化・スポーツ　　G Culture and Sports

			No. 216 公民館数 （人口100万人当たり） Number of community centers (per 1,000,000 persons) #G01101		No. 217 図書館数 （人口100万人当たり） Number of libraries (per 1,000,000 persons) #G01104		No. 218 博物館数 （人口100万人当たり） Number of museums (per 1,000,000 persons) #G01107		No. 219 青少年教育施設数 （人口100万人当たり） Number of educational facilities for youth and children (per 1,000,000 persons) #G01109	
単位		Unit	館：number of community centers		館：number of libraries		館：number of museums		所：number of facilities	
年度		Fiscal year	2018		2018		2018		2018	
	都道府県	Prefecture	指標値 Indicator	順位 Rank	指標値 Indicator	順位 Rank	指標値 Indicator	順位 Rank	指標値 Indicator	順位 Rank
00	全国	All Japan	107.8		26.6		10.2		7.0	
01	北海道	Hokkaido	72.1	35	28.8	29	12.1	22	13.4	7
02	青森県	Aomori-ken	194.8	18	27.7	33	4.0	46	6.3	35
03	岩手県	Iwate-ken	141.8	26	37.9	12	16.9	9	4.0	43
04	宮城県	Miyagi-ken	189.6	19	15.1	45	7.8	38	5.2	40
05	秋田県	Akita-ken	348.6	4	48.9	7	11.2	26	16.3	4
06	山形県	Yamagata-ken	394.5	3	36.7	14	15.6	16	11.0	12
07	福島県	Fukushima-ken	200.6	17	36.5	16	9.1	35	12.9	10
08	茨城県	Ibaraki-ken	87.6	33	22.2	42	9.0	36	4.2	42
09	栃木県	Tochigi-ken	96.6	31	28.3	31	13.4	18	6.7	33
10	群馬県	Gumma-ken	113.7	30	29.2	26	10.2	32	9.7	16
11	埼玉県	Saitama-ken	66.7	36	23.5	39	3.4	47	2.7	47
12	千葉県	Chiba-ken	46.0	43	23.0	40	6.9	41	5.9	36
13	東京都	Tokyo-to	5.7	47	28.8	28	7.5	39	2.9	46
14	神奈川県	Kanagawa-ken	17.7	45	9.3	47	6.0	43	3.9	44
15	新潟県	Niigata-ken	180.3	21	35.2	19	16.9	10	8.5	24
16	富山県	Toyama-ken	285.7	9	54.3	5	35.2	2	9.5	18
17	石川県	Ishikawa-ken	253.7	14	35.0	20	26.2	5	14.0	5
18	福井県	Fukui-ken	267.4	13	47.8	8	24.5	6	12.9	9
19	山梨県	Yamanashi-ken	345.2	5	64.9	1	31.8	4	17.1	3
20	長野県	Nagano-ken	873.5	1	61.1	2	40.2	1	13.6	6
21	岐阜県	Gifu-ken	136.7	28	35.6	17	10.0	33	10.0	15
22	静岡県	Shizuoka-ken	17.5	46	26.2	37	11.8	24	5.7	38
23	愛知県	Aichi-ken	46.7	42	13.0	46	5.6	44	3.4	45
24	三重県	Mie-ken	180.3	20	26.2	36	11.2	27	5.0	41
25	滋賀県	Shiga-ken	63.7	37	35.4	18	12.7	19	9.2	19
26	京都府	Kyoto-fu	59.4	39	26.2	35	15.8	15	7.3	32
27	大阪府	Osaka-fu	22.6	44	16.7	44	4.2	45	8.5	23
28	兵庫県	Hyogo-ken	51.6	41	19.5	43	8.0	37	8.2	26
29	奈良県	Nara-ken	271.8	11	24.6	38	16.4	13	9.0	20
30	和歌山県	Wakayama-ken	270.6	12	27.8	32	10.7	28	5.3	39
31	鳥取県	Tottori-ken	312.5	7	53.6	6	12.5	20	19.6	1
32	島根県	Shimane-ken	288.2	8	58.8	3	32.4	3	11.8	11
33	岡山県	Okayama-ken	211.3	16	36.9	13	16.9	11	7.9	30
34	広島県	Hiroshima-ken	95.5	32	29.8	23	10.6	29	8.9	21
35	山口県	Yamaguchi-ken	124.1	29	40.1	9	16.8	12	8.8	22
36	徳島県	Tokushima-ken	436.1	2	38.0	11	14.9	17	8.2	28
37	香川県	Kagawa-ken	162.2	23	31.2	22	12.5	21	8.3	25
38	愛媛県	Ehime-ken	320.3	6	33.3	21	17.8	8	9.6	17
39	高知県	Kochi-ken	284.7	10	58.1	4	19.8	7	18.4	2
40	福岡県	Fukuoka-ken	60.7	38	22.3	41	6.1	42	5.9	37
41	佐賀県	Saga-ken	155.1	24	36.6	15	15.9	14	13.4	8
42	長崎県	Nagasaki-ken	140.2	27	28.3	30	11.9	23	8.2	27
43	熊本県	Kumamoto-ken	177.0	22	29.6	25	9.7	34	8.0	29
44	大分県	Oita-ken	214.2	15	28.8	27	11.4	25	10.5	14
45	宮崎県	Miyazaki-ken	84.2	34	29.6	24	7.4	40	6.5	34
46	鹿児島県	Kagoshima-ken	151.2	25	39.0	10	10.5	30	10.5	13
47	沖縄県	Okinawa-ken	58.7	40	27.6	34	10.4	31	7.6	31

No. 220 常設映画館数 (人口100万人当たり) Number of movie theaters (per 1,000,000 persons) #G01202 館：number of theaters 2019		No. 221 社会体育施設数 (人口100万人当たり) Number of sports facilities (per 1,000,000 persons) #G01321 施設：number of facilities 2018		No. 222 多目的運動広場数(公共) (人口100万人当たり) Number of multi-purpose playgrounds (Public) (per 1,000,000 persons) #G01323 施設：number of playgrounds 2018		No. 223 青少年学級・講座数 (人口100万人当たり) Youth education classes (per 1,000,000 persons) #G03201 学級・講座：number of classes 2017		No. 224 成人一般学級・講座数 (人口100万人当たり) Number of general adults education classes (per 1,000,000 persons) #G03203 学級・講座：number of classes 2017		都道府県コード Pref. code
指標値 Indicator	順位 Rank	指標値 Indicator	順位 Rank	指標値 Indicator	順位 Rank	指標値 Indicator	順位 Rank	指標値 Indicator	順位 Rank	
11.5		371.6		59.7		604.4		2,082.7		00
9.3	24	744.4	6	62.2	31	1,538.7	6	1,299.8	36	01
13.6	11	556.6	19	55.4	38	960.9	14	2,386.5	20	02
9.8	23	731.7	8	93.5	22	768.9	18	1,378.5	34	03
5.2	43	388.6	34	60.4	34	737.8	19	1,685.3	26	04
11.4	14	880.7	3	138.6	7	823.3	16	2,084.3	24	05
10.2	21	591.7	18	90.8	23	727.8	20	1,532.7	31	06
13.0	12	739.8	7	142.2	5	860.8	15	2,355.5	21	07
10.5	18	427.2	31	66.0	30	191.2	45	966.8	39	08
8.3	28	488.7	26	55.5	37	440.0	33	1,127.7	37	09
10.3	20	627.6	13	131.1	9	533.2	30	1,533.2	30	10
3.9	46	224.8	43	31.0	44	317.4	40	1,004.5	38	11
5.9	38	246.8	41	32.6	42	230.9	43	680.3	40	12
22.6	4	155.7	46	9.0	47	247.3	41	218.4	47	13
5.5	41	160.1	45	27.4	45	107.7	47	239.9	46	14
5.8	39	652.7	10	70.8	29	569.9	29	1,384.6	33	15
5.7	40	652.4	11	100.0	19	1,495.3	8	4,984.8	8	16
7.9	31	727.0	9	71.7	27	2,055.8	4	8,843.9	5	17
16.9	8	629.2	12	62.0	33	4,267.0	1	10,197.7	3	18
6.2	37	757.6	5	166.5	3	633.0	26	3,335.4	15	19
11.2	15	958.8	2	128.0	12	783.7	17	3,545.3	14	20
5.5	42	536.3	21	101.2	17	600.6	27	2,293.8	22	21
9.1	25	373.9	35	87.7	24	342.6	38	523.8	44	22
6.8	35	234.6	42	32.4	43	386.4	36	661.7	41	23
10.7	17	366.3	36	51.9	39	676.1	23	5,460.0	7	24
8.5	27	407.9	32	82.2	25	685.8	22	1,893.1	25	25
7.0	33	259.4	40	58.3	36	244.7	42	496.0	45	26
6.9	34	133.9	47	26.1	46	118.9	46	582.8	42	27
12.3	13	212.3	44	34.5	41	351.8	37	9,157.7	4	28
3.0	47	361.5	37	59.0	35	655.8	25	1,355.3	35	29
8.6	26	471.7	29	98.4	20	686.8	21	4,621.2	11	30
21.6	5	960.7	1	194.6	1	2,357.5	3	27,251.3	1	31
4.5	45	845.6	4	152.9	4	2,870.1	2	10,429.2	2	32
4.8	44	443.1	30	79.6	26	1,158.4	11	4,715.8	10	33
17.5	7	388.7	33	100.8	18	475.1	32	2,194.4	23	34
11.0	16	535.0	22	135.8	8	1,261.0	10	3,782.4	13	35
8.2	29	498.6	25	101.9	16	588.2	28	4,733.5	9	36
29.3	3	487.5	27	71.7	28	424.0	34	1,433.3	32	37
15.7	9	484.5	28	113.2	14	1,533.0	7	2,625.4	17	38
10.0	22	551.0	20	128.9	11	334.7	39	2,407.6	19	39
31.9	2	261.6	39	44.1	40	1,702.4	5	2,475.6	18	40
7.4	32	605.6	16	174.6	2	1,111.7	13	1,663.8	27	41
21.1	6	611.5	15	130.5	10	1,153.6	12	2,726.0	16	42
37.8	1	520.8	23	126.9	13	669.1	24	1,660.1	28	43
15.0	10	510.5	24	95.3	21	1,286.5	9	7,349.8	6	44
6.5	36	605.0	17	102.7	15	202.0	44	1,629.0	29	45
8.1	30	625.2	14	141.9	6	418.8	35	4,163.0	12	46
10.3	19	350.1	38	62.2	32	502.4	31	578.7	43	47

文化・スポーツ G （指標）

			No. 225 女性学級・講座数 (女性人口100万人当たり) Number of women education classes (per 1,000,000 persons) (Female) #G0320501		No. 226 高齢者学級・講座数 (人口100万人当たり) Number of education classes for the aged (per 1,000,000 persons) #G03207		No. 227 ボランティア活動の 年間行動者率 (10歳以上) Participation rate of volunteer activities (10 years old and over) #G041011		No. 228 スポーツの年間行動者率 (10歳以上) Participation rate of sports (10 years old and over) #G042111	
単位		Unit	学級・講座：number of classes		学級・講座：number of classes		%		%	
年度		Fiscal year	2017		2017		2016		2016	
都道府県		Prefecture	指標値 Indicator	順位 Rank	指標値 Indicator	順位 Rank	指標値 Indicator	順位 Rank	指標値 Indicator	順位 Rank
00	全国	All Japan	374.6		270.4		26.0		68.8	
01	北海道	Hokkaido	139.7	38	329.5	26	22.6	43	64.9	35
02	青森県	Aomori-ken	545.7	22	374.0	22	22.4	45	56.0	47
03	岩手県	Iwate-ken	1,043.0	11	369.7	23	30.2	14	60.6	45
04	宮城県	Miyagi-ken	497.5	24	362.5	24	26.7	29	66.4	28
05	秋田県	Akita-ken	916.7	15	1,053.2	6	27.2	27	60.6	45
06	山形県	Yamagata-ken	1,117.3	9	746.8	11	32.1	11	61.6	44
07	福島県	Fukushima-ken	1,014.7	13	548.4	14	28.1	22	63.1	41
08	茨城県	Ibaraki-ken	264.8	30	102.0	40	26.2	30	68.5	12
09	栃木県	Tochigi-ken	316.4	28	197.8	36	26.2	30	69.3	10
10	群馬県	Gumma-ken	686.5	20	243.9	34	28.3	20	68.1	16
11	埼玉県	Saitama-ken	108.4	42	177.7	37	24.2	41	72.6	2
12	千葉県	Chiba-ken	97.7	43	91.9	41	25.2	36	71.6	4
13	東京都	Tokyo-to	23.3	47	13.1	47	21.6	46	75.7	1
14	神奈川県	Kanagawa-ken	24.8	46	50.3	44	25.5	35	72.4	3
15	新潟県	Niigata-ken	260.9	31	377.2	21	24.5	40	62.6	43
16	富山県	Toyama-ken	2,742.6	1	1,172.3	2	32.4	7	67.9	18
17	石川県	Ishikawa-ken	2,407.8	2	1,109.0	4	31.6	12	69.1	11
18	福井県	Fukui-ken	2,094.8	5	943.5	7	32.2	9	65.0	34
19	山梨県	Yamanashi-ken	401.4	25	281.9	29	29.7	16	68.2	13
20	長野県	Nagano-ken	528.2	23	496.1	17	32.3	8	68.1	16
21	岐阜県	Gifu-ken	347.8	26	253.0	32	33.4	2	67.4	20
22	静岡県	Shizuoka-ken	67.0	44	86.8	43	29.4	17	68.2	13
23	愛知県	Aichi-ken	114.1	41	89.7	42	24.6	38	71.2	6
24	三重県	Mie-ken	896.0	16	316.7	27	29.0	19	66.9	22
25	滋賀県	Shiga-ken	159.2	35	339.7	25	33.9	1	71.6	4
26	京都府	Kyoto-fu	179.8	34	113.9	39	24.6	38	70.1	7
27	大阪府	Osaka-fu	31.4	45	22.0	46	20.6	47	66.9	22
28	兵庫県	Hyogo-ken	150.7	37	201.9	35	26.0	33	69.5	8
29	奈良県	Nara-ken	293.5	29	250.7	33	26.8	28	69.5	8
30	和歌山県	Wakayama-ken	820.4	17	536.5	15	24.2	41	63.6	38
31	鳥取県	Tottori-ken	1,105.1	10	794.7	9	32.2	9	65.2	33
32	島根県	Shimane-ken	1,870.4	6	1,065.7	5	33.1	3	63.5	39
33	岡山県	Okayama-ken	1,510.6	8	1,260.6	1	30.8	13	66.8	24
34	広島県	Hiroshima-ken	201.8	32	290.6	28	25.6	34	66.5	27
35	山口県	Yamaguchi-ken	1,015.1	12	504.7	16	27.8	24	65.8	30
36	徳島県	Tokushima-ken	2,293.1	3	846.6	8	26.2	30	65.4	32
37	香川県	Kagawa-ken	727.5	19	391.9	20	28.2	21	66.0	29
38	愛媛県	Ehime-ken	2,229.5	4	1,129.0	3	27.5	26	66.8	24
39	高知県	Kochi-ken	570.3	21	392.2	19	22.6	43	62.7	42
40	福岡県	Fukuoka-ken	180.5	33	445.5	18	28.1	22	65.8	30
41	佐賀県	Saga-ken	320.3	27	279.1	30	32.6	5	63.4	40
42	長崎県	Nagasaki-ken	740.9	18	595.3	13	27.7	25	64.5	36
43	熊本県	Kumamoto-ken	126.5	40	165.4	38	32.7	4	66.7	26
44	大分県	Oita-ken	1,535.4	7	783.0	10	29.8	15	67.2	21
45	宮崎県	Miyazaki-ken	152.5	36	277.3	31	29.1	18	64.5	36
46	鹿児島県	Kagoshima-ken	953.7	14	601.5	12	32.6	5	68.2	13
47	沖縄県	Okinawa-ken	128.1	39	45.0	45	25.1	37	67.9	18

No. 229 旅行・行楽の年間行動者率（10歳以上） Participation rate of travels and day excursion (10 years old and over) #G043061 % 2016		No. 230 海外旅行の年間行動者率（10歳以上） Participation rate of travel outside Japan (10 years old and over) #G043071 % 2016		No. 231 客室稼働率 Hotel room occupancy rate #G04308 % 2020		No. 232 一般旅券発行件数（人口千人当たり） Number of passports issued (per 1,000 persons) #G0430501 件：number of issues 2019		都道府県コード
指標値 Indicator	順位 Rank	指標値 Indicator	順位 Rank	指標値 Indicator	順位 Rank	指標値 Indicator	順位 Rank	Pref. code
73.5		7.2		38.9		34.6		00
69.1	30	4.3	28	38.4	36	22.8	32	01
59.4	46	2.4	45	44.0	15	13.9	46	02
65.7	43	2.1	46	45.4	9	15.7	45	03
74.1	13	4.7	23	42.3	23	22.8	31	04
68.5	33	2.1	46	42.7	20	13.5	47	05
72.5	24	4.0	33	42.3	23	18.2	43	06
70.3	27	3.3	40	45.3	10	18.6	41	07
73.4	20	5.4	17	48.9	1	27.4	19	08
72.4	25	5.4	17	42.9	19	25.4	29	09
75.0	10	4.9	21	45.1	12	25.4	28	10
77.9	4	8.1	5	48.1	3	35.0	12	11
77.4	6	9.4	3	39.7	35	38.7	7	12
78.5	1	13.8	1	32.2	45	54.9	1	13
78.0	3	10.6	2	45.0	13	45.2	2	14
72.7	23	3.2	41	41.4	28	20.4	38	15
76.1	7	5.0	19	35.8	42	25.6	26	16
73.9	14	6.2	14	37.0	40	30.1	16	17
73.6	16	4.8	22	47.3	5	27.1	20	18
74.2	12	6.7	12	36.7	41	28.1	18	19
73.5	18	4.6	24	37.1	39	25.8	25	20
75.0	10	6.9	11	42.4	21	30.6	13	21
73.5	18	5.6	16	41.8	27	30.4	14	22
78.5	1	8.0	8	38.2	37	39.1	6	23
75.2	9	6.3	13	43.3	17	30.3	15	24
77.6	5	7.4	10	40.9	31	38.0	8	25
73.1	22	8.0	8	32.1	46	41.3	4	26
71.4	26	8.1	5	31.3	47	42.5	3	27
73.9	14	8.4	4	42.4	21	39.6	5	28
75.6	8	8.1	5	35.0	44	37.8	9	29
67.4	38	4.5	26	41.2	30	27.0	21	30
68.7	31	3.1	42	45.2	11	21.8	37	31
67.6	36	3.1	42	48.8	2	17.0	44	32
73.3	21	5.0	19	47.3	5	26.9	22	33
70.1	28	4.2	30	44.2	14	28.7	17	34
68.7	31	4.6	24	48.1	3	22.4	34	35
66.8	39	4.3	28	40.5	33	22.5	33	36
67.5	37	3.8	35	40.6	32	25.5	27	37
67.8	35	3.5	38	45.5	8	22.1	36	38
60.8	45	3.8	35	45.9	7	18.6	40	39
73.6	16	6.2	14	37.5	38	37.0	10	40
68.5	33	4.2	30	41.9	26	26.3	23	41
62.2	44	3.7	37	43.0	18	22.3	35	42
66.6	41	4.0	33	42.0	25	26.0	24	43
70.1	28	4.1	32	40.4	34	23.5	30	44
65.9	42	3.4	39	41.4	28	19.2	39	45
66.8	39	2.9	44	43.7	16	18.5	42	46
52.4	47	4.5	26	35.6	43	36.1	11	47

文化・スポーツ

G

（指標）

H. 居住　　H Dwelling

		No. 233 着工新設住宅比率 （対居住世帯あり住宅数） Ratio of newly constructed dwellings #H01204		No. 234 持ち家比率 （対居住世帯あり住宅数） Ratio of owned houses #H01301		No. 235 借家比率 （対居住世帯あり住宅数） Ratio of rented houses #H01302		No. 236 民営借家比率 （対居住世帯あり住宅数） Ratio of rented houses owned privately #H0130202	
単位	Unit	%		%		%		%	
年度	Fiscal year	2020		2018		2018		2018	
都道府県	Prefecture	指標値 Indicator	順位 Rank	指標値 Indicator	順位 Rank	指標値 Indicator	順位 Rank	指標値 Indicator	順位 Rank
00 全国	All Japan	1.5		61.2		35.6		28.5	
01 北海道	Hokkaido	1.3	28	56.3	43	41.3	4	31.9	4
02 青森県	Aomori-ken	1.1	41	70.3	14	28.2	32	22.6	29
03 岩手県	Iwate-ken	1.2	36	69.9	17	28.6	28	22.0	32
04 宮城県	Miyagi-ken	1.5	12	58.1	42	38.7	6	31.6	6
05 秋田県	Akita-ken	1.0	46	77.3	1	21.6	46	16.6	47
06 山形県	Yamagata-ken	1.2	34	74.9	3	23.1	44	18.5	43
07 福島県	Fukushima-ken	1.3	29	67.7	23	29.7	25	22.5	30
08 茨城県	Ibaraki-ken	1.5	16	71.2	13	25.9	38	21.7	33
09 栃木県	Tochigi-ken	1.4	20	69.1	21	28.4	31	24.0	25
10 群馬県	Gumma-ken	1.3	31	71.4	11	26.5	36	21.1	35
11 埼玉県	Saitama-ken	1.6	8	65.7	28	31.0	22	25.9	15
12 千葉県	Chiba-ken	1.6	6	65.4	30	31.6	18	25.4	16
13 東京都	Tokyo-to	2.0	1	45.0	46	49.1	2	40.0	2
14 神奈川県	Kanagawa-ken	1.5	11	59.1	41	37.2	8	30.6	7
15 新潟県	Niigata-ken	1.3	30	74.0	7	24.3	41	20.4	40
16 富山県	Toyama-ken	1.3	25	76.8	2	21.6	47	17.0	46
17 石川県	Ishikawa-ken	1.5	15	69.3	18	28.5	29	24.2	23
18 福井県	Fukui-ken	1.4	18	74.9	4	22.8	45	17.7	45
19 山梨県	Yamanashi-ken	1.3	33	70.2	16	26.8	34	20.5	39
20 長野県	Nagano-ken	1.5	13	71.2	12	26.7	35	21.1	36
21 岐阜県	Gifu-ken	1.4	19	74.3	5	23.2	43	19.7	42
22 静岡県	Shizuoka-ken	1.4	17	67.0	25	30.1	24	25.3	18
23 愛知県	Aichi-ken	1.7	4	59.5	40	37.7	7	30.2	8
24 三重県	Mie-ken	1.3	27	72.0	9	25.6	39	20.8	38
25 滋賀県	Shiga-ken	1.6	5	71.6	10	25.9	37	21.4	34
26 京都府	Kyoto-fu	1.4	23	61.3	39	34.7	10	28.7	10
27 大阪府	Osaka-fu	1.6	7	54.7	44	41.2	5	31.6	5
28 兵庫県	Hyogo-ken	1.3	26	64.8	33	32.7	16	24.0	24
29 奈良県	Nara-ken	0.9	47	74.1	6	24.1	42	18.4	44
30 和歌山県	Wakayama-ken	1.2	39	73.0	8	24.9	40	19.7	41
31 鳥取県	Tottori-ken	1.2	40	68.8	22	29.0	26	23.1	27
32 島根県	Shimane-ken	1.2	37	70.2	15	28.4	30	21.0	37
33 岡山県	Okayama-ken	1.5	9	64.9	32	31.5	19	26.8	12
34 広島県	Hiroshima-ken	1.3	24	61.4	38	35.7	9	30.1	9
35 山口県	Yamaguchi-ken	1.1	42	67.1	24	30.4	23	22.8	28
36 徳島県	Tokushima-ken	1.1	45	69.2	20	27.7	33	22.2	31
37 香川県	Kagawa-ken	1.2	38	69.3	19	29.0	27	23.6	26
38 愛媛県	Ehime-ken	1.4	21	66.5	27	31.4	20	26.0	14
39 高知県	Kochi-ken	1.1	43	64.9	31	31.8	17	25.0	20
40 福岡県	Fukuoka-ken	1.5	10	52.8	45	44.4	3	35.1	3
41 佐賀県	Saga-ken	1.5	14	66.9	26	31.2	21	24.7	22
42 長崎県	Nagasaki-ken	1.1	44	63.7	35	34.2	12	24.9	21
43 熊本県	Kumamoto-ken	1.8	2	61.9	37	34.5	11	26.2	13
44 大分県	Oita-ken	1.4	22	63.6	36	34.0	13	27.4	11
45 宮崎県	Miyazaki-ken	1.3	32	65.7	29	32.9	15	25.3	17
46 鹿児島県	Kagoshima-ken	1.2	35	64.6	34	33.8	14	25.1	19
47 沖縄県	Okinawa-ken	1.8	3	44.4	47	49.5	1	43.3	1

No. 237 空き家比率（対総住宅数）Ratio of vacant houses #H01405 % 2018		No. 238 着工新設持ち家比率（対着工新設住宅戸数）Ratio of newly constructed owned dwellings #H01601 % 2020		No. 239 着工新設貸家比率（対着工新設住宅戸数）Ratio of newly constructed rented dwellings #H01603 % 2020		No. 240 一戸建住宅比率（対居住世帯あり住宅数）Ratio of detached houses #H01401 % 2018		No. 241 共同住宅比率（対居住世帯あり住宅数）Ratio of apartments #H01403 % 2018		都道府県コード
指標値 Indicator	順位 Rank	指標値 Indicator	順位 Rank	指標値 Indicator	順位 Rank	指標値 Indicator	順位 Rank	指標値 Indicator	順位 Rank	Pref. code
13.6		32.4		37.3		53.6		43.6		00
13.5	34	34.8	35	48.0	3	52.0	40	43.8	9	01
15.0	24	60.4	5	21.8	43	75.2	5	21.3	43	02
16.1	14	58.9	7	31.2	23	72.9	12	23.4	39	03
12.0	42	31.9	37	39.7	10	55.3	37	42.4	11	04
13.6	33	64.6	2	21.4	44	79.8	1	17.8	47	05
12.1	41	58.3	9	25.9	36	77.6	2	20.5	45	06
14.3	29	52.6	17	27.5	33	70.1	19	26.8	29	07
14.8	25	52.7	16	25.3	39	72.3	14	24.7	34	08
17.3	10	55.1	13	24.0	41	71.6	16	25.9	31	09
16.7	12	55.7	11	18.3	47	73.9	9	23.9	37	10
10.2	47	30.1	39	30.7	25	54.8	38	43.5	10	11
12.6	40	29.1	42	35.2	17	53.1	39	44.8	8	12
10.6	45	11.7	47	49.4	2	26.8	47	71.1	1	13
10.8	44	22.0	45	37.0	13	41.4	44	56.1	3	14
14.7	26	55.3	12	28.5	29	74.3	7	23.6	38	15
13.3	36	58.6	8	31.2	24	77.1	3	19.7	46	16
14.5	27	49.8	24	38.0	12	69.8	20	28.4	27	17
13.8	31	60.2	6	30.1	26	76.7	4	21.2	44	18
21.3	1	68.2	1	20.0	46	73.8	10	24.2	36	19
19.6	3	54.9	15	27.0	34	73.2	11	23.3	40	20
15.6	15	52.4	19	25.8	37	74.4	6	23.1	41	21
16.4	13	51.3	20	28.6	28	66.0	31	31.8	17	22
11.3	43	33.4	36	32.6	19	51.0	41	45.8	7	23
15.2	21	52.4	18	24.9	40	72.9	13	24.6	35	24
13.0	37	48.0	28	27.6	32	67.4	29	30.3	19	25
12.8	38	29.1	41	34.4	18	55.3	36	41.9	12	26
15.2	22	17.2	46	44.4	5	40.7	45	55.4	4	27
13.4	35	29.6	40	31.5	22	50.4	42	46.6	6	28
14.1	30	49.2	27	20.1	45	67.6	25	28.9	22	29
20.3	2	56.4	10	28.5	30	74.1	8	22.1	42	30
15.5	17	61.2	3	26.6	35	70.9	17	25.4	32	31
15.4	20	50.6	22	41.2	6	71.7	15	25.0	33	32
15.6	16	44.1	29	36.6	14	66.6	30	30.7	18	33
15.1	23	31.0	38	36.2	15	55.5	35	41.3	13	34
17.6	9	50.6	23	31.6	21	67.5	28	29.1	21	35
19.5	4	60.7	4	25.6	38	70.7	18	26.4	30	36
18.1	8	54.9	14	23.0	42	67.6	27	28.4	26	37
18.2	7	42.7	32	40.1	8	68.3	23	28.7	23	38
19.1	5	43.1	31	28.0	31	67.6	26	28.4	25	39
12.7	39	25.7	43	48.0	4	44.3	43	52.8	5	40
14.3	28	51.2	21	30.0	27	69.2	21	27.4	28	41
15.4	19	43.2	30	40.6	7	64.4	32	31.8	16	42
13.8	32	41.9	33	39.0	11	63.1	33	32.7	15	43
16.8	11	40.4	34	39.8	9	63.1	34	34.0	14	44
15.4	18	49.6	26	35.4	16	68.4	22	28.5	24	45
19.0	6	49.6	25	32.5	20	67.9	24	29.6	20	46
10.4	46	22.5	44	52.7	1	38.8	46	59.0	2	47

居 住 H （指標）

			No. 242 住宅の敷地面積 (1住宅当たり) Site area per dwelling #H02104		No. 243 持ち家住宅の延べ面積 (1住宅当たり) Floor area of owned houses (per dwelling) #H0210301		No. 244 借家住宅の延べ面積 (1住宅当たり) Floor area of rented houses (per dwelling) #H0210302		No. 245 持ち家住宅の居住室の畳数 (1住宅当たり) Number of tatami units of dwelling rooms of owned houses (per dwelling) #H0210201	
単位		Unit	m²		m²		m²		畳：number of tatami units	
年度		Fiscal year	2018		2018		2018		2018	
	都道府県	Prefecture	指標値 Indicator	順位 Rank	指標値 Indicator	順位 Rank	指標値 Indicator	順位 Rank	指標値 Indicator	順位 Rank
00	全国	All Japan	252		119.9		46.8		41.49	
01	北海道	Hokkaido	268	28	120.2	34	51.9	11	42.65	28
02	青森県	Aomori-ken	335	10	148.4	9	54.6	2	49.05	8
03	岩手県	Iwate-ken	361	3	147.4	11	52.6	4	49.00	9
04	宮城県	Miyagi-ken	326	12	130.7	21	47.0	41	44.43	21
05	秋田県	Akita-ken	356	4	154.3	6	52.1	8	51.26	2
06	山形県	Yamagata-ken	368	2	160.9	3	51.9	10	50.61	3
07	福島県	Fukushima-ken	351	6	140.0	13	50.3	26	46.78	12
08	茨城県	Ibaraki-ken	395	1	129.2	23	49.1	32	43.67	25
09	栃木県	Tochigi-ken	352	5	129.9	22	49.7	29	43.27	26
10	群馬県	Gumma-ken	338	9	129.0	24	48.3	35	42.69	27
11	埼玉県	Saitama-ken	208	41	106.5	43	46.1	43	38.30	41
12	千葉県	Chiba-ken	241	34	110.6	41	46.5	42	39.50	37
13	東京都	Tokyo-to	139	46	93.3	47	40.8	47	34.76	47
14	神奈川県	Kanagawa-ken	170	44	99.6	46	44.2	44	37.38	43
15	新潟県	Niigata-ken	316	15	154.8	5	50.3	25	49.72	6
16	富山県	Toyama-ken	349	7	171.8	1	50.6	21	53.83	1
17	石川県	Ishikawa-ken	271	27	158.2	4	49.8	28	50.55	4
18	福井県	Fukui-ken	303	19	164.7	2	52.2	6	50.43	5
19	山梨県	Yamanashi-ken	333	11	136.0	16	48.9	33	45.36	17
20	長野県	Nagano-ken	342	8	148.3	10	50.4	24	48.51	10
21	岐阜県	Gifu-ken	285	22	143.8	12	51.2	16	49.13	7
22	静岡県	Shizuoka-ken	258	33	127.8	26	48.3	36	43.80	24
23	愛知県	Aichi-ken	239	35	125.3	29	47.2	40	44.09	22
24	三重県	Mie-ken	280	25	131.9	20	50.1	27	45.13	18
25	滋賀県	Shiga-ken	259	32	139.5	15	49.1	31	47.46	11
26	京都府	Kyoto-fu	161	45	111.1	40	44.2	45	38.66	40
27	大阪府	Osaka-fu	131	47	101.8	45	44.0	46	36.84	44
28	兵庫県	Hyogo-ken	198	43	115.9	38	48.9	34	41.60	31
29	奈良県	Nara-ken	224	38	128.7	25	56.0	1	44.49	20
30	和歌山県	Wakayama-ken	216	39	124.4	30	50.9	17	40.77	34
31	鳥取県	Tottori-ken	299	20	151.4	8	50.7	20	46.74	13
32	島根県	Shimane-ken	306	17	152.1	7	51.3	15	45.39	16
33	岡山県	Okayama-ken	262	30	133.7	18	47.9	37	44.02	23
34	広島県	Hiroshima-ken	210	40	120.1	35	47.8	39	42.04	29
35	山口県	Yamaguchi-ken	282	23	125.8	28	50.6	22	41.51	32
36	徳島県	Tokushima-ken	281	24	134.6	17	52.1	7	44.63	19
37	香川県	Kagawa-ken	278	26	132.8	19	50.7	19	45.70	15
38	愛媛県	Ehime-ken	229	37	122.5	32	52.4	5	40.35	35
39	高知県	Kochi-ken	204	42	116.8	36	51.5	13	38.98	38
40	福岡県	Fukuoka-ken	262	29	115.6	39	47.9	38	40.14	36
41	佐賀県	Saga-ken	318	14	139.8	14	53.9	3	45.75	14
42	長崎県	Nagasaki-ken	237	36	121.5	33	51.8	12	38.88	39
43	熊本県	Kumamoto-ken	313	16	126.0	27	52.0	9	41.05	33
44	大分県	Oita-ken	287	21	123.4	31	50.5	23	41.95	30
45	宮崎県	Miyazaki-ken	322	13	115.9	37	51.5	14	37.98	42
46	鹿児島県	Kagoshima-ken	305	18	108.5	42	50.8	18	35.46	46
47	沖縄県	Okinawa-ken	260	31	105.3	44	49.3	30	36.40	45

No.246 借家住宅の居住室の畳数（１住宅当たり） Number of tatami units of dwelling rooms of rented houses (per dwelling) #H0210202 畳：number of tatami units 2018		No.247 着工新設持ち家住宅の床面積（１住宅当たり） Floor area of newly constructed dwellings (per dwelling) #H0210701 ㎡ 2020		No.248 着工新設貸家住宅の床面積（１住宅当たり） Floor area of newly constructed rented dwellings (per dwelling) #H0210703 ㎡ 2020		No.249 居住室数（１住宅当たり）（持ち家） Number of dwelling rooms of owned houses (per dwelling) #H0210101 室：number of rooms 2018		No.250 居住室数（１住宅当たり）（借家） Number of dwelling rooms of rented houses (per dwelling) #H0210102 室：number of rooms 2018		都道府県コード Pref. code
指標値 Indicator	順位 Rank	指標値 Indicator	順位 Rank	指標値 Indicator	順位 Rank	指標値 Indicator	順位 Rank	指標値 Indicator	順位 Rank	
18.14		117.9		45.7		5.50		2.58		00
20.73	1	121.5	9	52.6	10	5.32	38	2.83	17	01
20.38	3	121.6	8	56.6	2	6.25	13	2.85	13	02
19.87	8	116.8	32	45.6	40	6.41	11	2.84	15	03
17.77	43	120.7	11	43.4	45	5.80	25	2.51	43	04
19.67	11	119.4	16	52.6	9	6.44	10	2.75	21	05
18.66	32	125.9	3	46.8	31	6.63	4	2.71	28	06
19.00	24	121.1	10	45.6	39	6.17	16	2.78	20	07
18.67	31	117.8	28	50.2	18	5.74	28	2.66	34	08
18.81	28	119.6	14	54.6	6	5.76	26	2.67	32	09
18.47	38	117.8	27	52.5	11	5.66	31	2.67	32	10
18.06	41	116.4	33	46.2	35	5.08	43	2.56	39	11
17.97	42	115.8	35	43.9	43	5.14	41	2.53	42	12
15.84	47	113.0	41	39.7	47	4.44	47	2.18	47	13
17.45	44	114.1	38	42.2	46	4.78	46	2.44	45	14
18.47	38	121.9	6	45.9	37	6.50	8	2.61	37	15
18.43	40	129.7	1	47.0	30	7.01	1	2.51	43	16
18.56	36	125.6	4	43.9	44	6.54	7	2.54	41	17
19.18	20	129.2	2	46.7	32	6.76	2	2.72	25	18
18.61	34	118.0	25	52.3	13	5.91	21	2.71	28	19
19.23	19	119.6	15	52.2	14	6.28	12	2.72	25	20
19.78	9	120.2	12	52.4	12	6.59	5	2.82	18	21
19.02	23	118.3	20	49.5	19	5.74	28	2.68	31	22
18.60	35	122.4	5	47.9	27	5.75	27	2.60	38	23
19.12	21	119.6	13	47.5	28	6.18	14	2.72	25	24
18.93	26	119.1	17	48.5	25	6.47	9	2.66	34	25
16.67	46	111.9	45	44.7	41	5.44	37	2.44	45	26
17.26	45	117.9	26	44.7	42	5.01	44	2.55	40	27
19.24	18	118.2	23	46.2	36	5.51	36	2.75	21	28
20.63	2	121.7	7	58.7	1	6.07	19	3.04	1	29
19.35	17	118.3	22	53.9	8	5.81	24	2.98	3	30
18.63	33	117.5	30	46.2	34	6.65	3	2.75	21	31
19.00	24	118.3	21	48.9	22	6.58	6	2.82	18	32
18.48	37	116.1	34	47.3	29	6.15	18	2.69	30	33
18.87	27	118.1	24	48.8	23	5.66	31	2.73	24	34
19.08	22	112.1	43	49.1	21	5.84	22	2.84	15	35
19.94	7	119.1	18	56.5	3	6.06	20	2.92	7	36
20.12	5	117.3	31	50.2	17	6.18	14	2.87	10	37
20.02	6	114.4	37	49.3	20	5.72	30	2.96	6	38
19.64	12	111.7	46	55.5	4	5.64	33	2.97	5	39
18.71	30	117.7	29	48.8	24	5.30	39	2.64	36	40
20.13	4	118.9	19	55.1	5	6.16	17	2.98	3	41
19.53	13	112.8	42	45.7	38	5.59	34	3.00	2	42
19.47	15	112.0	44	48.2	26	5.59	34	2.88	9	43
19.49	14	114.8	36	50.3	16	5.82	23	2.87	10	44
19.42	16	113.6	39	50.9	15	5.28	40	2.89	8	45
18.79	29	108.4	47	46.4	33	5.09	42	2.85	13	46
19.74	10	113.1	40	54.0	7	4.89	45	2.86	12	47

居 住 H （指標）

64

			No. 251 持ち家住宅の畳数（１人当たり）Number of tatami units of owned houses (per capita) #H0220301		No. 252 借家住宅の畳数（１人当たり）Number of tatami units of rented houses (per capita) #H0220302		No. 253 最低居住面積水準以上世帯割合 Ratio of households exceeding minimum housing area standard #H02602		No. 254 家計を主に支える者が雇用者である普通世帯比率（通勤時間90分以上）1) Ratio of ordinary households of which main earner is an employee commuting for 90 minutes and over a) #H03101	
単位	Unit		畳：number of tatami units		畳：number of tatami units		%		—	
年度	Fiscal year		2018		2018		2018		2018	
	都道府県 Prefecture		指標値 Indicator	順位 Rank	指標値 Indicator	順位 Rank	指標値 Indicator	順位 Rank	指標値 Indicator	順位 Rank
00	全国	All Japan	15.62		10.30		90.1		15.9	
01	北海道	Hokkaido	17.68	6	12.07	1	93.1	24	4.1	39
02	青森県	Aomori-ken	18.19	4	11.14	3	94.8	5	6.0	28
03	岩手県	Iwate-ken	17.58	7	10.83	12	94.4	7	9.5	20
04	宮城県	Miyagi-ken	15.75	30	10.11	38	90.1	41	8.7	23
05	秋田県	Akita-ken	19.06	1	11.08	4	96.5	1	5.5	31
06	山形県	Yamagata-ken	16.89	13	10.26	32	94.8	4	6.1	27
07	福島県	Fukushima-ken	16.47	22	10.38	26	92.6	30	8.9	22
08	茨城県	Ibaraki-ken	15.64	32	10.28	31	93.1	25	25.8	4
09	栃木県	Tochigi-ken	15.34	38	10.48	19	93.2	23	16.6	8
10	群馬県	Gumma-ken	15.79	29	10.40	25	94.2	9	13.3	15
11	埼玉県	Saitama-ken	14.20	44	10.08	39	90.9	37	38.0	1
12	千葉県	Chiba-ken	14.95	42	10.23	33	91.3	35	36.5	3
13	東京都	Tokyo-to	14.03	46	9.75	43	82.2	47	16.2	9
14	神奈川県	Kanagawa-ken	14.30	43	9.97	41	88.4	44	36.9	2
15	新潟県	Niigata-ken	17.24	9	10.52	18	94.8	3	4.1	38
16	富山県	Toyama-ken	18.56	2	10.91	10	95.5	2	3.6	44
17	石川県	Ishikawa-ken	18.25	3	10.94	8	93.6	16	4.6	34
18	福井県	Fukui-ken	16.62	16	10.79	13	94.2	8	3.9	40
19	山梨県	Yamanashi-ken	16.85	14	10.15	36	93.3	22	10.6	17
20	長野県	Nagano-ken	17.48	8	10.45	21	93.8	13	7.2	25
21	岐阜県	Gifu-ken	17.04	11	10.61	17	93.9	12	13.4	13
22	静岡県	Shizuoka-ken	15.48	35	10.34	28	92.5	31	11.2	16
23	愛知県	Aichi-ken	15.53	34	10.48	19	90.5	40	10.0	19
24	三重県	Mie-ken	16.69	15	10.98	6	93.3	20	14.3	12
25	滋賀県	Shiga-ken	16.46	23	10.75	15	93.4	18	19.7	7
26	京都府	Kyoto-fu	15.13	41	10.31	29	88.4	43	14.4	11
27	大阪府	Osaka-fu	14.18	45	10.20	34	86.7	45	13.4	14
28	兵庫県	Hyogo-ken	15.82	28	10.97	7	92.2	32	20.0	6
29	奈良県	Nara-ken	16.58	17	10.92	9	94.6	6	25.6	5
30	和歌山県	Wakayama-ken	15.89	27	10.72	16	93.6	17	15.8	10
31	鳥取県	Tottori-ken	16.48	21	10.31	29	93.0	27	2.8	47
32	島根県	Shimane-ken	16.51	20	10.13	37	94.1	10	3.0	45
33	岡山県	Okayama-ken	16.25	26	10.19	35	90.9	38	5.9	29
34	広島県	Hiroshima-ken	16.35	25	10.43	22	91.2	36	7.3	24
35	山口県	Yamaguchi-ken	17.03	12	10.43	22	92.8	29	5.4	32
36	徳島県	Tokushima-ken	17.14	10	11.05	5	93.0	28	4.2	37
37	香川県	Kagawa-ken	17.82	5	10.76	14	94.0	11	3.8	43
38	愛媛県	Ehime-ken	16.36	24	10.91	10	93.3	21	3.8	42
39	高知県	Kochi-ken	16.52	19	11.16	2	91.3	34	3.8	41
40	福岡県	Fukuoka-ken	15.46	36	10.35	27	89.9	42	8.9	21
41	佐賀県	Saga-ken	15.72	31	9.75	43	93.7	15	10.3	18
42	長崎県	Nagasaki-ken	15.23	40	10.00	40	92.0	33	6.6	26
43	熊本県	Kumamoto-ken	15.27	39	9.60	45	90.8	39	5.6	30
44	大分県	Oita-ken	16.53	18	10.42	24	93.3	19	4.6	35
45	宮崎県	Miyazaki-ken	15.62	33	9.88	42	93.8	14	4.5	36
46	鹿児島県	Kagoshima-ken	15.35	37	9.57	46	93.1	26	4.6	33
47	沖縄県	Okinawa-ken	13.42	47	8.78	47	82.6	46	2.9	46

1)（普通世帯千世帯当たり）
a) (per 1,000 households)

No. 255		*No. 256		No. 257		No. 258		No. 259		都道府県コード
民営賃貸住宅の家賃 （1か月3.3㎡当たり） Monthly rent, owned by private corporations (per 3.3㎡) #H04102		着工居住用建築物 工事費予定額 （床面積1㎡当たり） Planned cost of new dwelling constructions (per 1㎡) #H04301		発電電力量 Amount of electric energy output #H05106		電力需要量 Amount of electric energy demand #H05107		ガソリン販売量 Amount of sales of gasoline #H05105		
円：yen		千円：thousand yen		Mwh		Mwh		kl		
2020		2020		2019		2019		2019		Pref. code
指標値 Indicator	順位 Rank	指標値 Indicator	順位 Rank	指標値 Indicator	順位 Rank	指標値 Indicator	順位 Rank	指標値 Indicator	順位 Rank	
. . .		202.6		863,185,822		836,038,426		47,800,764		00
3,811	26	193.8	14	30,026,991	9	29,325,879	9	2,225,118	5	01
3,140	47	179.3	39	4,350,355	38	8,631,535	29	545,105	29	02
3,966	20	180.1	37	2,846,015	41	8,489,196	31	581,985	26	03
4,683	12	192.0	17	14,514,263	20	14,096,213	22	1,162,454	13	04
3,649	32	174.1	43	13,672,701	21	7,188,102	38	453,343	37	05
3,675	30	173.0	44	6,705,098	34	7,963,892	33	454,650	36	06
3,673	31	184.4	25	54,872,225	4	14,986,902	20	917,709	19	07
4,034	19	182.0	31	34,157,696	8	24,818,069	11	1,465,234	11	08
3,884	25	180.0	38	5,346,187	35	16,282,592	15	979,138	16	09
3,433	44	183.3	29	4,499,826	37	15,904,132	17	884,797	20	10
5,293	5	195.0	13	854,304	46	37,501,427	6	2,322,742	3	11
4,786	8	196.9	12	90,307,536	1	35,468,805	7	2,119,803	7	12
8,793	1	264.3	1	7,230,495	32	77,114,677	1	4,627,480	1	13
6,256	2	211.0	3	84,126,369	2	47,156,560	4	2,173,921	6	14
4,050	18	176.6	41	43,072,435	6	16,352,945	14	1,094,134	15	15
3,566	41	172.9	45	15,514,730	17	10,698,225	26	440,290	39	16
3,904	23	189.8	19	9,287,143	25	9,221,873	28	544,702	30	17
3,334	46	180.9	35	35,664,084	7	7,741,894	34	334,583	42	18
3,796	27	193.5	15	2,662,266	43	5,810,314	44	377,141	40	19
3,626	35	202.1	7	8,136,891	28	14,807,262	21	976,437	17	20
3,719	29	188.6	22	8,483,688	27	15,246,465	19	836,702	21	21
4,809	7	197.0	11	7,925,877	29	28,994,583	10	1,530,953	10	22
4,684	11	202.8	4	70,829,600	3	58,425,030	2	2,926,730	2	23
3,646	33	198.4	10	22,566,744	13	19,804,489	12	1,228,282	12	24
4,719	10	186.8	23	152,497	47	12,850,251	23	581,763	27	25
6,051	3	202.3	6	11,286,844	22	15,475,489	18	721,630	23	26
5,751	4	202.6	5	24,618,882	11	54,738,277	3	2,290,248	4	27
4,945	6	200.5	8	45,565,447	5	37,658,266	5	1,642,105	9	28
3,926	22	185.4	24	1,333,994	45	6,697,598	40	443,030	38	29
3,569	39	181.3	33	2,704,343	42	6,196,235	42	313,399	44	30
3,569	39	182.9	30	1,581,932	44	3,565,176	47	315,910	43	31
4,268	16	180.2	36	8,517,504	26	5,190,268	45	264,384	47	32
3,892	24	198.6	9	6,817,265	33	15,908,188	16	930,234	18	33
4,402	15	191.8	18	7,483,189	31	19,679,768	13	1,100,716	14	34
3,572	38	192.4	16	23,353,804	12	11,669,876	24	680,084	25	35
3,482	43	175.2	42	20,436,827	14	6,021,232	43	312,009	45	36
3,641	34	188.8	21	3,841,203	40	7,426,504	37	549,541	28	37
3,559	42	181.6	32	16,287,983	16	8,458,798	32	518,538	32	38
3,964	21	183.7	28	4,297,816	39	4,041,826	46	283,223	46	39
4,413	13	188.9	20	10,762,337	23	30,213,025	8	1,906,267	8	40
3,605	36	171.0	46	16,921,456	15	6,479,021	41	346,806	41	41
4,754	9	183.9	27	26,614,139	10	7,496,538	36	475,386	34	42
3,755	28	184.3	26	10,522,787	24	11,266,843	25	534,475	31	43
3,408	45	178.4	40	14,968,404	19	8,522,273	30	513,007	33	44
3,587	37	169.6	47	4,739,546	36	6,938,544	39	459,689	35	45
4,172	17	181.3	34	15,161,321	18	9,772,647	27	723,378	22	46
4,404	14	218.0	2	7,562,740	30	7,738,291	35	691,509	24	47

注）項目欄に「＊」の付されている項目は，都道府県庁所在市のデータである。
Note：Items with * refer to the cities with prefectural governments.

居 住 H （指標）

			No. 260 上水道給水人口比率 Ratio of population covered by water supply system #H0520101 % 2019		No. 261 下水道普及率 Diffusion rate of sewerage #H0530401 % 2018		No. 262 し尿処理人口比率 Ratio of population covered by waste processing service #H0540102 % 2019		No. 263 ごみのリサイクル率 Recycling rate of garbage #H055031 % 2019	
	都道府県	Prefecture	指標値 Indicator	順位 Rank	指標値 Indicator	順位 Rank	指標値 Indicator	順位 Rank	指標値 Indicator	順位 Rank
00	全国	All Japan	97.4		79.2		4.6		19.6	
01	北海道	Hokkaido	97.6	18	90.7	6	5.9	26	23.2	6
02	青森県	Aomori-ken	94.3	36	60.1	35	11.2	8	14.3	43
03	岩手県	Iwate-ken	93.2	37	60.1	34	23.5	1	17.6	25
04	宮城県	Miyagi-ken	98.8	10	81.3	13	9.7	10	14.8	39
05	秋田県	Akita-ken	89.0	46	65.0	29	19.1	3	15.2	37
06	山形県	Yamagata-ken	98.3	11	76.6	17	6.5	24	14.4	42
07	福島県	Fukushima-ken	92.2	41	53.0	40	8.2	16	12.7	46
08	茨城県	Ibaraki-ken	92.9	40	62.4	31	7.4	21	20.8	14
09	栃木県	Tochigi-ken	95.5	29	66.9	27	5.3	29	16.1	31
10	群馬県	Gumma-ken	99.2	8	54.3	39	4.7	31	14.7	40
11	埼玉県	Saitama-ken	99.1	9	81.2	14	1.0	45	23.7	5
12	千葉県	Chiba-ken	94.9	32	75.1	21	2.2	40	21.3	11
13	東京都	Tokyo-to	101.1	1	99.9	1	0.1	47	22.3	9
14	神奈川県	Kanagawa-ken	99.8	3	96.8	2	0.3	46	24.1	4
15	新潟県	Niigata-ken	98.2	13	75.1	20	4.9	30	22.1	10
16	富山県	Toyama-ken	91.7	44	85.0	8	3.0	38	23.0	8
17	石川県	Ishikawa-ken	98.0	16	83.7	9	2.5	39	14.9	38
18	福井県	Fukui-ken	96.1	26	80.0	15	4.2	34	14.3	43
19	山梨県	Yamanashi-ken	98.1	14	67.2	26	3.9	35	16.7	27
20	長野県	Nagano-ken	96.6	23	83.6	10	6.2	25	20.5	17
21	岐阜県	Gifu-ken	93.0	38	76.1	18	4.4	33	17.2	26
22	静岡県	Shizuoka-ken	96.8	22	63.5	30	2.0	41	18.2	22
23	愛知県	Aichi-ken	99.4	6	78.7	16	1.5	43	21.3	11
24	三重県	Mie-ken	99.3	7	54.9	37	5.6	27	23.1	7
25	滋賀県	Shiga-ken	99.5	5	90.3	7	3.1	37	17.8	24
26	京都府	Kyoto-fu	101.0	2	94.4	4	3.2	36	15.7	34
27	大阪府	Osaka-fu	99.6	4	95.8	3	1.4	44	13.1	45
28	兵庫県	Hyogo-ken	98.0	15	93.0	5	1.5	42	15.7	34
29	奈良県	Nara-ken	97.6	20	82.2	11	4.4	32	16.2	30
30	和歌山県	Wakayama-ken	96.1	27	27.8	46	17.4	5	12.2	47
31	鳥取県	Tottori-ken	97.6	19	71.2	23	6.5	23	29.2	2
32	島根県	Shimane-ken	95.8	28	48.8	42	16.4	6	20.8	14
33	岡山県	Okayama-ken	98.2	12	67.9	25	10.1	9	29.0	3
34	広島県	Hiroshima-ken	94.5	34	75.2	19	8.5	15	18.7	21
35	山口県	Yamaguchi-ken	92.0	43	65.9	28	7.6	19	32.7	1
36	徳島県	Tokushima-ken	94.5	33	18.4	47	7.0	22	16.0	32
37	香川県	Kagawa-ken	96.2	24	45.1	43	7.5	20	18.2	22
38	愛媛県	Ehime-ken	92.9	39	54.4	38	8.9	13	16.5	29
39	高知県	Kochi-ken	92.1	42	40.4	45	15.7	7	20.3	18
40	福岡県	Fukuoka-ken	94.3	35	82.0	12	8.0	17	21.0	13
41	佐賀県	Saga-ken	94.9	31	61.0	33	18.1	4	19.7	19
42	長崎県	Nagasaki-ken	96.1	25	62.1	32	20.5	2	15.8	33
43	熊本県	Kumamoto-ken	86.9	47	69.1	24	8.9	14	20.7	16
44	大分県	Oita-ken	90.3	45	50.8	41	9.3	11	19.1	20
45	宮崎県	Miyazaki-ken	95.2	30	59.4	36	8.0	18	16.6	28
46	鹿児島県	Kagoshima-ken	97.0	21	41.8	44	9.2	12	15.6	36
47	沖縄県	Okinawa-ken	97.9	17	74.0	22	5.5	28	14.5	41

No. 264 ごみ埋立率 Ratio of garbage reclamation #H055041 % 2019		No. 265 最終処分場残余容量 Last disposal place residual capacity #H05505 千m³:1000 m³ 2019		No. 266 小売店数 (人口千人当たり) Number of retail stores (per 1,000 persons) #H06127 店:number of stores 2016		No. 267 大型小売店数 (人口10万人当たり) Number of large-scale retail stores (per 100,000 persons) #H06131 店:number of stores 2016		No. 268 百貨店, 総合スーパー数 (人口10万人当たり) Number of department stores and general merchandise stores (per 100,000 persons) #H06132 店:number of stores 2016		都道府県コード
指標値 Indicator	順位 Rank	指標値 Indicator	順位 Rank	指標値 Indicator	順位 Rank	指標値 Indicator	順位 Rank	指標値 Indicator	順位 Rank	Pref. code
8.9		100,550		7.74		13.89		1.25		00
16.8	1	7,305	3	7.59	38	15.38	4	1.46	15	01
10.8	14	1,681	13	9.34	18	14.31	13	1.47	14	02
9.8	21	703	32	9.33	19	14.12	17	0.95	43	03
11.9	6	4,845	5	7.85	36	13.95	20	1.67	6	04
9.0	24	1,145	21	10.12	5	14.26	14	1.68	5	05
9.9	20	585	36	10.14	4	9.43	45	1.62	8	06
12.5	5	733	30	8.91	24	11.94	38	1.47	13	07
7.8	30	246	44	7.71	37	14.39	11	1.10	36	08
9.6	22	278	43	8.41	30	13.89	21	1.22	29	09
10.0	18	1,140	22	8.37	32	13.42	28	0.86	45	10
3.9	46	1,816	12	5.77	45	13.20	30	1.17	32	11
6.7	38	1,307	17	5.77	46	13.61	25	1.33	22	12
6.8	37	22,476	1	7.01	43	15.33	5	0.98	40	13
8.3	28	5,879	4	5.52	47	13.06	32	0.96	41	14
7.8	31	1,024	24	9.46	16	14.17	16	1.27	25	15
8.5	26	499	38	9.91	9	13.10	31	1.32	23	16
11.4	12	1,277	18	9.55	13	12.68	34	1.82	2	17
10.6	15	351	40	10.09	6	12.92	33	1.66	7	18
7.0	35	286	42	9.17	22	15.30	6	1.20	31	19
7.1	34	993	27	8.95	23	14.03	19	1.29	24	20
7.5	33	1,669	14	8.88	25	11.47	39	1.14	34	21
4.9	41	1,069	23	8.61	28	13.88	22	0.92	44	22
7.6	32	2,925	8	6.87	44	14.48	10	1.39	17	23
3.5	47	1,022	25	8.44	29	13.88	23	1.38	18	24
10.0	17	767	29	7.37	40	14.79	8	1.77	3	25
13.5	2	3,718	7	8.37	31	16.31	2	1.34	21	26
11.8	8	1,977	10	7.12	42	15.74	3	1.26	26	27
11.1	13	11,475	2	7.43	39	14.31	12	1.43	16	28
11.8	7	711	31	7.20	41	13.20	29	1.47	12	29
12.6	4	310	41	10.55	3	13.52	27	1.36	20	30
6.0	40	170	46	9.34	17	11.40	40	1.58	9	31
8.8	25	680	34	10.69	2	10.29	43	1.16	33	32
4.4	44	1,012	26	8.37	33	14.20	15	1.51	11	33
13.0	3	1,470	15	8.30	34	14.95	7	1.69	4	34
4.8	42	1,250	19	9.52	14	12.34	35	1.58	10	35
11.6	10	74	47	9.88	10	10.27	44	0.67	47	36
9.9	19	457	39	9.21	21	14.71	9	1.13	35	37
9.0	23	1,213	20	9.26	20	14.11	18	1.24	27	38
4.5	43	568	37	10.88	1	13.87	24	0.83	46	39
10.3	16	4,744	6	8.15	35	12.11	37	1.23	28	40
4.0	45	211	45	9.65	11	9.42	46	1.21	30	41
8.1	29	1,969	11	10.07	7	11.27	41	0.95	42	42
8.3	27	1,394	16	8.65	27	8.79	47	1.01	38	43
7.0	36	894	28	9.47	15	10.95	42	1.38	19	44
11.7	9	683	33	9.65	12	12.32	36	1.00	39	45
11.5	11	2,869	9	10.04	8	13.56	26	1.10	37	46
6.6	39	679	35	8.80	26	17.51	1	2.02	1	47

居 住 H （指標）

			No. 269 セルフサービス事業所数 (人口10万人当たり) Number of self-service stores (per 100,000 persons) #H06113		No. 270 コンビニエンスストア数 (人口10万人当たり) Number of convenience stores (per 100,000 persons) #H0611302		No. 271 飲食店数 (人口千人当たり) Number of eating and drinking places (per 1,000 persons) #H06130		No. 272 理容・美容所数 (人口10万人当たり) Number of barbers and beauty shops (per 100,000 persons) #H06117	
単位	Unit		所：number of stores		所：number of stores		店：number of places		所：number of shops	
年度	Fiscal year		2014		2014		2016		2019	
都道府県	Prefecture		指標値 Indicator	順位 Rank	指標値 Indicator	順位 Rank	指標値 Indicator	順位 Rank	指標値 Indicator	順位 Rank
00	全国	All Japan	100.8		27.6		4.63		294.6	
01	北海道	Hokkaido	114.5	19	40.6	1	4.97	13	323.8	34
02	青森県	Aomori-ken	107.5	27	30.5	9	5.22	8	406.7	9
03	岩手県	Iwate-ken	121.2	5	30.9	5	4.47	32	443.4	4
04	宮城県	Miyagi-ken	104.2	32	33.3	3	4.10	39	305.4	36
05	秋田県	Akita-ken	116.0	14	29.8	14	4.66	25	555.3	1
06	山形県	Yamagata-ken	118.9	9	30.3	10	4.94	16	510.7	2
07	福島県	Fukushima-ken	106.3	29	24.8	38	4.22	37	374.3	18
08	茨城県	Ibaraki-ken	105.1	30	30.7	6	3.83	40	344.1	25
09	栃木県	Tochigi-ken	113.0	22	30.7	7	4.47	31	336.8	28
10	群馬県	Gumma-ken	117.4	10	30.6	8	4.36	33	377.5	16
11	埼玉県	Saitama-ken	88.7	44	23.0	41	3.34	46	224.0	46
12	千葉県	Chiba-ken	93.1	41	27.3	22	3.41	44	227.0	45
13	東京都	Tokyo-to	96.5	38	32.2	4	5.80	3	230.0	44
14	神奈川県	Kanagawa-ken	83.2	45	26.1	32	3.60	43	180.4	47
15	新潟県	Niigata-ken	116.6	11	29.3	17	4.60	29	389.8	14
16	富山県	Toyama-ken	122.8	3	29.3	16	4.36	35	343.3	26
17	石川県	Ishikawa-ken	120.7	7	28.9	18	5.33	7	351.2	23
18	福井県	Fukui-ken	115.4	16	30.1	11	5.19	9	358.6	21
19	山梨県	Yamanashi-ken	130.8	1	33.3	2	5.42	5	424.4	6
20	長野県	Nagano-ken	115.8	15	27.8	19	5.10	11	325.7	33
21	岐阜県	Gifu-ken	114.6	18	26.8	28	5.17	10	336.4	29
22	静岡県	Shizuoka-ken	107.5	26	29.9	13	4.88	18	335.9	30
23	愛知県	Aichi-ken	95.6	39	29.5	15	4.78	20	239.1	43
24	三重県	Mie-ken	99.0	35	25.1	33	4.17	38	335.5	31
25	滋賀県	Shiga-ken	93.8	40	23.1	40	3.37	45	275.7	39
26	京都府	Kyoto-fu	92.3	43	24.9	35	4.96	15	292.8	37
27	大阪府	Osaka-fu	82.1	46	21.2	45	5.38	6	267.9	40
28	兵庫県	Hyogo-ken	93.1	42	21.4	44	4.99	12	251.8	42
29	奈良県	Nara-ken	79.7	47	17.1	47	3.23	47	262.8	41
30	和歌山県	Wakayama-ken	97.6	37	21.8	42	4.96	14	400.9	11
31	鳥取県	Tottori-ken	114.9	17	26.7	29	4.57	30	409.7	8
32	島根県	Shimane-ken	128.9	2	27.0	24	4.36	34	401.0	10
33	岡山県	Okayama-ken	102.8	33	25.0	34	3.74	42	329.4	32
34	広島県	Hiroshima-ken	108.8	24	26.5	31	4.69	24	305.7	35
35	山口県	Yamaguchi-ken	114.4	20	27.6	21	4.33	36	351.8	22
36	徳島県	Tokushima-ken	106.9	28	21.5	43	4.90	17	467.9	3
37	香川県	Kagawa-ken	98.0	36	21.0	46	4.74	22	375.3	17
38	愛媛県	Ehime-ken	120.9	6	24.6	39	4.62	27	419.0	7
39	高知県	Kochi-ken	120.4	8	24.9	37	6.13	2	430.5	5
40	福岡県	Fukuoka-ken	101.5	34	27.1	23	4.65	26	282.2	38
41	佐賀県	Saga-ken	113.6	21	30.0	12	4.78	19	336.9	27
42	長崎県	Nagasaki-ken	116.2	12	24.9	36	4.61	28	360.6	20
43	熊本県	Kumamoto-ken	111.6	23	27.6	20	3.81	41	360.6	19
44	大分県	Oita-ken	116.1	13	26.9	27	4.74	21	397.3	12
45	宮崎県	Miyazaki-ken	122.0	4	26.5	30	5.73	4	393.6	13
46	鹿児島県	Kagoshima-ken	108.7	25	26.9	26	4.70	23	382.0	15
47	沖縄県	Okinawa-ken	104.6	31	27.0	25	6.87	1	346.5	24

No. 273 クリーニング所数 (人口10万人当たり) Number of laundries (per 100,000 persons) #H06119 所：number of laundries 2019 指標値 Indicator	順位 Rank	No. 274 公衆浴場数 (人口10万人当たり) Number of public bathhouses (per 100,000 persons) #H06121 所：number of public bathhouses 2019 指標値 Indicator	順位 Rank	No. 275 郵便局数 (可住地面積100k㎡当たり) Number of post offices (per inhabitable area 100k㎡) #H06302 局：number of post offices 2020 指標値 Indicator	順位 Rank	No. 276 住宅用電話加入数 (人口千人当たり) Number of telephones for residence (per 1,000 persons) #H06306 加入：subscribers 2019 指標値 Indicator	順位 Rank	No. 277 携帯電話契約数 (人口千人当たり) Number of portable telephone contracts (per 1,000 persons) #H06310 契約：contracts 2019 指標値 Indicator	順位 Rank	都道府県コード Pref. code
68.2		2.7		19.77		93.5		1,478.3		00
61.0	41	4.9	8	6.60	47	129.0	10	1,108.5	8	01
61.6	39	23.0	1	11.10	46	150.4	2	944.6	45	02
116.7	1	1.5	24	11.52	45	142.1	8	937.4	46	03
56.0	44	0.3	42	14.25	39	96.7	29	1,212.2	6	04
73.4	21	1.3	27	12.40	43	145.9	6	931.1	47	05
66.1	30	0.1	46	13.85	40	108.4	19	950.0	44	06
64.3	34	0.5	39	12.86	42	122.8	12	995.7	31	07
66.6	29	0.1	47	13.24	41	101.8	25	998.7	30	08
58.3	43	0.4	41	11.81	44	100.1	26	1,005.2	24	09
106.5	3	0.9	34	14.94	37	105.5	23	1,020.5	21	10
55.2	45	0.6	38	24.89	16	80.4	39	1,045.8	14	11
47.0	47	0.7	37	20.49	29	81.1	38	1,045.6	15	12
68.7	26	3.7	9	105.57	1	77.6	40	4,312.5	1	13
47.5	46	1.5	25	52.04	3	77.0	41	1,103.5	9	14
67.8	27	1.2	30	14.83	38	107.9	22	959.6	43	15
75.3	19	7.9	4	15.69	35	90.5	34	1,037.0	16	16
78.4	16	6.2	6	23.16	20	97.7	28	1,036.7	17	17
115.8	2	2.3	17	22.28	23	73.8	44	1,002.9	26	18
99.1	5	2.8	14	27.80	12	118.0	15	1,024.3	19	19
64.3	33	1.6	23	19.82	32	109.6	18	1,224.6	5	20
93.7	7	1.1	33	20.27	30	90.8	32	1,001.7	27	21
77.5	17	0.5	40	21.12	27	90.6	33	1,046.8	13	22
61.9	37	1.1	32	30.54	7	68.6	45	1,307.2	4	23
69.5	25	1.8	20	21.99	25	93.9	31	1,000.3	28	24
80.4	13	1.1	31	20.08	31	63.5	47	965.5	40	25
69.6	24	6.3	5	40.43	4	90.1	35	1,084.7	10	26
70.9	23	5.5	7	83.51	2	76.6	42	1,315.2	3	27
61.9	36	2.9	13	34.70	6	67.1	46	1,012.1	23	28
84.2	10	1.7	22	37.83	5	86.4	37	993.6	33	29
61.7	38	3.1	12	28.22	11	114.6	16	994.7	32	30
64.0	35	2.7	15	26.98	14	101.9	24	959.7	42	31
61.0	42	0.3	43	29.43	9	146.7	3	975.2	37	32
61.1	40	0.8	35	23.65	19	108.4	20	1,020.8	20	33
74.1	20	1.8	19	30.32	8	113.6	17	1,203.0	7	34
101.9	4	1.8	21	23.96	17	153.7	1	1,018.5	22	35
97.9	6	3.3	11	23.03	21	108.3	21	985.6	34	36
83.3	11	1.9	18	21.49	26	99.9	27	1,067.4	12	37
76.0	18	2.5	16	23.89	18	128.0	11	1,027.9	18	38
66.8	28	1.3	28	27.47	13	146.2	5	982.2	35	39
79.5	15	0.7	36	29.31	10	87.4	36	2,021.3	2	40
71.7	22	0.1	45	15.51	36	95.3	30	965.7	39	41
83.0	12	1.2	29	26.74	15	142.3	7	980.7	36	42
90.3	9	3.3	10	20.64	28	118.4	14	1,004.3	25	43
90.9	8	13.4	3	22.39	22	131.0	9	1,000.3	29	44
65.9	32	1.4	26	16.36	34	119.9	13	971.5	38	45
66.0	31	16.9	2	22.02	24	146.5	4	964.4	41	46
80.2	14	0.2	44	17.66	33	74.5	43	1,075.2	11	47

居住 H （指標）

70

			No. 278		No. 279		No. 280		No. 281	
			道路実延長 （総面積1k㎡当たり） Total real length of roads (per 1k㎡) #H06401		主要道路実延長 （総面積1k㎡当たり） Total real length of main roads (per 1k㎡) #H06402		主要道路舗装率 （対主要道路実延長） Ratio of main roads paved #H06406		市町村道舗装率 （対市町村道実延長） Ratio of municipal roads paved #H06408	
単位	Unit		km		km		%		%	
年度	Fiscal year		2019		2019		2019		2019	
都道府県	Prefecture		指標値 Indicator	順位 Rank	指標値 Indicator	順位 Rank	指標値 Indicator	順位 Rank	指標値 Indicator	順位 Rank
00	全国	All Japan	3.26		0.50		97.7		79.6	
01	北海道	Hokkaido	1.14	47	0.24	47	96.1	40	59.9	46
02	青森県	Aomori-ken	2.07	43	0.41	43	94.0	45	65.7	43
03	岩手県	Iwate-ken	2.17	42	0.31	46	91.6	47	58.8	47
04	宮城県	Miyagi-ken	3.48	22	0.49	36	99.2	14	76.1	38
05	秋田県	Akita-ken	2.04	44	0.32	45	97.6	28	65.3	44
06	山形県	Yamagata-ken	1.79	46	0.39	44	93.4	46	80.7	32
07	福島県	Fukushima-ken	2.83	35	0.45	39	97.1	32	69.3	42
08	茨城県	Ibaraki-ken	9.08	6	0.75	10	99.0	17	65.0	45
09	栃木県	Tochigi-ken	3.96	17	0.59	26	97.1	33	86.3	19
10	群馬県	Gumma-ken	5.48	9	0.54	32	97.4	31	70.1	41
11	埼玉県	Saitama-ken	12.41	1	0.90	7	99.2	13	70.9	40
12	千葉県	Chiba-ken	7.92	7	0.76	9	99.9	5	83.8	29
13	東京都	Tokyo-to	11.07	2	1.23	2	98.3	22	88.6	17
14	神奈川県	Kanagawa-ken	10.63	3	0.91	6	96.8	37	91.6	8
15	新潟県	Niigata-ken	2.96	31	0.53	33	97.5	30	76.6	37
16	富山県	Toyama-ken	3.27	26	0.63	20	95.1	44	90.8	10
17	石川県	Ishikawa-ken	3.13	28	0.60	24	99.0	18	90.5	12
18	福井県	Fukui-ken	2.60	38	0.57	31	96.0	42	92.1	7
19	山梨県	Yamanashi-ken	2.49	41	0.46	37	96.8	36	84.4	26
20	長野県	Nagano-ken	3.52	20	0.41	42	98.1	26	71.8	39
21	岐阜県	Gifu-ken	2.88	34	0.44	40	97.1	34	84.4	27
22	静岡県	Shizuoka-ken	4.73	11	0.58	28	98.3	23	84.2	28
23	愛知県	Aichi-ken	9.72	5	1.07	3	99.4	11	90.5	11
24	三重県	Mie-ken	4.37	14	0.67	15	96.6	38	81.7	30
25	滋賀県	Shiga-ken	3.09	29	0.63	21	98.2	25	93.1	4
26	京都府	Kyoto-fu	3.39	25	0.68	14	98.3	24	80.4	33
27	大阪府	Osaka-fu	10.28	4	1.28	1	99.6	7	95.8	2
28	兵庫県	Hyogo-ken	4.34	16	0.70	11	95.9	43	84.7	24
29	奈良県	Nara-ken	3.46	23	0.58	27	97.6	29	80.0	35
30	和歌山県	Wakayama-ken	2.91	32	0.62	22	96.4	39	84.7	23
31	鳥取県	Tottori-ken	2.53	40	0.64	19	99.3	12	89.9	15
32	島根県	Shimane-ken	2.71	36	0.52	35	99.1	16	79.3	36
33	岡山県	Okayama-ken	4.51	12	0.64	17	98.7	20	81.1	31
34	広島県	Hiroshima-ken	3.40	24	0.61	23	99.4	9	89.6	16
35	山口県	Yamaguchi-ken	2.69	37	0.64	18	98.9	19	92.5	5
36	徳島県	Tokushima-ken	3.66	18	0.60	25	97.9	27	80.4	34
37	香川県	Kagawa-ken	5.44	10	1.03	4	99.9	4	95.2	3
38	愛媛県	Ehime-ken	3.21	27	0.70	12	96.1	41	85.4	21
39	高知県	Kochi-ken	1.99	45	0.45	38	99.4	10	84.5	25
40	福岡県	Fukuoka-ken	7.56	8	0.95	5	98.6	21	86.7	18
41	佐賀県	Saga-ken	4.49	13	0.78	8	100.0	1	96.3	1
42	長崎県	Nagasaki-ken	4.37	15	0.64	16	96.9	35	92.2	6
43	熊本県	Kumamoto-ken	3.51	21	0.57	29	99.6	6	90.0	14
44	大分県	Oita-ken	2.90	33	0.57	30	99.2	15	91.4	9
45	宮崎県	Miyazaki-ken	2.59	39	0.41	41	100.0	3	86.2	20
46	鹿児島県	Kagoshima-ken	2.97	30	0.53	34	100.0	1	90.2	13
47	沖縄県	Okinawa-ken	3.57	19	0.69	13	99.5	8	85.1	22

No. 282 市街化調整区域面積比率（対都市計画区域指定面積） Ratio of urbanization control area #H07201 % 2019		No. 283 住居専用地域面積比率（対用途地域面積） Ratio of exclusive residential area #H0720201 % 2019		No. 284 工業専用地域面積比率（対用途地域面積） Ratio of exclusive industrial area #H0720206 % 2019		No. 285 都市公園面積（人口1人当たり） Area of public parks (per capita) #H08101 ㎡ 2019		No. 286 都市公園数（可住地面積100k㎡当たり） Number of public parks (per inhabitable area 100k㎡) #H08301 所：parks 2019		都道府県コード
指標値 Indicator	順位 Rank	指標値 Indicator	順位 Rank	指標値 Indicator	順位 Rank	指標値 Indicator	順位 Rank	指標値 Indicator	順位 Rank	Pref. code
36.8		38.1		8.0		10.05		90.65		00
48.5	10	40.2	15	13.5	3	26.53	1	34.22	38	01
32.9	24	35.6	22	14.9	2	16.42	7	27.09	43	02
20.3	36	33.8	26	8.6	18	12.35	21	35.06	36	03
39.8	16	35.6	21	8.2	20	17.63	3	98.92	14	04
20.9	34	32.3	28	5.5	31	17.12	5	18.44	47	05
43.6	14	28.9	35	9.1	15	17.43	4	29.71	41	06
29.5	28	28.5	36	10.2	12	13.10	19	28.53	42	07
58.6	6	40.9	12	17.6	1	9.69	33	53.58	31	08
37.3	19	24.3	46	12.4	4	14.38	13	75.10	20	09
33.5	21	34.5	24	10.2	11	13.45	17	64.71	25	10
59.5	4	41.4	11	4.8	35	7.01	43	207.22	8	11
36.3	20	46.3	7	10.1	13	6.85	44	207.33	7	12
20.8	35	57.7	1	1.2	46	4.28	47	583.31	1	13
39.3	17	49.7	4	6.9	26	5.56	46	518.61	2	14
29.8	27	27.3	42	5.6	29	13.92	14	54.04	29	15
19.8	38	31.9	30	6.3	27	15.60	10	113.14	13	16
32.2	26	25.4	45	5.0	34	13.65	15	81.40	17	17
14.7	42	27.6	39	8.4	19	15.61	9	86.98	16	18
8.0	46	35.4	23	3.9	38	9.80	32	21.79	45	19
14.8	41	40.5	13	2.3	45	13.44	18	30.29	40	20
16.6	39	28.2	37	3.4	39	10.22	31	66.12	24	21
56.0	7	36.0	20	8.1	22	8.57	37	94.09	15	22
68.1	3	27.7	38	10.2	10	7.77	40	161.56	10	23
33.3	22	29.6	33	11.3	7	9.59	34	136.02	12	24
58.7	5	30.7	32	9.4	14	9.04	36	47.12	33	25
55.4	8	39.4	16	3.2	40	7.58	41	204.55	9	26
49.5	9	38.5	18	5.4	32	5.58	45	498.15	3	27
37.8	18	47.8	6	8.7	16	13.01	20	219.05	6	28
81.6	1	41.6	10	0.9	47	13.58	16	279.59	4	29
14.7	43	34.2	25	8.2	21	7.98	39	53.81	30	30
32.7	25	30.9	31	8.0	24	11.69	23	34.75	37	31
16.2	40	25.7	44	3.2	41	15.95	8	31.57	39	32
45.1	12	27.4	40	11.4	6	15.14	11	75.22	19	33
48.3	11	27.4	41	6.0	28	10.57	28	138.59	11	34
19.9	37	39.1	17	10.9	8	14.88	12	72.47	21	35
70.5	2	26.1	43	10.7	9	7.41	42	26.13	44	36
0.0	47	29.3	34	8.0	23	16.83	6	50.12	32	37
23.2	32	21.7	47	12.1	5	11.59	24	36.76	35	38
26.6	31	43.6	8	3.1	42	10.71	26	75.85	18	39
32.9	23	36.8	19	8.7	17	9.26	35	224.26	5	40
22.8	33	32.4	27	4.1	37	10.40	30	19.47	46	41
44.9	13	40.4	14	5.5	30	10.85	25	72.00	22	42
27.2	30	49.8	3	5.3	33	8.39	38	64.12	27	43
28.8	29	42.8	9	6.9	25	10.66	27	64.15	26	44
40.4	15	32.1	29	4.6	36	17.64	2	54.76	28	45
10.0	45	49.2	5	2.7	44	11.96	22	40.63	34	46
10.9	44	57.5	2	3.0	43	10.44	29	69.20	23	47

居　住　H　（指標）

I. 健康・医療　　I Health and Medical Care

			No. 287 有訴者率（人口千人当たり）Ratio of persons who have subjective symptoms (per 1,000 persons) #I04105		No. 288 通院者率（人口千人当たり）Ratio of outpatients (per 1,000 persons) #I04104		No. 289 一般病院年間新入院患者数（人口10万人当たり）Annual number of new inpatients in general hospitals (per 100,000 persons) #I04102		No. 290 一般病院の1日平均外来患者数（人口10万人当たり）Average number of outpatients per day in general hospitals (per 100,000 persons) #I0420102	
単位	Unit		—		—		人：persons		人：persons	
年度	Fiscal year		2019		2019		2019		2019	
都道府県	Prefecture		指標値 Indicator	順位 Rank	指標値 Indicator	順位 Rank	指標値 Indicator	順位 Rank	指標値 Indicator	順位 Rank
00	全国	All Japan	302.5		404.0		12,852.1		1,003.8	
01	北海道	Hokkaido	303.1	19	445.9	4	16,569.6	3	1,332.4	4
02	青森県	Aomori-ken	270.5	47	434.9	6	12,328.0	34	1,029.3	25
03	岩手県	Iwate-ken	296.8	28	461.7	1	12,122.3	36	913.8	39
04	宮城県	Miyagi-ken	304.4	16	420.6	11	12,499.7	31	870.5	43
05	秋田県	Akita-ken	290.1	37	449.1	2	14,071.8	24	1,213.5	11
06	山形県	Yamagata-ken	295.2	31	445.2	5	13,927.1	25	1,000.6	30
07	福島県	Fukushima-ken	282.2	43	409.8	23	12,340.4	33	990.4	31
08	茨城県	Ibaraki-ken	273.7	44	397.8	31	11,181.6	42	979.0	33
09	栃木県	Tochigi-ken	282.8	42	411.9	22	11,118.5	43	973.6	34
10	群馬県	Gumma-ken	291.4	36	381.5	43	13,030.4	30	963.9	36
11	埼玉県	Saitama-ken	301.4	22	392.0	35	9,158.5	47	827.0	45
12	千葉県	Chiba-ken	296.5	30	399.1	30	10,740.7	46	925.3	38
13	東京都	Tokyo-to	311.9	7	400.6	28	12,285.1	35	980.9	32
14	神奈川県	Kanagawa-ken	306.5	14	396.1	32	10,760.6	45	788.1	47
15	新潟県	Niigata-ken	285.7	40	414.7	19	11,862.9	38	1,035.4	24
16	富山県	Toyama-ken	299.0	25	399.5	29	14,784.4	15	1,234.6	9
17	石川県	Ishikawa-ken	283.6	41	372.4	46	14,792.0	14	1,252.0	8
18	福井県	Fukui-ken	299.0	25	385.3	40	14,623.4	17	1,331.1	5
19	山梨県	Yamanashi-ken	273.3	45	393.5	33	12,444.6	32	1,079.5	21
20	長野県	Nagano-ken	303.5	17	416.8	15	14,197.6	20	1,200.0	12
21	岐阜県	Gifu-ken	312.4	6	407.6	24	11,333.8	40	957.6	37
22	静岡県	Shizuoka-ken	299.9	23	414.9	17	10,974.7	44	800.3	46
23	愛知県	Aichi-ken	302.8	20	377.2	44	11,244.8	41	844.0	44
24	三重県	Mie-ken	294.1	33	387.0	39	11,497.4	39	875.0	42
25	滋賀県	Shiga-ken	309.0	13	372.6	45	11,940.5	37	910.4	41
26	京都府	Kyoto-fu	331.9	1	418.8	13	14,075.3	23	1,151.5	15
27	大阪府	Osaka-fu	314.7	5	402.9	26	14,465.9	19	1,014.8	28
28	兵庫県	Hyogo-ken	310.7	12	416.1	16	13,373.9	29	971.3	35
29	奈良県	Nara-ken	316.6	4	424.9	10	14,132.1	21	1,136.1	18
30	和歌山県	Wakayama-ken	303.5	17	414.8	18	14,509.1	18	1,185.8	13
31	鳥取県	Tottori-ken	311.8	9	413.0	20	15,956.1	5	1,116.3	19
32	島根県	Shimane-ken	325.5	2	446.1	3	15,768.4	6	1,011.3	29
33	岡山県	Okayama-ken	287.6	38	384.7	41	15,173.8	10	1,295.9	7
34	広島県	Hiroshima-ken	310.8	11	392.0	35	13,558.3	28	1,015.3	27
35	山口県	Yamaguchi-ken	317.5	3	432.7	8	14,799.4	13	1,039.0	23
36	徳島県	Tokushima-ken	311.4	10	391.7	37	15,426.8	8	1,400.3	2
37	香川県	Kagawa-ken	298.7	27	405.0	25	15,658.6	7	1,380.6	3
38	愛媛県	Ehime-ken	304.9	15	419.9	12	14,833.2	12	1,296.6	6
39	高知県	Kochi-ken	299.6	24	427.2	9	16,957.6	1	1,679.4	1
40	福岡県	Fukuoka-ken	302.2	21	393.2	34	14,967.8	11	1,028.8	26
41	佐賀県	Saga-ken	291.8	35	400.9	27	13,591.9	27	1,143.8	16
42	長崎県	Nagasaki-ken	296.7	29	433.9	7	16,238.8	4	1,141.0	17
43	熊本県	Kumamoto-ken	311.9	7	418.0	14	14,768.2	16	1,069.4	22
44	大分県	Oita-ken	294.0	34	383.9	42	16,717.4	2	1,217.4	10
45	宮崎県	Miyazaki-ken	285.8	39	388.5	38	13,876.2	26	1,088.9	20
46	鹿児島県	Kagoshima-ken	294.8	32	412.5	21	15,212.4	9	1,177.6	14
47	沖縄県	Okinawa-ken	271.4	46	339.3	47	14,127.9	22	912.7	40

No. 291 一般病院の1日平均 在院患者数 (人口10万人当たり) Average number of inpatients per day in general hospitals (per 100,000 persons) #I0420202 人：persons 2019		No. 292 標準化死亡率 (基準人口＝昭和5年) (人口千人当たり) Standardized mortality rate (Base period population = 1930) (per 1,000 persons) #I05101 — 2015		No. 293 平均余命 (0歳・男) Life expectancy (0 years old, Male) #I0520101 年：years 2015		No. 294 平均余命 (0歳・女) Life expectancy (0 years old, Female) #I0520102 年：years 2015		No. 295 平均余命 (65歳・男) Life expectancy (65 years old, Male) #I0520501 年：years 2015		都道府県コード
指標値 Indicator	順位 Rank	指標値 Indicator	順位 Rank	指標値 Indicator	順位 Rank	指標値 Indicator	順位 Rank	指標値 Indicator	順位 Rank	Pref. code
809.2		1.67		80.75		86.99		19.41		00
1,180.1	6	1.78	7	80.28	34	86.77	37	19.25	36	01
843.0	27	2.01	1	78.67	47	85.93	47	18.17	47	02
775.1	34	1.85	2	79.86	45	86.44	42	19.12	42	03
659.2	42	1.61	37	80.99	15	87.16	20	19.81	5	04
908.5	24	1.85	2	79.51	46	86.38	44	18.91	46	05
814.3	31	1.70	18	80.52	29	86.96	29	19.42	26	06
738.3	35	1.82	4	80.12	41	86.40	43	19.20	38	07
701.4	38	1.81	5	80.28	34	86.33	45	19.25	36	08
727.0	36	1.77	9	80.10	42	86.24	46	19.06	43	09
837.0	28	1.69	20	80.61	27	86.84	33	19.31	32	10
563.5	46	1.68	21	80.82	22	86.66	39	19.41	27	11
626.5	43	1.68	21	80.96	16	86.91	30	19.69	12	12
660.2	41	1.62	35	81.07	11	87.26	15	19.53	18	13
544.5	47	1.60	39	81.32	5	87.24	17	19.77	8	14
818.1	30	1.64	30	80.69	24	87.32	11	19.44	25	15
1,016.8	14	1.67	23	80.61	27	87.42	8	19.35	29	16
1,022.1	13	1.62	35	81.04	12	87.28	13	19.53	18	17
925.5	19	1.54	45	81.27	6	87.54	5	19.79	7	18
804.7	32	1.65	28	80.85	20	87.22	18	19.65	14	19
820.3	29	1.48	47	81.75	2	87.67	1	20.27	1	20
608.6	44	1.64	30	81.00	14	86.82	34	19.49	22	21
676.6	40	1.64	30	80.95	17	87.10	24	19.61	15	22
607.2	45	1.63	34	81.10	8	86.86	32	19.47	24	23
718.2	37	1.67	23	80.86	19	86.99	27	19.49	22	24
700.7	39	1.51	46	81.78	1	87.57	4	19.92	2	25
960.5	18	1.58	43	81.40	3	87.35	9	19.77	8	26
865.5	26	1.76	11	80.23	38	86.73	38	19.02	44	27
796.6	33	1.65	28	80.92	18	87.07	25	19.52	21	28
889.1	25	1.55	44	81.36	4	87.25	16	19.88	4	29
992.5	17	1.78	7	79.94	44	86.47	41	18.93	45	30
1,107.3	10	1.76	11	80.17	39	87.27	14	19.18	40	31
992.9	16	1.64	30	80.79	23	87.64	3	19.53	18	32
915.6	21	1.59	40	81.03	13	87.67	1	19.59	16	33
908.8	23	1.61	37	81.08	9	87.33	10	19.69	12	34
1,238.7	4	1.73	15	80.51	30	86.88	31	19.20	38	35
1,172.7	7	1.74	13	80.32	33	86.66	39	19.18	40	36
918.1	20	1.66	26	80.85	20	87.21	19	19.70	11	37
1,004.4	15	1.74	13	80.16	40	86.82	34	19.28	35	38
1,882.0	1	1.70	18	80.26	37	87.01	26	19.30	34	39
1,131.4	9	1.66	26	80.66	25	87.14	21	19.41	27	40
1,239.8	3	1.67	23	80.65	26	87.12	22	19.31	32	41
1,148.0	8	1.71	17	80.38	31	86.97	28	19.32	31	42
1,199.8	5	1.59	40	81.22	7	87.49	6	19.90	3	43
1,060.4	11	1.59	40	81.08	9	87.31	12	19.72	10	44
1,032.8	12	1.72	16	80.34	32	87.12	22	19.54	17	45
1,313.1	2	1.80	6	80.02	43	86.78	36	19.33	30	46
909.9	22	1.77	9	80.27	36	87.44	7	19.80	6	47

		No. 296 平均余命 （65歳・女） Life expectancy (65 years old, Female) #I0520502		No. 297 生活習慣病による死亡者数 （人口10万人当たり） Number of deaths caused by lifestyle diseases (per 100,000 persons) #I06101		No. 298 悪性新生物(腫瘍)による 死亡者数 （人口10万人当たり） Number of deaths caused by malignant neoplasms (per 100,000 persons) #I06102		No. 299 糖尿病による死亡者数 （人口10万人当たり） Number of deaths caused by diabetes mellitus (per 100,000 persons) #I06103	
単位	Unit	年：years		人：persons		人：persons		人：persons	
年度	Fiscal year	2015		2019		2019		2019	
都道府県	Prefecture	指標値 Indicator	順位 Rank	指標値 Indicator	順位 Rank	指標値 Indicator	順位 Rank	指標値 Indicator	順位 Rank
00 全国	All Japan	24.24		577.1		304.2		11.2	
01 北海道	Hokkaido	24.36	24	672.8	16	372.8	5	13.9	15
02 青森県	Aomori-ken	23.59	47	796.6	2	413.3	2	18.0	1
03 岩手県	Iwate-ken	24.10	35	790.4	3	366.8	8	16.6	5
04 宮城県	Miyagi-ken	24.38	23	599.1	32	298.8	40	9.7	41
05 秋田県	Akita-ken	23.99	41	840.3	1	431.8	1	15.7	6
06 山形県	Yamagata-ken	24.22	32	752.1	4	369.3	7	9.5	42
07 福島県	Fukushima-ken	23.82	44	706.9	10	340.4	15	15.6	7
08 茨城県	Ibaraki-ken	23.87	43	620.8	26	315.8	25	15.3	8
09 栃木県	Tochigi-ken	23.73	46	615.8	28	300.7	38	12.2	24
10 群馬県	Gumma-ken	24.08	37	643.7	23	318.0	24	14.5	11
11 埼玉県	Saitama-ken	23.97	42	515.0	42	275.9	42	9.9	40
12 千葉県	Chiba-ken	24.26	30	543.7	40	284.0	41	11.5	31
13 東京都	Tokyo-to	24.46	15	471.1	45	254.2	46	8.3	45
14 神奈川県	Kanagawa-ken	24.50	13	482.8	44	266.5	44	7.6	46
15 新潟県	Niigata-ken	24.54	10	705.8	11	360.7	11	14.4	13
16 富山県	Toyama-ken	24.64	7	648.3	20	340.4	16	11.7	28
17 石川県	Ishikawa-ken	24.43	20	604.6	29	313.9	27	11.2	34
18 福井県	Fukui-ken	24.56	9	648.3	21	310.8	31	16.8	4
19 山梨県	Yamanashi-ken	24.44	17	624.7	25	319.2	22	14.0	14
20 長野県	Nagano-ken	24.83	3	650.6	19	312.6	29	14.5	10
21 岐阜県	Gifu-ken	24.11	34	602.3	30	318.1	23	9.9	39
22 静岡県	Shizuoka-ken	24.33	26	599.1	33	305.9	34	12.7	23
23 愛知県	Aichi-ken	24.05	39	464.8	46	267.2	43	7.4	47
24 三重県	Mie-ken	24.08	37	599.2	31	303.3	37	13.1	19
25 滋賀県	Shiga-ken	24.60	8	490.0	43	263.2	45	8.6	44
26 京都府	Kyoto-fu	24.49	14	572.1	37	303.5	36	9.4	43
27 大阪府	Osaka-fu	24.02	40	560.5	39	306.6	33	10.6	36
28 兵庫県	Hyogo-ken	24.26	30	564.9	38	307.2	32	11.2	33
29 奈良県	Nara-ken	24.44	17	589.7	35	312.7	28	11.8	26
30 和歌山県	Wakayama-ken	23.80	45	712.5	9	360.0	12	12.1	25
31 鳥取県	Tottori-ken	24.69	5	688.7	12	373.1	3	10.5	37
32 島根県	Shimane-ken	24.89	2	724.1	7	373.1	4	13.8	16
33 岡山県	Okayama-ken	24.67	6	592.6	34	305.0	35	10.5	38
34 広島県	Hiroshima-ken	24.53	11	582.7	36	300.3	39	11.8	27
35 山口県	Yamaguchi-ken	24.30	28	746.2	6	366.2	9	13.5	17
36 徳島県	Tokushima-ken	24.10	35	675.5	15	344.3	13	18.0	2
37 香川県	Kagawa-ken	24.33	26	650.8	18	314.1	26	17.1	3
38 愛媛県	Ehime-ken	24.22	32	723.6	8	342.5	14	14.8	9
39 高知県	Kochi-ken	24.43	20	746.6	5	369.6	6	13.1	20
40 福岡県	Fukuoka-ken	24.45	16	532.8	41	311.7	30	11.3	32
41 佐賀県	Saga-ken	24.36	24	625.7	24	336.8	18	11.6	29
42 長崎県	Nagasaki-ken	24.39	22	680.8	14	361.9	10	10.9	35
43 熊本県	Kumamoto-ken	24.75	4	616.5	27	320.2	21	11.6	30
44 大分県	Oita-ken	24.51	12	644.0	22	326.4	20	12.9	21
45 宮崎県	Miyazaki-ken	24.44	17	684.1	13	337.4	17	13.1	18
46 鹿児島県	Kagoshima-ken	24.27	29	671.1	17	330.4	19	14.5	12
47 沖縄県	Okinawa-ken	25.19	1	438.8	47	228.1	47	12.8	22

No. 300 高血圧性疾患による死亡者数 (人口10万人当たり) Number of deaths caused by hypertensive diseases (per 100,000 persons) #I06104 人:persons 2019		No. 301 心疾患(高血圧性を除く)による死亡者数 (人口10万人当たり) Number of deaths caused by heart diseases (Excl. hypertensive heart diseases) (per 100,000 persons) #I06105 人:persons 2019		No. 302 脳血管疾患による死亡者数 (人口10万人当たり) Number of deaths caused by cerebrovascular diseases (per 100,000 persons) #I06106 人:persons 2019		No. 303 妊娠，分娩及び産じょくによる死亡率 (出産数10万当たり) Rate of pregnancy, childbirth and puerperium (per 100,000 live and stillbirths) #I07105 — 2020		No. 304 死産率 (死産数/(出生数＋死産数)) (出産数千当たり) Stillbirths rate (per 1,000 live and stillbirths) #I07101 — 2020		都道府県コード
指標値 Indicator	順位 Rank	指標値 Indicator	順位 Rank	指標値 Indicator	順位 Rank	指標値 Indicator	順位 Rank	指標値 Indicator	順位 Rank	Pref. code
7.7		167.9		86.1		2.7		20.1		00
10.2	9	183.8	25	92.2	30	3.3	12	24.1	2	01
9.2	18	226.2	7	129.9	5	0.0	16	20.8	16	02
9.8	13	238.1	4	159.1	2	0.0	16	21.8	8	03
8.3	24	174.0	34	108.2	17	6.8	9	21.0	14	04
11.6	3	212.5	11	168.7	1	0.0	16	21.3	11	05
7.1	34	226.4	6	139.7	3	0.0	16	18.8	34	06
10.4	7	218.5	8	122.0	6	17.4	2	22.7	6	07
8.1	27	179.2	30	102.4	22	0.0	16	19.2	31	08
7.5	32	185.3	23	110.1	16	8.3	7	21.7	10	09
20.3	1	186.2	22	104.7	21	0.0	16	23.1	5	10
5.0	42	155.0	41	69.2	42	4.1	11	20.9	15	11
14.7	2	159.2	40	74.3	39	9.8	6	20.3	21	12
4.6	44	137.8	44	66.2	46	0.0	16	20.4	20	13
3.4	47	138.8	43	66.4	45	4.8	10	21.8	9	14
11.0	4	189.1	19	130.6	4	0.0	16	18.1	39	15
8.4	23	173.6	35	114.3	12	0.0	16	18.2	38	16
8.7	20	177.6	32	93.1	29	0.0	16	16.7	47	17
9.5	15	205.0	14	106.1	18	0.0	16	17.2	44	18
8.6	22	181.2	28	101.6	23	0.0	16	19.5	28	19
8.9	19	192.8	17	121.9	7	7.6	8	19.7	27	20
4.9	43	179.1	31	90.3	31	0.0	16	16.8	46	21
8.1	28	167.0	38	105.5	20	0.0	16	17.2	45	22
3.5	46	119.2	47	67.5	44	0.0	16	17.9	40	23
8.7	21	179.6	29	94.4	28	0.0	16	18.6	36	24
4.4	45	144.8	42	69.0	43	0.0	16	17.3	43	25
5.2	41	177.6	33	76.4	37	0.0	16	17.7	41	26
10.2	10	167.8	37	65.2	47	1.6	15	19.8	25	27
6.7	36	161.6	39	78.1	36	2.7	13	18.7	35	28
9.9	12	184.5	24	70.9	40	0.0	16	19.8	24	29
5.7	39	248.1	1	86.6	33	0.0	16	19.0	32	30
5.8	38	182.2	26	117.1	11	0.0	16	22.7	7	31
9.5	16	206.9	13	120.8	8	0.0	16	19.9	23	32
5.4	40	189.0	20	82.8	34	0.0	16	19.4	30	33
7.1	33	181.6	27	81.9	35	0.0	16	19.4	29	34
9.6	14	238.2	3	118.7	9	0.0	16	17.7	42	35
8.2	25	204.0	15	101.1	24	21.7	1	20.2	22	36
10.5	6	214.1	9	95.0	27	0.0	16	19.7	26	37
9.9	11	244.7	2	111.7	13	12.1	4	23.3	4	38
8.1	26	237.5	5	118.3	10	0.0	16	18.3	37	39
10.7	5	124.1	45	75.0	38	2.5	14	20.6	17	40
9.4	17	172.5	36	95.4	26	0.0	16	19.0	33	41
8.0	30	202.0	16	98.0	25	10.7	5	20.5	19	42
6.3	37	188.3	21	90.1	32	0.0	16	21.2	12	43
7.9	31	191.1	18	105.6	19	0.0	16	20.5	18	44
10.2	8	212.5	10	110.9	15	0.0	16	24.6	1	45
6.9	35	207.9	12	111.4	14	0.0	16	23.3	3	46
8.0	29	119.7	46	70.3	41	13.1	3	21.2	13	47

健康・医療 I （指標）

			No. 305 周産期死亡率（（死産数(妊娠22週以後)＋早期新生児死亡数）／出生数＋死産数（妊娠22週以後））1）Perinatal death rate (per 1,000 live births and stillbirth (after 22 weeks pregnant)) #I07106		No. 306 新生児死亡率（新生児死亡数／出生数）（出生数千当たり）Neonatal death rate (per 1,000 live births) #I07102		No. 307 乳児死亡率（乳児死亡数／出生数）（出生数千当たり）Infant mortality rate (per 1,000 live births) #I07104		No. 308 2,500 g 未満出生率（2,500 g 未満の出生数／出生数）（出生数千当たり）Birth rate of babies weighing under 2,500g (per 1,000 live births) #I07201	
単位	Unit		—		—		—		—	
年度	Fiscal year		2020		2020		2020		2020	
都道府県	Prefecture		指標値 Indicator	順位 Rank	指標値 Indicator	順位 Rank	指標値 Indicator	順位 Rank	指標値 Indicator	順位 Rank
00	全国	All Japan	3.2		0.8		1.8		92.2	
01	北海道	Hokkaido	3.1	32	0.8	25	2.0	20	91.6	26
02	青森県	Aomori-ken	4.7	3	2.2	2	2.6	5	86.4	44
03	岩手県	Iwate-ken	3.1	31	0.4	44	1.2	46	96.5	9
04	宮城県	Miyagi-ken	3.9	12	1.0	13	1.9	21	93.0	21
05	秋田県	Akita-ken	4.0	8	0.9	21	2.0	19	103.6	5
06	山形県	Yamagata-ken	3.5	17	1.4	5	2.3	11	91.0	27
07	福島県	Fukushima-ken	3.9	10	1.0	16	2.5	8	84.1	47
08	茨城県	Ibaraki-ken	2.5	42	0.8	30	2.6	7	95.9	11
09	栃木県	Tochigi-ken	3.7	16	1.1	11	2.1	14	104.6	3
10	群馬県	Gumma-ken	3.8	14	0.9	23	1.5	36	91.7	25
11	埼玉県	Saitama-ken	2.8	38	0.7	36	1.6	34	94.4	16
12	千葉県	Chiba-ken	4.0	9	1.0	15	2.1	15	92.1	24
13	東京都	Tokyo-to	3.0	34	0.6	39	1.4	43	89.2	36
14	神奈川県	Kanagawa-ken	3.3	26	0.8	26	1.6	35	90.2	31
15	新潟県	Niigata-ken	3.2	30	0.8	24	1.5	37	94.1	19
16	富山県	Toyama-ken	3.5	18	0.8	31	1.8	27	87.1	40
17	石川県	Ishikawa-ken	3.7	15	0.8	32	1.7	31	84.4	46
18	福井県	Fukui-ken	4.1	7	2.6	1	4.5	1	90.2	32
19	山梨県	Yamanashi-ken	4.6	4	1.4	6	2.1	13	106.7	2
20	長野県	Nagano-ken	3.8	13	1.2	10	2.0	18	96.2	10
21	岐阜県	Gifu-ken	2.1	47	0.8	27	1.8	25	86.9	42
22	静岡県	Shizuoka-ken	3.5	19	1.0	18	2.0	17	95.2	14
23	愛知県	Aichi-ken	3.0	33	0.9	22	1.7	29	92.5	22
24	三重県	Mie-ken	2.9	36	1.3	8	2.4	9	87.2	39
25	滋賀県	Shiga-ken	2.7	40	1.1	12	1.8	24	90.7	29
26	京都府	Kyoto-fu	3.2	28	0.4	46	1.3	45	89.3	35
27	大阪府	Osaka-fu	2.4	45	0.7	34	1.8	26	88.9	38
28	兵庫県	Hyogo-ken	3.2	27	0.7	35	1.7	32	92.2	23
29	奈良県	Nara-ken	3.3	25	0.8	33	1.7	33	90.7	30
30	和歌山県	Wakayama-ken	3.5	20	0.3	47	1.4	42	94.4	17
31	鳥取県	Tottori-ken	3.4	22	0.5	42	1.3	44	100.7	7
32	島根県	Shimane-ken	5.3	1	1.8	4	2.7	4	101.9	6
33	岡山県	Okayama-ken	2.4	44	0.6	41	1.5	39	87.0	41
34	広島県	Hiroshima-ken	3.2	29	0.7	37	1.5	38	93.3	20
35	山口県	Yamaguchi-ken	2.2	46	0.5	43	1.5	40	100.0	8
36	徳島県	Tokushima-ken	4.4	5	2.0	3	3.5	2	86.0	45
37	香川県	Kagawa-ken	3.9	11	0.8	29	1.5	41	89.8	33
38	愛媛県	Ehime-ken	3.3	24	0.4	45	0.9	47	86.6	43
39	高知県	Kochi-ken	3.4	23	1.0	17	2.7	3	94.6	15
40	福岡県	Fukuoka-ken	2.8	39	0.8	28	1.8	23	94.1	18
41	佐賀県	Saga-ken	4.2	6	1.0	14	1.8	22	90.9	28
42	長崎県	Nagasaki-ken	2.8	37	1.2	9	2.4	10	89.5	34
43	熊本県	Kumamoto-ken	2.5	41	0.6	38	1.7	30	89.2	37
44	大分県	Oita-ken	4.7	2	0.9	19	1.7	28	95.5	12
45	宮崎県	Miyazaki-ken	2.5	43	0.9	20	2.2	12	95.5	13
46	鹿児島県	Kagoshima-ken	2.9	35	0.6	40	2.1	16	103.8	4
47	沖縄県	Okinawa-ken	3.5	21	1.3	7	2.6	6	108.9	1

1）（出生数＋死産数（妊娠22週以後）千当たり）

No. 309 平均身長 (中学2年・男) Average height, male of the second grade (Lower secondary school) #I0210103 cm 2020 指標値 Indicator	順位 Rank	No. 310 平均身長 (中学2年・女) Average height, female of the second grade (Lower secondary school) #I0210104 cm 2020 指標値 Indicator	順位 Rank	No. 311 平均体重 (中学2年・男) Average weight, male of the second grade (Lower secondary school) #I0210203 kg 2020 指標値 Indicator	順位 Rank	No. 312 平均体重 (中学2年・女) Average weight, female of the second grade (Lower secondary school) #I0210204 kg 2020 指標値 Indicator	順位 Rank	No. 313 一般病院数 (人口10万人当たり) Number of general hospitals (per 100,000 persons) #I0910103 施設：number of hospitals 2019 指標値 Indicator	順位 Rank	都道府県コード Pref. code
161.4		155.2		50.9		47.9		5.7		00
161.8	10	155.5	9	51.5	11	48.3	12	9.2	8	01
161.9	9	155.8	2	52.2	5	50.0	1	6.2	23	02
161.0	22	154.8	27	51.6	8	48.5	10	6.2	22	03
161.6	12	155.2	18	52.4	3	48.9	5	4.9	37	04
162.1	5	155.7	6	52.9	2	49.0	3	5.4	32	05
162.4	2	155.5	9	53.0	1	49.3	2	5.0	35	06
160.6	29	154.5	41	51.7	7	49.0	3	5.6	29	07
161.0	22	154.7	34	51.4	13	48.0	20	5.3	34	08
160.7	27	154.8	27	51.3	15	48.3	12	4.6	38	09
160.7	27	155.3	17	51.2	17	48.3	12	6.0	24	10
161.2	18	155.7	6	50.7	27	48.7	8	4.0	43	11
161.6	12	155.1	21	51.0	24	48.0	20	4.1	42	12
163.1	1	156.2	1	52.3	4	47.8	30	4.2	41	13
162.3	3	155.4	14	51.6	8	47.9	25	3.1	47	14
161.5	16	155.8	2	50.5	29	47.9	25	4.9	36	15
162.0	8	155.6	8	51.3	15	48.0	20	8.3	12	16
162.2	4	155.2	18	51.4	13	47.5	38	7.1	19	17
161.7	11	155.8	2	50.3	31	48.2	15	7.4	17	18
160.6	29	154.8	27	51.2	17	48.2	15	6.4	21	19
160.8	26	155.1	21	49.9	35	47.6	35	5.5	30	20
161.1	20	155.5	9	51.1	20	47.9	25	4.3	40	21
160.3	33	154.6	38	49.3	43	47.0	43	4.0	44	22
161.1	20	155.1	21	50.0	34	46.9	45	3.8	45	23
160.2	34	154.8	27	49.8	37	46.6	47	4.5	39	24
160.9	25	155.4	14	49.6	38	47.4	40	3.5	46	25
162.1	5	155.8	2	50.9	25	46.9	45	6.0	25	26
161.6	12	155.5	9	51.5	11	47.0	43	5.4	31	27
162.1	5	155.5	9	51.2	17	47.7	33	5.8	27	28
161.6	12	155.4	14	49.9	35	47.4	40	5.6	28	29
160.6	29	155.0	24	51.1	20	47.6	35	8.1	13	30
160.2	34	154.9	26	49.4	40	47.4	40	7.0	20	31
160.0	41	154.7	34	48.9	47	47.7	33	5.9	26	32
159.9	44	154.8	27	49.2	44	48.1	18	7.7	16	33
160.0	41	154.2	45	49.6	38	47.9	25	7.4	18	34
160.1	37	154.6	38	50.4	30	47.9	25	8.6	11	35
161.0	22	154.8	27	51.8	6	48.9	5	12.6	3	36
160.1	37	154.5	41	50.1	33	48.4	11	8.1	14	37
160.6	29	154.7	34	51.1	20	48.2	15	9.1	10	38
160.0	41	154.3	44	49.1	46	47.8	30	16.2	1	39
161.2	18	155.0	24	50.7	27	48.0	20	7.8	15	40
159.7	45	154.4	43	49.4	40	48.1	18	10.7	6	41
159.5	46	154.7	34	49.2	44	48.0	20	9.1	9	42
160.2	34	155.2	18	50.3	31	48.6	9	9.9	7	43
161.3	17	154.8	27	51.6	8	48.9	5	11.5	4	44
160.1	37	154.1	46	50.8	26	47.5	38	11.2	5	45
159.3	47	154.6	38	49.4	40	47.6	35	12.7	2	46
160.1	37	153.5	47	51.1	20	47.8	30	5.4	33	47

都道府県 Prefecture	No. 314 一般診療所数 (人口10万人当たり) Number of general clinics (per 100,000 persons) #I0910105 施設：number of clinics 2019 指標値 Indicator	順位 Rank	No. 315 精神科病院数 (人口10万人当たり) Number of psychiatric hospitals (per 100,000 persons) #I0910107 施設：number of hospitals 2019 指標値 Indicator	順位 Rank	No. 316 歯科診療所数 (人口10万人当たり) Number of dental clinics (per 100,000 persons) #I0910106 施設：number of clinics 2019 指標値 Indicator	順位 Rank	No. 317 一般病院数 (可住地面積100k㎡当たり) Number of general hospitals (per 100k㎡ of inhabitable area) #I0950102 施設：number of hospitals 2019 指標値 Indicator	順位 Rank
00 全国 All Japan	81.3		0.8		54.3		5.9	
01 北海道 Hokkaido	64.7	43	1.3	16	54.9	8	2.2	44
02 青森県 Aomori-ken	70.4	42	1.4	12	41.7	44	2.4	42
03 岩手県 Iwate-ken	71.6	41	1.2	18	46.9	34	2.0	45
04 宮城県 Miyagi-ken	72.5	39	1.1	22	46.0	38	3.5	37
05 秋田県 Akita-ken	83.0	25	1.7	9	45.1	39	1.6	47
06 山形県 Yamagata-ken	85.3	20	1.3	15	44.8	40	1.9	46
07 福島県 Fukushima-ken	72.9	38	1.2	17	46.2	36	2.4	41
08 茨城県 Ibaraki-ken	61.2	45	0.7	34	49.1	26	3.8	35
09 栃木県 Tochigi-ken	75.5	32	0.9	26	50.9	18	3.0	40
10 群馬県 Gumma-ken	79.9	27	0.7	36	50.7	19	5.1	30
11 埼玉県 Saitama-ken	59.6	47	0.6	37	48.4	28	11.4	6
12 千葉県 Chiba-ken	61.0	46	0.5	40	52.3	12	7.2	17
13 東京都 Tokyo-to	98.5	5	0.4	46	76.6	1	41.4	1
14 神奈川県 Kanagawa-ken	74.1	36	0.5	41	53.8	10	19.6	3
15 新潟県 Niigata-ken	75.2	33	0.9	29	51.8	15	2.4	43
16 富山県 Toyama-ken	73.0	37	1.9	7	42.4	42	4.7	31
17 石川県 Ishikawa-ken	76.6	31	1.1	21	42.5	41	5.8	26
18 福井県 Fukui-ken	74.6	35	1.3	14	39.1	47	5.3	28
19 山梨県 Yamanashi-ken	86.1	17	1.0	24	53.6	11	5.4	27
20 長野県 Nagano-ken	76.8	30	0.7	32	49.4	24	3.5	38
21 岐阜県 Gifu-ken	79.9	26	0.6	38	48.7	27	3.9	34
22 静岡県 Shizuoka-ken	75.0	34	0.9	30	48.3	30	5.2	29
23 愛知県 Aichi-ken	72.2	40	0.5	43	49.5	23	9.6	9
24 三重県 Mie-ken	85.3	19	0.7	35	46.2	37	3.9	33
25 滋賀県 Shiga-ken	77.2	29	0.5	42	40.0	45	3.8	36
26 京都府 Kyoto-fu	94.9	7	0.4	45	50.3	20	13.1	5
27 大阪府 Osaka-fu	96.9	6	0.4	44	62.6	2	35.7	2
28 兵庫県 Hyogo-ken	93.8	8	0.6	39	54.6	9	11.4	7
29 奈良県 Nara-ken	91.4	12	0.3	47	51.2	16	8.8	12
30 和歌山県 Wakayama-ken	110.8	1	0.9	28	57.0	5	6.7	19
31 鳥取県 Tottori-ken	89.4	14	0.7	33	46.6	35	4.3	32
32 島根県 Shimane-ken	106.1	2	1.3	13	39.8	46	3.1	39
33 岡山県 Okayama-ken	87.3	15	0.8	31	52.3	13	6.5	21
34 広島県 Hiroshima-ken	91.4	11	1.1	23	55.1	6	9.0	11
35 山口県 Yamaguchi-ken	91.3	13	2.1	5	48.3	31	6.9	18
36 徳島県 Tokushima-ken	99.9	4	2.1	6	59.2	4	9.1	10
37 香川県 Kagawa-ken	86.3	16	1.2	20	49.7	22	7.7	13
38 愛媛県 Ehime-ken	91.6	10	1.0	25	49.3	25	7.3	14
39 高知県 Kochi-ken	78.7	28	1.6	11	52.0	14	9.7	8
40 福岡県 Fukuoka-ken	92.3	9	1.2	19	60.4	3	14.4	4
41 佐賀県 Saga-ken	84.8	21	1.7	8	51.0	17	6.5	22
42 長崎県 Nagasaki-ken	103.3	3	2.1	4	54.9	7	7.2	16
43 熊本県 Kumamoto-ken	84.0	22	2.2	3	48.3	29	6.2	24
44 大分県 Oita-ken	83.6	24	2.2	2	47.8	32	7.2	15
45 宮崎県 Miyazaki-ken	83.8	23	1.6	10	47.2	33	6.5	23
46 鹿児島県 Kagoshima-ken	85.8	18	2.3	1	50.0	21	6.2	25
47 沖縄県 Okinawa-ken	62.0	44	0.9	27	42.2	43	6.7	20

No. 318 一般診療所数（可住地面積100k㎡当たり）Number of general clinics (per 100k㎡ of inhabitable area) #I0950103 施設：number of clinics 2019		No. 319 歯科診療所数（可住地面積100k㎡当たり）Number of dental clinics (per 100k㎡ of inhabitable area) #I0950104 施設：number of clinics 2019		No. 320 一般病院病床数（人口10万人当たり）Number of beds in general hospitals (per 100,000 persons) #I0910203 床：beds 2019		No. 321 精神病床数（人口10万人当たり）Number of beds for mental illness (per 100,000 persons) #I0910205 床：beds 2019		No. 322 介護療養型医療施設数（65歳以上人口10万人当たり）Number of nursing and medical treatment homes for the aged a) #I0910206 所：number of facilities 2019		都道府県コード
指標値 Indicator	順位 Rank	指標値 Indicator	順位 Rank	指標値 Indicator	順位 Rank	指標値 Indicator	順位 Rank	指標値 Indicator	順位 Rank	Pref. code
83.7		55.9		1,017.8		258.9		2.3		00
15.2	47	12.9	47	1,514.8	3	374.0	12	2.3	25	01
27.2	44	16.1	44	1,113.4	25	348.5	14	3.4	19	02
23.7	46	15.5	45	982.4	35	334.5	19	3.2	20	03
53.0	30	33.6	28	878.9	39	266.2	29	0.9	40	04
25.0	45	13.6	46	1,188.1	21	405.5	11	0.8	43	05
31.9	43	16.7	43	1,046.7	29	325.2	20	1.4	32	06
31.9	42	20.2	42	1,031.0	32	339.2	16	1.7	30	07
44.0	38	35.3	26	924.8	36	253.3	33	1.7	31	08
48.9	34	33.0	29	903.4	38	256.6	32	1.1	37	09
68.0	25	43.2	21	1,061.2	27	259.8	31	1.2	34	10
169.4	8	137.7	4	706.3	46	188.1	42	0.5	47	11
107.4	11	92.1	9	799.7	44	197.8	40	0.9	42	12
964.2	1	750.6	1	829.1	43	157.8	46	1.4	33	13
463.6	3	336.4	3	679.5	47	149.9	47	0.7	46	14
36.8	41	25.4	38	1,044.7	31	282.6	26	2.4	24	15
41.4	40	24.0	40	1,275.9	14	305.9	24	4.5	12	16
62.7	26	34.8	27	1,268.6	15	325.0	21	2.7	23	17
53.2	29	27.8	36	1,161.2	22	285.3	25	4.3	13	18
73.1	21	45.6	16	1,078.9	26	280.3	27	1.2	35	19
48.8	35	31.4	30	1,022.1	33	226.0	35	3.8	17	20
71.8	24	43.8	18	845.9	42	195.2	41	2.8	21	21
99.4	12	64.0	12	869.7	41	181.8	43	1.2	36	22
182.5	6	125.0	5	765.1	45	165.2	44	1.0	38	23
73.8	19	39.9	23	908.6	37	260.5	30	2.1	29	24
83.5	14	43.2	20	877.2	40	162.2	45	0.8	44	25
208.8	4	110.7	7	1,206.7	20	229.5	34	2.3	27	26
641.2	2	414.6	2	1,045.5	30	207.7	39	0.9	41	27
184.2	5	107.3	8	998.0	34	212.0	38	0.9	39	28
142.0	9	79.6	10	1,152.5	23	217.1	37	0.7	45	29
91.9	13	47.3	14	1,255.1	16	221.4	36	3.9	15	30
55.2	27	28.8	35	1,375.4	9	321.9	22	2.2	28	31
55.0	28	20.6	41	1,244.1	17	337.8	17	3.5	18	32
74.4	18	44.5	17	1,214.1	19	278.9	28	2.3	26	33
110.9	10	66.9	11	1,120.4	24	312.1	23	5.0	9	34
72.6	22	38.4	25	1,495.5	5	432.2	9	3.9	16	35
72.0	23	42.7	22	1,472.8	6	493.8	7	11.0	2	36
82.0	15	47.2	15	1,214.9	18	343.0	15	4.6	10	37
73.3	20	39.4	24	1,309.3	12	334.7	18	5.2	8	38
47.2	37	31.2	31	2,234.7	1	510.5	5	13.8	1	39
170.7	7	111.6	6	1,367.7	10	411.0	10	3.9	14	40
51.7	33	31.1	32	1,459.6	7	515.2	4	5.7	7	41
81.8	16	43.5	19	1,416.7	8	593.0	1	7.6	6	42
52.5	32	30.2	33	1,498.3	4	503.2	6	9.0	3	43
52.8	31	30.1	34	1,303.1	13	461.5	8	7.8	5	44
48.6	36	27.4	37	1,332.6	11	545.9	3	7.8	4	45
41.5	39	24.2	39	1,613.1	2	590.2	2	4.5	11	46
77.1	17	52.4	13	1,048.0	28	368.6	13	2.8	22	47

a) (per 100,000 persons 65 years old and over)

都道府県 Prefecture	No. 323 医療施設に従事する医師数 （人口10万人当たり） Number of physicians working at medical facilities (per 100,000 persons) #I0920101		No. 324 医療施設に従事する歯科医師数 （人口10万人当たり） Number of dentists working at medical facilities (per 100,000 persons) #I0920201		No. 325 医療施設に従事する看護師・准看護師数 （人口10万人当たり） Number of nurses and assistant nurses working at medical facilities (per 100,000 persons) #I0920301		No. 326 一般病院常勤医師数 （100病床当たり） Number of full-time physicians in general hospitals (per 100 beds) #I0930202	
単位 Unit	人：persons		人：persons		人：persons		人：persons	
年度 Fiscal year	2018		2018		2018		2017	
	指標値 Indicator	順位 Rank	指標値 Indicator	順位 Rank	指標値 Indicator	順位 Rank	指標値 Indicator	順位 Rank
00 全国 All Japan	246.7		80.5		975.9		12.7	
01 北海道 Hokkaido	243.1	26	80.6	11	1,265.0	14	8.9	45
02 青森県 Aomori-ken	203.3	42	55.6	46	1,112.4	22	10.4	37
03 岩手県 Iwate-ken	201.7	43	76.6	16	1,031.9	26	11.1	31
04 宮城県 Miyagi-ken	238.4	29	78.1	14	922.7	37	13.0	10
05 秋田県 Akita-ken	234.0	30	63.8	38	1,093.0	23	11.8	27
06 山形県 Yamagata-ken	226.0	35	61.2	39	1,025.9	27	12.2	24
07 福島県 Fukushima-ken	204.9	41	71.3	26	988.3	30	9.9	41
08 茨城県 Ibaraki-ken	187.5	46	67.0	32	787.9	43	11.8	28
09 栃木県 Tochigi-ken	226.1	34	68.4	30	911.7	38	14.9	3
10 群馬県 Gumma-ken	228.3	32	71.3	27	1,035.7	24	10.7	34
11 埼玉県 Saitama-ken	169.8	47	71.9	24	693.2	47	12.6	18
12 千葉県 Chiba-ken	194.1	45	81.1	10	731.9	45	13.0	11
13 東京都 Tokyo-to	307.5	5	115.9	1	748.8	44	17.5	1
14 神奈川県 Kanagawa-ken	212.4	39	78.1	13	697.6	46	17.2	2
15 新潟県 Niigata-ken	197.9	44	86.4	7	940.0	34	10.5	36
16 富山県 Toyama-ken	254.4	21	59.9	41	1,159.3	20	11.7	29
17 石川県 Ishikawa-ken	284.1	12	59.6	42	1,195.8	16	12.8	15
18 福井県 Fukui-ken	252.6	23	57.0	44	1,128.0	21	12.3	23
19 山梨県 Yamanashi-ken	239.2	28	73.6	20	954.2	33	10.9	32
20 長野県 Nagano-ken	233.1	31	77.1	15	1,014.4	29	12.5	20
21 岐阜県 Gifu-ken	215.1	37	83.0	9	926.8	35	12.9	13
22 静岡県 Shizuoka-ken	210.2	40	65.6	35	837.7	41	12.4	21
23 愛知県 Aichi-ken	212.9	38	74.1	19	830.2	42	14.8	5
24 三重県 Mie-ken	223.4	36	64.7	36	924.6	36	12.0	26
25 滋賀県 Shiga-ken	227.6	33	54.9	47	887.0	40	14.9	4
26 京都府 Kyoto-fu	323.3	2	72.9	22	1,031.9	25	13.5	8
27 大阪府 Osaka-fu	277.0	15	86.7	6	962.1	32	14.2	7
28 兵庫県 Hyogo-ken	252.2	24	71.6	25	971.2	31	13.3	9
29 奈良県 Nara-ken	258.5	20	66.6	33	899.1	39	12.3	22
30 和歌山県 Wakayama-ken	302.1	9	75.2	17	1,161.6	19	12.6	19
31 鳥取県 Tottori-ken	304.8	7	60.9	40	1,308.9	11	12.8	14
32 島根県 Shimane-ken	286.3	11	56.2	45	1,254.6	15	12.7	17
33 岡山県 Okayama-ken	308.2	4	90.9	4	1,194.1	17	12.9	12
34 広島県 Hiroshima-ken	258.6	19	89.6	5	1,185.9	18	10.3	38
35 山口県 Yamaguchi-ken	252.9	22	70.1	29	1,403.7	8	7.7	47
36 徳島県 Tokushima-ken	329.5	1	107.6	2	1,374.3	9	10.6	35
37 香川県 Kagawa-ken	282.5	13	73.5	21	1,268.8	13	12.8	16
38 愛媛県 Ehime-ken	269.2	18	67.4	31	1,291.3	12	10.8	33
39 高知県 Kochi-ken	316.9	3	72.0	23	1,638.5	1	9.2	43
40 福岡県 Fukuoka-ken	302.6	8	103.5	3	1,326.3	10	11.7	30
41 佐賀県 Saga-ken	280.0	14	70.6	28	1,510.7	3	9.9	40
42 長崎県 Nagasaki-ken	306.3	6	85.3	8	1,493.6	5	10.2	39
43 熊本県 Kumamoto-ken	289.8	10	74.4	18	1,496.4	4	9.5	42
44 大分県 Oita-ken	275.2	16	64.5	37	1,429.5	7	12.0	25
45 宮崎県 Miyazaki-ken	246.6	25	65.7	34	1,451.2	6	8.9	44
46 鹿児島県 Kagoshima-ken	270.8	17	78.9	12	1,553.4	2	8.5	46
47 沖縄県 Okinawa-ken	240.7	27	58.0	43	1,024.9	28	14.6	6

No. 327 一般病院看護師・准看護師数 (100病床当たり) Number of nurses and assistant nurses in general hospitals (per 100 beds) #I0930302 人：persons 2017		No. 328 一般病院外来患者数 (常勤医師1人1日当たり) Daily number of outpatients in general hospitals (per full-time physician) #I10106 人：persons 2019		No. 329 一般病院在院患者数 (常勤医師1人1日当たり) Daily number of inpatients in general hospitals (per full-time physician) #I10107 人：persons 2019		No. 330 一般病院在院患者数 (看護師・准看護師1人1日当たり) Daily number of inpatients in general hospitals (per nurse and assistant nurse) #I10108 人：persons 2019		No. 331 一般病院病床利用率 (在院患者延べ数／一般病床延べ数) Ratio of daily occupied beds in general hospitals #I10104 ％ 2019		都道府県コード
指標値 Indicator	順位 Rank	指標値 Indicator	順位 Rank	指標値 Indicator	順位 Rank	指標値 Indicator	順位 Rank	指標値 Indicator	順位 Rank	Pref. code
67.2		7.7		6.2		1.2		79.5		00
61.1	44	9.6	1	8.5	4	1.3	5	77.9	33	01
63.2	37	8.6	15	7.1	13	1.2	21	75.7	41	02
63.0	39	7.4	34	6.2	25	1.1	38	78.9	29	03
67.7	20	7.5	31	5.7	40	1.1	42	75.0	44	04
66.2	28	8.4	19	6.3	24	1.1	34	76.5	39	05
66.8	27	7.6	29	6.2	28	1.1	29	77.8	34	06
61.3	43	9.2	5	6.9	15	1.1	37	71.6	47	07
63.0	38	8.8	11	6.3	22	1.2	16	75.8	40	08
68.6	13	7.2	38	5.4	43	1.2	19	80.5	13	09
68.3	17	8.3	20	7.2	12	1.1	28	78.9	30	10
69.2	10	9.4	2	6.4	19	1.2	18	79.8	20	11
67.2	25	8.9	9	6.0	33	1.2	22	78.3	31	12
68.3	16	6.7	43	4.5	47	1.2	23	79.6	23	13
73.9	4	6.8	42	4.7	46	1.1	41	80.1	15	14
65.8	30	9.4	3	7.4	10	1.2	15	78.3	32	15
64.6	32	7.7	26	6.3	21	1.2	24	79.7	22	16
68.5	14	7.5	30	6.1	30	1.1	27	80.6	11	17
68.4	15	8.9	7	6.2	27	1.1	36	79.7	21	18
62.0	42	9.1	6	6.8	17	1.2	14	74.6	45	19
73.9	5	9.2	4	6.3	23	1.1	44	80.3	14	20
71.5	7	8.7	14	5.5	42	1.0	47	71.9	46	21
65.3	31	7.2	37	6.1	31	1.2	20	77.8	35	22
73.9	3	7.4	32	5.3	44	1.1	43	79.4	26	23
67.7	21	7.8	23	6.4	20	1.1	30	79.0	28	24
75.6	1	6.9	39	5.3	45	1.0	45	79.9	17	25
64.4	33	6.9	40	5.7	39	1.2	11	79.6	25	26
68.8	12	6.8	41	5.8	37	1.2	12	82.8	5	27
69.0	11	7.2	36	5.9	35	1.1	26	79.8	18	28
60.7	45	7.8	25	6.1	32	1.2	7	77.1	37	29
59.7	46	7.4	33	6.2	29	1.3	2	79.1	27	30
71.2	8	6.3	45	6.2	26	1.1	32	80.5	12	31
67.5	23	6.1	46	5.9	34	1.1	33	79.8	19	32
67.4	24	8.1	21	5.7	38	1.1	39	75.4	43	33
65.9	29	8.6	16	7.7	9	1.2	13	81.1	9	34
63.4	35	8.7	12	10.4	1	1.3	4	82.8	4	35
62.2	40	8.7	13	7.3	11	1.2	6	79.6	24	36
70.8	9	8.5	17	5.7	41	1.0	46	75.6	42	37
64.1	34	8.8	10	6.8	16	1.2	25	76.7	38	38
57.1	47	7.9	22	8.8	3	1.4	1	84.2	3	39
66.8	26	6.3	44	6.9	14	1.2	9	82.7	6	40
68.1	19	7.6	28	8.3	6	1.2	10	84.9	2	41
68.1	18	7.8	24	7.8	8	1.2	17	81.0	10	42
63.3	36	7.3	35	8.2	7	1.2	8	80.1	16	43
73.4	6	7.7	27	6.7	18	1.1	40	81.4	8	44
67.7	22	8.9	8	8.5	5	1.1	35	77.5	36	45
62.1	41	8.4	18	9.4	2	1.3	3	81.4	7	46
74.9	2	5.8	47	5.8	36	1.1	31	86.8	1	47

			No. 332 一般病院平均在院日数 （入院患者1人当たり） Average length of stay in general hospitals #I10105		No. 333 保健師数 （人口10万人当たり） Number of public health nurses (per 100,000 persons) #I12201		No. 334 救急告示病院・ 一般診療所数 （人口10万人当たり） Number of emergency notification hospitals and general clinics (per 100,000 persons) #I11101		No. 335 救急自動車数 （人口10万人当たり） Number of ambulances (per 100,000 persons) #I11102	
単位	Unit		日：days		人：persons		施設：number of facilities		台：ambulances	
年度	Fiscal year		2019		2018		2017		2019	
都道府県	Prefecture		指標値 Indicator	順位 Rank	指標値 Indicator	順位 Rank	指標値 Indicator	順位 Rank	指標値 Indicator	順位 Rank
00	全国	All Japan	23.0		41.9		3.3		5.0	
01	北海道	Hokkaido	26.0	9	59.3	11	5.2	10	8.1	8
02	青森県	Aomori-ken	24.9	16	54.2	23	3.8	21	9.1	3
03	岩手県	Iwate-ken	23.3	25	60.0	8	3.8	22	8.2	7
04	宮城県	Miyagi-ken	19.2	46	47.5	33	3.2	34	5.1	35
05	秋田県	Akita-ken	23.5	22	59.6	9	2.7	39	8.9	5
06	山形県	Yamagata-ken	21.3	40	57.2	16	3.4	28	7.2	12
07	福島県	Fukushima-ken	21.8	35	56.9	17	2.8	37	7.2	13
08	茨城県	Ibaraki-ken	22.9	30	40.1	39	3.3	32	5.9	28
09	栃木県	Tochigi-ken	23.9	20	49.0	32	3.8	23	5.5	33
10	群馬県	Gumma-ken	23.4	24	51.2	28	4.0	20	5.8	30
11	埼玉県	Saitama-ken	22.5	33	30.3	44	2.6	40	3.7	43
12	千葉県	Chiba-ken	21.3	41	33.3	42	2.4	41	4.2	40
13	東京都	Tokyo-to	19.6	44	28.4	45	2.3	42	2.6	47
14	神奈川県	Kanagawa-ken	18.5	47	23.5	47	1.8	46	3.4	46
15	新潟県	Niigata-ken	25.2	13	54.3	22	3.0	36	7.1	16
16	富山県	Toyama-ken	25.1	14	59.1	12	3.4	26	6.1	25
17	石川県	Ishikawa-ken	25.2	12	49.7	30	4.4	18	5.4	34
18	福井県	Fukui-ken	23.1	27	61.6	6	6.9	1	7.3	11
19	山梨県	Yamanashi-ken	23.6	21	76.5	3	4.9	13	7.9	9
20	長野県	Nagano-ken	21.1	42	77.2	2	4.2	19	7.0	17
21	岐阜県	Gifu-ken	19.6	45	49.5	31	3.6	25	7.4	10
22	静岡県	Shizuoka-ken	22.5	32	47.0	34	2.2	44	4.8	37
23	愛知県	Aichi-ken	19.7	43	36.2	40	2.2	45	3.7	44
24	三重県	Mie-ken	22.8	31	40.9	38	3.4	27	6.8	20
25	滋賀県	Shiga-ken	21.4	38	50.6	29	2.2	43	4.7	38
26	京都府	Kyoto-fu	24.9	17	45.8	36	3.3	30	4.5	39
27	大阪府	Osaka-fu	21.8	34	25.9	46	3.3	31	3.5	45
28	兵庫県	Hyogo-ken	21.7	37	32.1	43	3.3	29	4.2	41
29	奈良県	Nara-ken	23.0	28	41.0	37	3.0	35	6.1	26
30	和歌山県	Wakayama-ken	25.0	15	52.9	26	5.9	4	9.0	4
31	鳥取県	Tottori-ken	25.3	11	59.3	10	3.2	33	5.9	27
32	島根県	Shimane-ken	23.0	29	79.3	1	3.6	24	11.6	1
33	岡山県	Okayama-ken	21.8	36	53.6	24	4.7	14	6.3	23
34	広島県	Hiroshima-ken	24.5	19	46.1	35	4.9	12	5.8	29
35	山口県	Yamaguchi-ken	30.5	4	55.5	21	5.4	8	6.8	21
36	徳島県	Tokushima-ken	27.7	6	55.8	20	5.2	9	7.1	14
37	香川県	Kagawa-ken	21.4	39	58.5	14	6.2	2	5.5	32
38	愛媛県	Ehime-ken	24.7	18	51.9	27	4.5	17	6.9	18
39	高知県	Kochi-ken	40.4	1	73.9	4	5.7	6	10.0	2
40	福岡県	Fukuoka-ken	27.6	7	35.8	41	2.8	38	3.8	42
41	佐賀県	Saga-ken	33.3	2	60.2	7	5.7	7	6.3	24
42	長崎県	Nagasaki-ken	25.8	10	56.2	19	4.5	16	7.1	15
43	熊本県	Kumamoto-ken	29.6	5	56.5	18	5.0	11	6.9	19
44	大分県	Oita-ken	23.1	26	58.7	13	4.6	15	6.6	22
45	宮崎県	Miyazaki-ken	27.1	8	62.3	5	6.2	3	5.0	36
46	鹿児島県	Kagoshima-ken	31.5	3	58.3	15	5.9	5	8.7	6
47	沖縄県	Okinawa-ken	23.5	23	53.0	25	1.8	47	5.7	31

No. 336 年間救急出動件数 (人口千人当たり) Frequency of dispatches of ambulances (per 1,000 persons) #I11201 件：number of times 2019		No. 337 薬局数 (人口10万人当たり) Number of pharmacies (per 100,000 persons) #I14101 所：pharmacies 2019		No. 338 薬局数 (可住地面積100k㎡当たり) Number of pharmacies (per 100k㎡ inhabitable area) #I14201 所：pharmacies 2019		No. 339 医薬品販売業数 (人口10万人当たり) Number of drug sellers (per 100,000 persons) #I14102 所：number of establishments 2019		No. 340 医薬品販売業数 (可住地面積100k㎡当たり) Number of drug sellers (per 100k㎡ inhabitable area) #I14202 所：number of establishments 2019		都道府県コード
指標値 Indicator	順位 Rank	指標値 Indicator	順位 Rank	指標値 Indicator	順位 Rank	指標値 Indicator	順位 Rank	指標値 Indicator	順位 Rank	Pref. code
52.6		47.7		49.1		37.9		39.0		00
51.3	16	44.4	38	10.4	47	42.2	25	9.9	47	01
40.3	45	49.7	20	19.2	44	43.9	22	16.9	44	02
42.9	41	49.3	22	16.3	45	49.6	10	16.4	45	03
49.0	24	50.5	19	36.9	27	43.4	24	31.7	29	04
42.3	42	53.9	12	16.3	46	49.5	11	14.9	46	05
42.0	43	55.2	11	20.6	43	49.9	9	18.6	42	06
45.9	37	47.9	28	21.0	42	39.8	32	17.4	43	07
47.7	30	45.2	35	32.6	30	36.0	38	25.9	37	08
43.7	40	47.0	33	30.5	34	36.2	37	23.5	39	09
49.4	22	47.1	32	40.1	22	41.9	27	35.7	23	10
49.6	20	40.2	44	114.2	5	31.4	45	89.4	4	11
54.7	10	39.5	46	69.5	9	26.6	46	46.8	13	12
59.7	3	48.8	25	477.6	1	35.2	40	345.0	1	13
54.9	9	43.0	41	268.6	3	24.6	47	153.6	3	14
47.1	33	51.8	16	25.4	40	41.2	28	20.2	41	15
41.9	44	44.3	39	25.1	41	66.5	1	37.7	20	16
39.4	46	47.1	31	38.5	24	50.3	8	41.1	18	17
39.2	47	39.6	45	28.2	37	51.8	6	36.9	21	18
49.5	21	56.1	6	47.7	15	45.6	16	38.8	19	19
48.2	28	47.7	29	30.3	36	48.7	13	30.9	31	20
46.0	36	52.3	15	47.0	17	54.8	3	49.2	11	21
47.2	32	50.6	18	67.1	11	35.1	42	46.6	14	22
48.2	29	45.5	34	114.9	4	31.5	44	79.7	6	23
55.5	8	47.5	30	41.1	21	40.6	30	35.1	25	24
46.3	34	43.8	40	47.4	16	40.8	29	44.1	15	25
56.5	6	42.5	43	93.5	8	35.5	39	78.1	7	26
70.0	1	48.2	27	319.2	2	39.6	33	262.3	2	27
54.6	11	48.8	26	95.8	7	31.9	43	62.7	9	28
58.5	4	42.6	42	66.3	12	54.7	4	85.1	5	29
57.2	5	52.8	14	43.8	20	59.5	2	49.3	10	30
49.2	23	49.3	23	30.4	35	46.4	14	28.6	32	31
46.2	35	49.0	24	25.4	39	52.5	5	27.3	34	32
48.9	26	44.6	37	37.9	26	37.9	36	32.3	27	33
47.7	31	57.0	3	69.2	10	38.8	34	47.1	12	34
50.7	18	59.1	2	47.0	18	45.4	17	36.1	22	35
48.6	27	53.6	13	38.6	23	49.0	12	35.3	24	36
49.9	19	57.0	4	54.2	13	46.2	15	44.0	16	37
51.8	14	44.7	36	35.7	28	40.3	31	32.2	28	38
60.3	2	55.9	7	33.5	29	44.6	19	26.7	35	39
51.7	15	56.9	5	105.1	6	38.6	35	71.4	8	40
45.2	38	63.1	1	38.5	25	50.7	7	30.9	30	41
50.8	17	55.7	9	44.1	19	43.7	23	34.6	26	42
52.3	13	49.6	21	31.0	33	44.1	21	27.5	33	43
48.9	25	51.0	17	32.2	31	41.9	26	26.5	36	44
44.3	39	55.3	10	32.1	32	44.5	20	25.8	38	45
53.8	12	55.8	8	27.0	38	45.4	18	21.9	40	46
56.1	7	39.4	47	48.9	14	35.2	41	43.7	17	47

健康・医療

I

（指標）

J. 福祉・社会保障　　J Welfare and Social Security

都道府県 Prefecture		No. 341 生活保護被保護実人員（月平均人口千人当たり）Number of persons assisted by livelihood protection per 1,000 persons (Monthly average) #J01107		No. 342 生活保護教育扶助人員（月平均人口千人当たり）Number of education recipients assisted by livelihood protection per 1,000 persons a) #J0110803		No. 343 生活保護医療扶助人員（月平均人口千人当たり）Number of medical recipients assisted by livelihood protection per 1,000 persons a) #J0110804		No. 344 生活保護住宅扶助人員（月平均人口千人当たり）Number of housing recipients assisted by livelihood protection per 1,000 persons a) #J0110805	
単位 Unit		人：persons		人：persons		人：persons		人：persons	
年度 Fiscal year		2019		2019		2019		2019	
		指標値 Indicator	順位 Rank	指標値 Indicator	順位 Rank	指標値 Indicator	順位 Rank	指標値 Indicator	順位 Rank
00	全国 All Japan	16.43		0.86		13.81		14.03	
01	北海道 Hokkaido	30.10	2	1.82	1	26.33	2	26.38	2
02	青森県 Aomori-ken	23.55	6	0.62	24	20.90	5	17.27	8
03	岩手県 Iwate-ken	10.69	29	0.48	30	9.38	28	7.73	31
04	宮城県 Miyagi-ken	12.71	25	0.69	19	10.66	25	10.40	24
05	秋田県 Akita-ken	14.71	20	0.46	31	12.49	18	9.07	26
06	山形県 Yamagata-ken	7.35	42	0.27	41	6.34	42	5.18	42
07	福島県 Fukushima-ken	9.41	34	0.35	39	7.92	33	7.15	34
08	茨城県 Ibaraki-ken	9.85	32	0.40	36	8.04	32	7.40	32
09	栃木県 Tochigi-ken	10.49	30	0.41	35	8.89	30	8.42	29
10	群馬県 Gumma-ken	7.72	41	0.24	42	6.83	37	6.39	39
11	埼玉県 Saitama-ken	13.21	23	0.70	18	10.86	24	11.60	21
12	千葉県 Chiba-ken	13.85	22	0.70	17	11.22	23	11.91	20
13	東京都 Tokyo-to	20.50	9	0.85	13	17.23	9	18.37	7
14	神奈川県 Kanagawa-ken	16.67	14	0.98	10	14.58	14	15.03	11
15	新潟県 Niigata-ken	9.38	35	0.45	33	7.44	35	6.88	35
16	富山県 Toyama-ken	3.55	47	0.07	47	2.83	47	2.42	47
17	石川県 Ishikawa-ken	6.25	43	0.18	46	5.22	43	4.84	44
18	福井県 Fukui-ken	5.42	45	0.19	45	4.35	45	4.04	46
19	山梨県 Yamanashi-ken	8.65	37	0.31	40	6.49	41	6.43	38
20	長野県 Nagano-ken	5.41	46	0.22	43	4.18	46	4.13	45
21	岐阜県 Gifu-ken	5.88	44	0.20	44	4.91	44	4.86	43
22	静岡県 Shizuoka-ken	8.59	38	0.43	34	6.76	39	7.18	33
23	愛知県 Aichi-ken	10.09	31	0.51	28	7.82	34	8.91	27
24	三重県 Mie-ken	8.81	36	0.46	32	7.20	36	6.73	37
25	滋賀県 Shiga-ken	7.80	40	0.60	25	6.83	38	6.35	40
26	京都府 Kyoto-fu	22.02	7	1.56	3	17.31	8	18.95	6
27	大阪府 Osaka-fu	31.59	1	1.80	2	26.55	1	28.87	1
28	兵庫県 Hyogo-ken	18.75	11	1.17	7	15.87	11	16.63	9
29	奈良県 Nara-ken	14.75	19	0.91	11	12.24	19	12.24	19
30	和歌山県 Wakayama-ken	16.21	16	0.53	27	13.61	17	12.98	16
31	鳥取県 Tottori-ken	12.57	26	0.65	22	10.03	26	9.38	25
32	島根県 Shimane-ken	8.41	39	0.50	29	6.60	40	5.99	41
33	岡山県 Okayama-ken	13.08	24	0.80	15	11.63	20	10.80	23
34	広島県 Hiroshima-ken	14.79	18	0.90	12	11.55	21	12.69	18
35	山口県 Yamaguchi-ken	10.69	28	0.37	37	9.12	29	8.22	30
36	徳島県 Tokushima-ken	17.97	12	0.75	16	15.84	12	13.04	15
37	香川県 Kagawa-ken	10.83	27	0.60	26	9.66	27	8.62	28
38	愛媛県 Ehime-ken	15.71	17	0.64	23	13.88	16	12.76	17
39	高知県 Kochi-ken	26.71	3	1.23	6	23.07	3	20.28	5
40	福岡県 Fukuoka-ken	24.17	5	1.48	4	21.16	4	20.39	4
41	佐賀県 Saga-ken	9.62	33	0.36	38	8.65	31	6.80	36
42	長崎県 Nagasaki-ken	20.99	8	1.10	8	17.35	7	16.01	10
43	熊本県 Kumamoto-ken	14.06	21	0.68	21	11.30	22	11.19	22
44	大分県 Oita-ken	17.36	13	0.68	20	15.09	13	13.65	13
45	宮崎県 Miyazaki-ken	16.63	15	0.82	14	14.36	15	13.14	14
46	鹿児島県 Kagoshima-ken	18.87	10	1.02	9	16.65	10	13.84	12
47	沖縄県 Okinawa-ken	26.05	4	1.44	5	20.36	6	21.41	3

a) (Monthly average)

No. 345 生活保護介護扶助人員 (月平均人口千人当たり) Number of nursing care recipients assisted by livelihood protection per 1,000 persons a) #J0110806 人：persons 2019		No. 346 生活保護被保護高齢者数 (月平均65歳以上人口千人当たり) Number of aged persons assisted by livelihood protection per 1,000 persons 65 years old and over a) #J0110902 人：persons 2019		No. 347 身体障害者手帳交付数 (人口千人当たり) Number of certificates issued for physically disabled persons per 1,000 persons #J01200 人：persons 2019		No. 348 保護施設数 (生活保護被保護実人員10万人当たり) (医療保護施設を除く) Number of institutions for livelihood protection (per 100,000 persons assisted) b) #J02101 所：number of establishments 2019		No. 349 老人ホーム数 (65歳以上人口10万人当たり) Number of homes for the aged (per 100,000 persons 65 years old and over) #J022011 所：number of establishments 2019		都道府県コード
指標値 Indicator	順位 Rank	指標値 Indicator	順位 Rank	指標値 Indicator	順位 Rank	指標値 Indicator	順位 Rank	指標値 Indicator	順位 Rank	Pref. code
3.12		29.3		40.1		11.1		74.2		00
5.64	3	46.2	3	56.6	7	6.3	39	93.6	13	01
6.37	2	43.1	6	45.5	21	10.2	34	139.8	3	02
2.39	23	16.8	32	41.8	31	15.2	25	87.9	17	03
2.24	27	20.8	24	35.1	41	6.8	38	62.3	34	04
3.50	12	23.1	22	67.5	1	21.1	18	78.8	21	05
1.80	36	11.6	43	47.6	18	50.5	5	103.6	9	06
1.89	32	15.4	36	43.1	27	51.8	4	61.9	35	07
2.03	29	18.1	29	31.2	44	14.2	29	57.1	39	08
1.94	31	19.1	27	36.7	38	14.8	27	50.5	42	09
1.88	34	14.7	37	35.7	39	20.0	19	128.4	5	10
2.33	24	24.7	18	28.0	47	3.1	47	55.9	40	11
2.42	21	24.6	19	28.6	46	4.6	44	70.2	28	12
3.52	11	46.0	4	35.1	40	10.5	33	49.6	43	13
2.95	18	31.5	10	29.2	45	5.2	43	63.5	31	14
1.67	39	13.5	39	40.4	34	24.0	16	58.6	37	15
0.82	47	6.5	47	44.6	23	26.9	12	60.2	36	16
1.32	43	12.3	41	37.0	37	42.1	7	77.2	22	17
0.98	45	9.8	45	48.1	16	24.0	15	52.3	41	18
1.66	40	15.9	34	43.4	26	57.0	2	46.4	45	19
0.90	46	8.5	46	42.8	28	63.1	1	73.0	27	20
1.39	42	11.5	44	41.8	30	8.6	36	74.6	24	21
1.64	41	14.6	38	33.7	42	25.6	13	58.6	38	22
1.79	37	20.0	26	31.5	43	13.1	31	68.4	29	23
1.86	35	15.7	35	40.4	32	19.1	21	76.8	23	24
1.27	44	12.8	40	38.0	35	45.3	6	41.3	47	25
3.88	9	34.9	8	55.5	8	3.5	45	43.7	46	26
6.74	1	59.5	2	43.7	24	5.4	41	73.5	26	27
3.41	15	31.5	11	43.6	25	9.8	35	48.2	44	28
2.86	19	23.6	20	58.9	2	15.3	24	65.0	30	29
4.56	7	29.7	14	58.4	3	13.3	30	92.2	16	30
2.29	25	18.6	28	47.1	19	28.6	10	80.3	19	31
1.68	38	12.0	42	48.4	14	52.9	3	93.1	15	32
2.41	22	20.1	25	37.6	36	36.4	9	79.1	20	33
2.28	26	23.0	23	40.4	33	7.2	37	62.8	32	34
2.01	30	17.8	30	45.7	20	41.3	8	93.3	14	35
3.49	13	29.9	13	47.6	17	22.9	17	74.3	25	36
1.88	33	16.5	33	45.1	22	19.3	20	85.9	18	37
3.47	14	26.1	17	50.0	13	19.0	22	95.9	12	38
4.93	5	41.1	7	57.7	5	10.7	32	62.6	33	39
4.62	6	43.9	5	42.5	29	5.7	40	100.8	10	40
2.13	28	17.8	31	50.7	11	25.5	14	137.0	4	41
3.59	10	32.1	9	54.9	9	14.4	28	97.0	11	42
2.68	20	23.4	21	50.1	12	28.5	11	121.9	7	43
4.01	8	30.3	12	53.6	10	15.2	26	126.5	6	44
3.27	17	27.5	16	57.2	6	16.8	23	179.2	1	45
3.37	16	29.3	15	58.3	4	3.3	46	116.8	8	46
5.42	4	60.3	1	48.2	15	5.3	42	153.1	2	47

b) (The medical facility for persons requiring public assistance are excluded.)

福祉・社会保障 J （指標）

			No. 350 介護老人福祉施設数 (65歳以上人口 10万人当たり) Number of elderly nursing facilities (per 100,000 persons 65 years old and over) #J02205		No. 351 児童福祉施設等数 (人口10万人当たり) Number of child welfare institutions (per 100,000 persons) #J02501		No. 352 生活保護施設定員数 (生活保護被保護実人員 千人当たり) Capacity of institutions for livelihood protection (per 1,000 persons assisted) #J04101		No. 353 生活保護施設在所者数 (生活保護被保護実人員 千人当たり) Number of inmates in institutions for livelihood protection (per 1,000 persons assisted) #J04102	
単位		Unit	所：number of facilities		所：number of facilities		人：persons		人：persons	
年度		Fiscal year	2019		2019		2019		2019	
	都道府県	Prefecture	指標値 Indicator	順位 Rank	指標値 Indicator	順位 Rank	指標値 Indicator	順位 Rank	指標値 Indicator	順位 Rank
00	全国	All Japan	22.9		10.41		9.2		9.0	
01	北海道	Hokkaido	22.4	39	12.44	12	6.2	37	6.1	38
02	青森県	Aomori-ken	23.4	32	10.67	25	13.6	23	13.4	23
03	岩手県	Iwate-ken	29.8	8	14.02	7	13.0	24	12.5	24
04	宮城県	Miyagi-ken	24.7	24	21.29	1	8.5	31	8.6	29
05	秋田県	Akita-ken	34.3	2	14.08	6	15.8	21	15.3	21
06	山形県	Yamagata-ken	28.9	12	11.04	23	36.0	7	36.3	7
07	福島県	Fukushima-ken	27.3	15	9.59	29	31.6	9	29.8	9
08	茨城県	Ibaraki-ken	30.6	4	6.57	44	12.3	25	12.0	25
09	栃木県	Tochigi-ken	25.3	21	9.05	32	9.4	30	8.0	30
10	群馬県	Gumma-ken	30.5	5	5.25	47	16.0	20	16.8	18
11	埼玉県	Saitama-ken	22.0	40	11.22	21	2.8	45	2.6	45
12	千葉県	Chiba-ken	22.9	34	8.45	37	4.2	42	4.0	43
13	東京都	Tokyo-to	17.2	46	12.61	11	8.1	33	7.6	33
14	神奈川県	Kanagawa-ken	18.3	44	8.48	36	5.7	40	5.8	39
15	新潟県	Niigata-ken	29.2	11	6.84	43	25.4	11	24.9	12
16	富山県	Toyama-ken	25.2	22	6.99	40	53.9	3	51.5	3
17	石川県	Ishikawa-ken	22.8	35	11.25	20	47.8	4	46.5	4
18	福井県	Fukui-ken	29.8	9	16.67	4	33.6	8	34.1	8
19	山梨県	Yamanashi-ken	23.6	29	13.44	8	37.1	6	36.5	6
20	長野県	Nagano-ken	25.6	19	11.71	14	57.2	1	57.2	1
21	岐阜県	Gifu-ken	23.5	31	8.61	35	6.0	39	5.6	40
22	静岡県	Shizuoka-ken	23.7	28	9.60	28	18.5	17	17.5	17
23	愛知県	Aichi-ken	15.0	47	9.61	27	10.4	29	7.3	34
24	三重県	Mie-ken	30.2	6	6.51	45	16.6	19	15.5	20
25	滋賀県	Shiga-ken	24.5	25	11.32	18	55.3	2	56.4	2
26	京都府	Kyoto-fu	21.1	42	14.98	5	2.3	46	1.8	46
27	大阪府	Osaka-fu	17.8	45	7.70	39	6.1	38	6.6	35
28	兵庫県	Hyogo-ken	21.9	41	11.31	19	6.7	36	6.6	36
29	奈良県	Nara-ken	27.1	16	6.92	41	11.7	27	11.5	26
30	和歌山県	Wakayama-ken	30.1	7	12.65	9	16.7	18	15.3	22
31	鳥取県	Tottori-ken	24.7	23	18.88	3	21.5	14	23.6	14
32	島根県	Shimane-ken	40.3	1	5.93	46	40.6	5	39.2	5
33	岡山県	Okayama-ken	26.9	18	8.73	34	19.6	16	19.1	16
34	広島県	Hiroshima-ken	22.8	36	11.45	17	5.2	41	5.2	41
35	山口県	Yamaguchi-ken	22.7	38	6.85	42	25.5	10	25.0	11
36	徳島県	Tokushima-ken	26.9	17	11.95	13	12.2	26	10.7	28
37	香川県	Kagawa-ken	29.2	10	10.77	24	25.1	12	25.1	10
38	愛媛県	Ehime-ken	24.0	27	10.01	26	20.2	15	19.2	15
39	高知県	Kochi-ken	24.0	26	12.61	10	7.2	35	6.3	37
40	福岡県	Fukuoka-ken	23.2	33	8.86	33	4.0	43	4.1	42
41	佐賀県	Saga-ken	23.6	30	11.66	15	22.9	13	23.7	13
42	長崎県	Nagasaki-ken	27.7	14	8.14	38	7.5	34	7.8	31
43	熊本県	Kumamoto-ken	25.4	20	11.21	22	15.5	22	16.6	19
44	大分県	Oita-ken	22.8	37	9.07	31	10.7	28	10.8	27
45	宮崎県	Miyazaki-ken	27.7	13	11.56	16	8.5	32	7.7	32
46	鹿児島県	Kagoshima-ken	32.4	3	9.30	30	2.0	47	0.8	47
47	沖縄県	Okinawa-ken	19.3	43	19.96	2	4.0	44	4.0	44

No. 354 老人ホーム定員数（65歳以上人口千人当たり）Capacity of homes for the aged (per 1,000 persons 65 years old and over) #J042011 人：persons 2019		No. 355 老人ホーム在所者数（65歳以上人口千人当たり）Number of inmates in homes for the aged (per 1,000 persons 65 years old and over) #J042021 人：persons 2019		No. 356 民生委員（児童委員）数（人口10万人当たり）Number of welfare (child) commissioners (per 100,000 persons) #J05101 人：persons 2019		No. 357 訪問介護利用者数（訪問介護1事業所当たり）Number of users of nursing-care (per facility) #J05109 人：persons 2019		No. 358 民生委員（児童委員）相談・支援件数（民生委員（児童委員）1人当たり）Number of consultations and guidance per welfare (child) commissioner #J05201 件：number of cases 2019		都道府県コード
指標値 Indicator	順位 Rank	指標値 Indicator	順位 Rank	指標値 Indicator	順位 Rank	指標値 Indicator	順位 Rank	指標値 Indicator	順位 Rank	Pref. code
36. 4		33. 1		181. 6		33. 50		23. 4		00
40. 9	12	37. 4	13	238. 2	21	34. 57	15	20. 5	33	01
48. 5	3	45. 3	3	260. 4	14	39. 55	3	28. 3	13	02
32. 6	35	30. 4	33	297. 1	5	35. 15	14	27. 6	15	03
28. 5	42	25. 3	43	193. 2	36	26. 53	44	21. 8	30	04
32. 7	34	31. 5	29	342. 0	1	38. 69	6	23. 3	26	05
42. 9	9	40. 4	9	262. 7	12	32. 81	21	26. 7	18	06
31. 3	37	28. 6	37	256. 4	17	36. 74	10	19. 8	37	07
28. 9	41	26. 7	41	170. 7	40	30. 50	34	27. 2	17	08
23. 6	46	21. 7	46	199. 6	35	29. 07	40	19. 0	38	09
48. 5	4	45. 0	5	212. 3	33	38. 49	7	13. 6	47	10
36. 2	23	32. 4	25	140. 9	43	37. 99	8	16. 7	44	11
36. 6	22	33. 5	21	139. 7	44	43. 11	1	19. 9	36	12
33. 5	29	29. 2	35	71. 4	47	38. 94	5	15. 0	46	13
40. 7	14	36. 5	14	121. 5	46	42. 13	2	20. 2	35	14
33. 4	31	31. 6	26	212. 7	32	37. 00	9	23. 4	24	15
28. 4	43	25. 9	42	245. 1	19	36. 64	11	25. 9	19	16
42. 7	10	37. 9	11	275. 3	9	31. 68	27	15. 7	45	17
29. 6	40	27. 0	40	241. 1	20	29. 53	38	25. 1	20	18
23. 0	47	21. 2	47	310. 2	4	35. 90	12	23. 4	25	19
33. 8	27	31. 6	27	255. 2	18	34. 28	16	21. 2	32	20
32. 8	33	29. 6	34	226. 3	28	35. 53	13	18. 5	41	21
33. 7	28	30. 8	32	185. 8	37	32. 66	22	18. 5	40	22
32. 6	36	29. 1	36	155. 3	41	32. 97	19	17. 2	43	23
33. 4	30	31. 1	30	228. 2	26	32. 95	20	20. 3	34	24
24. 8	45	23. 1	45	229. 9	25	33. 49	18	31. 1	8	25
26. 8	44	25. 2	44	214. 2	31	39. 49	4	18. 8	39	26
39. 1	15	34. 8	17	145. 1	42	28. 55	41	22. 9	29	27
31. 3	38	28. 5	38	175. 9	38	27. 98	42	23. 2	27	28
35. 5	25	31. 6	28	223. 3	30	29. 65	37	24. 6	21	29
37. 4	17	34. 2	19	284. 6	7	31. 28	32	21. 2	31	30
36. 6	21	34. 6	18	292. 1	6	31. 20	33	27. 4	16	31
40. 9	13	37. 4	12	332. 3	3	31. 35	31	28. 1	14	32
35. 6	24	33. 3	22	226. 3	29	31. 58	28	28. 7	12	33
30. 1	39	27. 6	39	206. 1	34	34. 10	17	30. 8	9	34
38. 7	16	36. 3	15	270. 5	11	30. 30	35	32. 5	6	35
32. 8	32	30. 9	31	276. 4	8	30. 18	36	18. 1	42	36
37. 1	19	33. 9	20	228. 0	27	31. 71	25	24. 3	23	37
37. 3	18	34. 9	16	271. 6	10	32. 61	23	24. 4	22	38
36. 8	20	33. 3	23	336. 4	2	31. 36	30	23. 1	28	39
47. 0	6	42. 4	7	172. 4	39	31. 71	26	30. 5	10	40
47. 7	5	45. 1	4	258. 3	16	24. 63	45	34. 0	4	41
35. 5	26	32. 9	24	261. 5	13	31. 78	24	46. 8	1	42
41. 9	11	38. 6	10	230. 0	24	31. 40	29	35. 7	3	43
50. 6	2	47. 8	2	237. 9	22	29. 24	39	29. 8	11	44
59. 0	1	54. 4	1	230. 4	23	22. 63	46	32. 6	5	45
43. 5	8	40. 4	8	258. 6	15	26. 96	43	42. 0	2	46
46. 3	7	43. 4	6	133. 0	45	17. 77	47	31. 7	7	47

88

			No. 359 児童相談所受付件数 （人口千人当たり） Number of acceptions of child guidance centers (per 1,000 persons) #J05210		No. 360 １人当たりの国民医療費 National medical expenses per person #I15106		No. 361 後期高齢者医療費 （被保険者１人当たり） Amount of medical care expenditure for elderly in the latter of life c) #J05208		No. 362 国民年金被保険者数 （第１号） （20～59歳人口千人当たり） Number of insured persons of national pension (Class 1) (per 1,000 persons of 20-59 years old) #J0610101	
	単位	Unit	件：number of cases		千円：thousand yen		円：yen		人：persons	
	年度	Fiscal year	2019		2018		2019		2018	
	都道府県	Prefecture	指標値 Indicator	順位 Rank	指標値 Indicator	順位 Rank	指標値 Indicator	順位 Rank	指標値 Indicator	順位 Rank
00	全国	All Japan	4.3		343		954,369		237.4	
01	北海道	Hokkaido	4.1	19	406	8	1,102,321	5	244.2	18
02	青森県	Aomori-ken	3.7	25	353	25	826,686	43	261.8	8
03	岩手県	Iwate-ken	2.6	44	335	32	771,848	46	217.1	39
04	宮城県	Miyagi-ken	7.8	1	321	37	847,861	37	217.4	38
05	秋田県	Akita-ken	2.6	43	375	15	812,830	45	224.2	28
06	山形県	Yamagata-ken	2.7	42	352	26	846,389	38	208.2	43
07	福島県	Fukushima-ken	4.6	12	335	32	844,621	39	222.5	32
08	茨城県	Ibaraki-ken	2.2	46	313	42	854,395	36	251.0	14
09	栃木県	Tochigi-ken	3.3	33	315	40	841,487	40	233.8	22
10	群馬県	Gumma-ken	5.5	5	323	36	868,799	32	240.5	20
11	埼玉県	Saitama-ken	5.0	8	303	46	858,183	34	230.7	24
12	千葉県	Chiba-ken	4.3	15	301	47	831,128	42	228.0	27
13	東京都	Tokyo-to	3.2	34	314	41	950,269	24	239.8	21
14	神奈川県	Kanagawa-ken	4.9	9	306	45	881,974	30	221.5	33
15	新潟県	Niigata-ken	4.4	13	318	39	767,524	47	207.6	44
16	富山県	Toyama-ken	3.9	23	345	28	934,183	25	192.9	47
17	石川県	Ishikawa-ken	2.7	41	354	24	999,414	16	211.8	41
18	福井県	Fukui-ken	3.6	28	347	27	928,265	28	202.8	45
19	山梨県	Yamanashi-ken	3.2	35	340	29	856,493	35	261.0	10
20	長野県	Nagano-ken	2.9	38	332	34	838,973	41	233.7	23
21	岐阜県	Gifu-ken	3.7	24	336	30	868,996	31	230.6	25
22	静岡県	Shizuoka-ken	3.0	36	320	38	820,207	44	222.9	31
23	愛知県	Aichi-ken	3.5	29	310	43	950,326	23	212.1	40
24	三重県	Mie-ken	2.7	40	336	30	858,749	33	221.4	34
25	滋賀県	Shiga-ken	3.3	32	310	43	933,072	26	211.8	42
26	京都府	Kyoto-fu	6.5	2	358	23	1,034,886	14	261.5	9
27	大阪府	Osaka-fu	6.4	3	375	15	1,083,658	7	272.3	4
28	兵庫県	Hyogo-ken	5.0	7	365	20	1,034,410	15	248.8	16
29	奈良県	Nara-ken	4.2	18	359	22	955,442	21	268.5	5
30	和歌山県	Wakayama-ken	4.1	20	387	11	972,548	20	297.3	2
31	鳥取県	Tottori-ken	3.7	26	360	21	932,696	27	223.3	30
32	島根県	Shimane-ken	3.5	30	385	14	954,902	22	194.6	46
33	岡山県	Okayama-ken	4.0	21	369	18	988,702	18	220.4	36
34	広島県	Hiroshima-ken	4.3	17	368	19	1,059,094	11	220.8	35
35	山口県	Yamaguchi-ken	3.7	27	409	5	1,039,820	13	218.1	37
36	徳島県	Tokushima-ken	3.3	31	414	4	1,068,695	9	252.3	12
37	香川県	Kagawa-ken	6.0	4	389	10	993,840	17	224.2	29
38	愛媛県	Ehime-ken	3.0	37	386	13	980,046	19	251.2	13
39	高知県	Kochi-ken	2.9	39	455	1	1,183,694	2	280.1	3
40	福岡県	Fukuoka-ken	5.3	6	387	11	1,187,151	1	250.7	15
41	佐賀県	Saga-ken	2.4	45	407	7	1,085,919	6	242.0	19
42	長崎県	Nagasaki-ken	4.6	11	424	2	1,109,121	4	267.3	6
43	熊本県	Kumamoto-ken	3.9	22	400	9	1,080,003	8	263.8	7
44	大分県	Oita-ken	1.4	47	408	6	1,065,750	10	229.4	26
45	宮崎県	Miyazaki-ken	4.3	16	371	17	922,741	29	260.2	11
46	鹿児島県	Kagoshima-ken	4.3	14	421	3	1,118,216	3	248.2	17
47	沖縄県	Okinawa-ken	4.7	10	324	35	1,043,135	12	325.4	1

c) (per person insured)

No. 363 国民年金被保険者数（第3号）(20〜59歳人口千人当たり) Number of insured persons of national pension (Class 3) (per 1,000 persons of 20-59 years old) #J0610102 人：persons 2018		No. 364 国民健康保険被保険者数（人口千人当たり） Number of persons insured by national health insurance (per 1,000 persons) #I15101 人：persons 2019		No. 365 国民健康保険受診率（被保険者千人当たり） Rate of medical examination of persons insured by national health insurance d) #I15102 — 2019		No. 366 国民健康保険診療費（被保険者1人当たり） Amount of medical consultation fee of persons insured by national health insurance e) #I15103 円：yen 2019		No. 367 全国健康保険協会管掌健康保険加入者数（人口千人当たり） Number of subscribers covered Japan health insurance association health insurance f) #I15202 人：persons 2018		都道府県コード
指標値 Indicator	順位 Rank	指標値 Indicator	順位 Rank	指標値 Indicator	順位 Rank	指標値 Indicator	順位 Rank	指標値 Indicator	順位 Rank	Pref. code
136.7		210.8		10,946.35		298,368		311.6		00
149.0	9	210.7	25	10,277.32	44	324,688	17	338.0	28	01
114.6	35	242.1	3	10,701.49	38	280,631	40	351.4	25	02
110.4	38	211.8	24	11,159.58	24	300,383	33	334.1	30	03
132.7	26	198.4	38	11,432.22	17	300,542	32	321.9	32	04
110.0	39	215.3	18	11,233.95	20	317,878	21	335.5	29	05
92.9	47	203.5	35	12,219.91	3	309,629	27	364.9	19	06
118.8	34	218.3	15	11,089.27	26	291,809	35	361.6	21	07
138.8	21	235.4	7	10,115.16	46	256,528	46	245.8	43	08
139.0	20	230.0	12	10,858.36	32	285,865	38	275.4	40	09
137.6	22	230.4	11	10,747.29	34	285,197	39	321.8	33	10
147.5	13	213.7	22	10,463.85	42	268,042	45	186.3	45	11
148.0	11	213.9	20	10,312.06	43	271,440	44	155.6	47	12
111.6	37	206.7	30	10,195.16	45	254,483	47	352.2	24	13
148.4	10	194.5	40	10,881.47	31	277,979	41	175.7	46	14
109.0	41	202.0	37	11,222.28	21	304,460	30	363.4	20	15
109.4	40	181.6	47	11,092.65	25	322,329	19	393.6	3	16
112.0	36	191.2	43	10,700.80	39	340,562	12	391.1	4	17
108.6	42	185.0	46	10,674.34	40	339,232	13	380.0	9	18
126.3	29	234.5	8	10,588.04	41	286,602	37	311.6	37	19
128.9	28	213.9	21	10,796.61	33	288,727	36	317.7	35	20
151.9	6	214.1	19	11,765.16	9	306,266	29	379.8	10	21
140.4	16	215.4	17	11,186.31	23	293,958	34	281.6	39	22
160.1	2	192.5	41	11,462.15	16	274,394	42	330.9	31	23
152.3	5	202.5	36	12,189.60	4	319,854	20	288.3	38	24
154.4	4	192.2	42	11,081.03	27	303,008	31	251.1	42	25
131.3	27	206.2	32	10,734.79	37	310,401	25	341.8	27	26
140.1	17	215.6	16	11,071.64	28	311,097	24	390.2	5	27
158.5	3	204.9	34	11,673.22	10	314,092	22	274.3	41	28
164.0	1	224.2	14	11,333.04	18	312,419	23	239.0	44	29
151.8	7	260.6	2	11,586.52	14	310,248	26	317.7	34	30
102.9	43	206.4	31	10,898.42	30	324,741	16	365.1	17	31
101.0	45	187.9	45	12,257.62	2	371,578	2	365.0	18	32
135.1	23	198.1	39	11,628.04	12	357,641	7	377.7	11	33
147.9	12	191.0	44	11,868.64	6	330,658	15	384.9	7	34
149.4	8	207.5	29	12,533.70	1	371,528	3	313.6	36	35
119.1	33	209.7	28	11,661.32	11	351,479	9	366.2	15	36
134.4	24	205.0	33	11,818.84	7	363,568	5	404.2	2	37
146.2	15	226.5	13	11,530.22	15	334,155	14	389.9	6	38
94.6	46	236.8	6	10,745.65	35	348,341	10	360.1	23	39
139.6	18	210.1	27	11,200.98	22	309,032	28	369.7	14	40
122.7	31	210.3	26	12,016.31	5	365,278	4	361.3	22	41
133.6	25	239.6	5	11,766.37	8	353,441	8	344.2	26	42
122.0	32	232.9	9	11,627.89	13	348,114	11	365.5	16	43
139.5	19	212.1	23	11,066.39	29	361,984	6	370.7	13	44
123.4	30	241.4	4	10,735.88	36	322,969	18	371.9	12	45
146.2	14	232.2	10	11,317.20	19	374,162	1	382.1	8	46
101.0	44	272.4	1	8,213.25	47	271,855	43	404.2	1	47

d) (per 1,000 insured persons)
e) (per insured person)
f) (per 1,000 persons)

			No. 368 全国健康保険協会管掌 健康保険受診率 （被保険者千人当たり） Rate of medical examination with Japan health insurance association health insurance d) #I1520301		No. 369 全国健康保険協会管掌 健康保険受診率 （被扶養者千人当たり） Rate of medical examination with Japan health insurance association health insurance g) #I1520302		No. 370 全国健康保険協会管掌 健康保険医療費 （被保険者1人当たり） Amount of benefits paid per person covered by Japan health insurance association health insurance h) #I1520501		No. 371 全国健康保険協会管掌 健康保険医療費 （被扶養者1人当たり） Amount of benefits paid per person covered by Japan health insurance association health insurance i) #I1520502	
単位	Unit		—		—		円：yen		円：yen	
年度	Fiscal year		2018		2018		2018		2018	
	都道府県	Prefecture	指標値 Indicator	順位 Rank	指標値 Indicator	順位 Rank	指標値 Indicator	順位 Rank	指標値 Indicator	順位 Rank
00	全国	All Japan	7,412.90		8,382.06		164,926		170,261	
01	北海道	Hokkaido	6,990.77	46	7,741.36	45	188,092	1	183,699	6
02	青森県	Aomori-ken	7,342.59	32	8,322.93	26	167,724	18	176,421	14
03	岩手県	Iwate-ken	7,322.01	33	8,094.48	36	165,108	26	174,100	18
04	宮城県	Miyagi-ken	7,560.29	15	8,754.40	9	169,861	15	176,567	13
05	秋田県	Akita-ken	7,700.98	9	8,646.31	14	178,758	4	202,786	1
06	山形県	Yamagata-ken	7,983.19	2	9,275.28	1	167,213	20	187,086	5
07	福島県	Fukushima-ken	7,370.77	29	8,694.67	11	162,355	32	177,226	12
08	茨城県	Ibaraki-ken	7,289.19	35	7,923.27	42	162,783	30	160,593	43
09	栃木県	Tochigi-ken	7,541.39	17	8,659.24	13	159,867	35	168,883	26
10	群馬県	Gumma-ken	7,393.73	25	8,795.12	7	153,904	44	169,179	24
11	埼玉県	Saitama-ken	7,108.20	44	8,192.39	31	158,016	38	161,328	40
12	千葉県	Chiba-ken	7,087.48	45	7,974.93	40	162,655	31	161,917	39
13	東京都	Tokyo-to	7,482.60	19	8,742.66	10	160,260	34	168,937	25
14	神奈川県	Kanagawa-ken	7,431.58	21	8,309.14	27	166,784	22	164,512	36
15	新潟県	Niigata-ken	7,211.20	39	8,172.51	32	151,697	47	168,463	29
16	富山県	Toyama-ken	7,162.54	40	8,497.59	20	155,161	42	160,913	41
17	石川県	Ishikawa-ken	7,160.48	41	8,112.08	35	165,655	23	168,034	30
18	福井県	Fukui-ken	7,139.32	43	8,112.68	34	165,429	25	164,885	35
19	山梨県	Yamanashi-ken	7,386.80	28	8,691.28	12	159,631	37	172,582	21
20	長野県	Nagano-ken	7,153.03	42	7,672.57	46	153,265	46	160,447	44
21	岐阜県	Gifu-ken	7,419.22	22	8,917.67	5	157,708	41	168,533	28
22	静岡県	Shizuoka-ken	7,369.97	30	8,229.14	29	157,735	40	162,204	38
23	愛知県	Aichi-ken	7,287.87	36	8,946.38	4	153,473	45	167,544	32
24	三重県	Mie-ken	7,913.45	5	8,388.07	23	159,673	36	160,268	45
25	滋賀県	Shiga-ken	7,278.15	37	7,991.13	39	157,878	39	157,157	47
26	京都府	Kyoto-fu	7,272.09	38	7,828.33	44	163,351	29	160,604	42
27	大阪府	Osaka-fu	7,388.83	27	8,337.21	25	164,982	27	168,874	27
28	兵庫県	Hyogo-ken	7,640.69	12	8,417.75	22	170,309	14	169,724	23
29	奈良県	Nara-ken	7,542.76	16	7,897.96	43	169,484	16	162,647	37
30	和歌山県	Wakayama-ken	7,882.72	6	8,619.75	17	167,533	19	167,225	33
31	鳥取県	Tottori-ken	7,464.89	20	8,424.15	21	160,611	33	182,592	9
32	島根県	Shimane-ken	7,679.40	10	8,579.27	19	170,827	12	187,454	4
33	岡山県	Okayama-ken	7,537.88	18	8,862.40	6	168,305	17	173,418	19
34	広島県	Hiroshima-ken	7,413.35	23	8,068.37	37	166,927	21	166,299	34
35	山口県	Yamaguchi-ken	7,984.03	1	8,621.20	16	179,005	3	179,444	11
36	徳島県	Tokushima-ken	7,853.39	7	9,200.81	2	170,455	13	188,428	3
37	香川県	Kagawa-ken	7,611.04	14	9,109.07	3	173,933	8	183,510	7
38	愛媛県	Ehime-ken	7,407.49	24	8,590.27	18	163,454	28	173,367	20
39	高知県	Kochi-ken	7,392.33	26	8,194.54	30	171,855	11	181,722	10
40	福岡県	Fukuoka-ken	7,635.51	13	8,368.00	24	173,047	9	176,240	15
41	佐賀県	Saga-ken	7,980.71	3	8,768.51	8	182,374	2	200,913	2
42	長崎県	Nagasaki-ken	7,921.31	4	8,251.66	28	177,807	5	174,894	16
43	熊本県	Kumamoto-ken	7,838.55	8	8,628.52	15	172,160	10	182,798	8
44	大分県	Oita-ken	7,351.51	31	7,994.74	38	176,827	6	174,513	17
45	宮崎県	Miyazaki-ken	7,292.13	34	7,950.34	41	165,576	24	167,835	31
46	鹿児島県	Kagoshima-ken	7,670.56	11	8,142.85	33	175,888	7	169,843	22
47	沖縄県	Okinawa-ken	6,486.68	47	6,802.15	47	154,974	43	158,339	46

d) (per 1,000 insured persons)
g) (per 1,000 dependents)
h) (Insured person)
i) (Dependent)

No. 372 雇用保険受給率（対被保険者数）Ratio of recipients of benefits of employment insurance #F07101 % 2019		No. 373 労働者災害補償保険給付率（対適用労働者数）Rate of benefits paid by industrial accident compensation insurance #F08101 % 2019		No. 374 労働災害発生の頻度 Frequency rate of occurrence of industrial accidents #F08201 — 2019		No. 375 労働災害の重さの程度 Severity rate of occurrence of industrial accidents #F08202 — 2019		都道府県コード
指標値 Indicator	順位 Rank	指標値 Indicator	順位 Rank	指標値 Indicator	順位 Rank	指標値 Indicator	順位 Rank	Pref. code
0.9		6.2		1.80		0.09		00
1.2	16	11.9	3	3.27	3	0.22	3	01
1.4	3	6.5	34	1.46	36	0.12	10	02
1.2	20	7.2	24	1.74	30	0.04	40	03
1.0	32	7.3	23	2.36	6	0.22	3	04
1.2	17	6.2	38	1.96	22	0.04	40	05
1.1	28	7.6	19	1.17	43	0.03	45	06
1.1	31	6.2	36	1.78	28	0.04	40	07
0.9	39	6.2	37	2.26	8	0.08	19	08
1.0	34	5.5	42	1.38	39	0.22	3	09
0.9	42	7.0	27	2.13	12	0.07	25	10
1.4	7	7.9	16	2.21	10	0.10	13	11
1.3	11	8.2	12	2.34	7	0.06	28	12
0.4	47	3.0	47	1.36	40	0.06	28	13
1.1	23	6.9	28	2.05	17	0.08	19	14
0.9	38	7.1	25	1.84	26	0.07	25	15
0.8	44	5.3	44	0.92	47	0.14	9	16
1.0	37	5.4	43	1.27	41	0.03	45	17
0.9	43	6.3	35	1.18	42	0.08	19	18
1.1	30	6.5	33	1.45	37	1.40	1	19
1.1	27	6.1	39	1.44	38	0.04	40	20
0.9	40	7.1	26	2.07	14	0.10	13	21
0.9	41	7.3	22	1.51	35	0.05	34	22
0.7	46	4.9	45	1.04	44	0.05	34	23
1.2	18	8.1	14	1.72	31	0.10	13	24
1.2	21	8.0	15	1.53	34	0.05	34	25
1.1	29	6.8	30	1.70	32	0.05	34	26
0.8	45	5.8	41	1.88	25	0.08	19	27
1.3	13	8.1	13	1.70	32	0.12	10	28
1.5	1	9.7	7	3.14	4	0.08	19	29
1.3	14	8.5	11	1.78	28	0.12	10	30
1.3	10	5.9	40	0.99	46	0.01	47	31
1.1	24	6.8	31	2.23	9	0.05	34	32
1.1	26	7.4	20	1.99	21	0.17	8	33
1.0	35	7.7	18	1.89	24	0.08	19	34
1.0	33	6.6	32	1.03	45	0.09	17	35
1.2	15	8.5	10	1.82	27	0.20	7	36
1.0	36	7.4	21	1.90	23	0.06	28	37
1.1	22	10.1	5	2.13	12	0.10	13	38
1.5	2	14.9	1	2.01	19	0.06	28	39
1.2	19	6.8	29	2.14	11	0.07	25	40
1.3	12	9.5	9	3.74	1	0.39	2	41
1.4	4	9.9	6	2.04	18	0.06	28	42
1.4	9	7.8	17	2.51	5	0.22	3	43
1.4	6	10.2	4	2.07	14	0.09	17	44
1.4	5	13.8	2	3.50	2	0.06	28	45
1.4	8	9.6	8	2.06	16	0.05	34	46
1.1	25	4.8	46	2.01	19	0.04	40	47

福祉・社会保障

J

（指標）

K. 安全　　K Safety

都道府県 Prefecture	No. 376 消防署数（可住地面積100k㎡当たり）Number of fire stations (per inhabitable area 100k㎡) #K01102		No. 377 消防団・分団数（可住地面積100k㎡当たり）Number of fire fighting units and sub-units (per inhabitable area 100k㎡) #K01104		No. 378 消防ポンプ自動車等現有数（人口10万人当たり）Number of fire engines and cars existing (per 100,000 persons) #K01105		No. 379 消防水利数（人口10万人当たり）Number of water facilities for fire fighting (per 100,000 persons) #K01107	
単位 Unit	署：number of fire stations		団：number of fire companies		台：quantities		所：number of facilities	
年度 Fiscal year	2020		2020		2019		2019	
	指標値 Indicator	順位 Rank	指標値 Indicator	順位 Rank	指標値 Indicator	順位 Rank	指標値 Indicator	順位 Rank
00 全国 All Japan	4.5		19.9		72.7		2,045.5	
01 北海道 Hokkaido	1.9	47	5.6	47	61.4	37	1,333.8	45
02 青森県 Aomori-ken	3.0	37	25.1	19	139.5	13	2,264.1	30
03 岩手県 Iwate-ken	2.4	44	12.3	43	168.4	7	2,443.5	24
04 宮城県 Miyagi-ken	3.3	34	16.4	37	102.9	23	2,049.2	37
05 秋田県 Akita-ken	2.8	42	12.3	44	221.2	2	2,832.3	12
06 山形県 Yamagata-ken	2.3	46	12.6	42	242.6	1	3,352.6	5
07 福島県 Fukushima-ken	2.7	43	14.7	39	194.2	3	2,489.2	23
08 茨城県 Ibaraki-ken	3.8	31	27.8	12	72.6	32	2,510.1	22
09 栃木県 Tochigi-ken	2.8	41	10.7	45	71.7	33	2,767.4	14
10 群馬県 Gumma-ken	4.1	29	20.1	33	63.1	36	1,934.8	38
11 埼玉県 Saitama-ken	8.5	5	26.2	15	27.3	47	1,569.1	42
12 千葉県 Chiba-ken	6.7	8	23.4	24	47.9	41	1,613.5	41
13 東京都 Tokyo-to	21.7	1	57.4	1	27.4	46	1,264.2	46
14 神奈川県 Kanagawa-ken	19.6	3	40.2	6	30.3	45	1,365.6	44
15 新潟県 Niigata-ken	3.0	39	12.9	41	166.6	8	2,664.0	18
16 富山県 Toyama-ken	2.9	40	18.3	36	89.7	28	2,341.8	26
17 石川県 Ishikawa-ken	4.8	20	19.6	34	56.2	39	2,769.5	13
18 福井県 Fukui-ken	5.2	18	23.7	22	99.9	25	3,256.6	7
19 山梨県 Yamanashi-ken	6.3	10	26.0	16	182.0	5	3,850.3	1
20 長野県 Nagano-ken	3.3	35	21.2	30	159.5	10	3,508.3	4
21 岐阜県 Gifu-ken	5.8	13	22.3	28	108.7	22	2,949.6	9
22 静岡県 Shizuoka-ken	5.5	17	22.1	29	63.7	35	2,297.7	28
23 愛知県 Aichi-ken	8.4	6	31.5	9	42.5	42	1,550.2	43
24 三重県 Mie-ken	5.0	19	22.6	27	90.2	26	2,938.3	10
25 滋賀県 Shiga-ken	4.5	23	18.8	35	72.6	31	3,267.8	6
26 京都府 Kyoto-fu	9.6	4	40.7	5	68.4	34	2,299.3	27
27 大阪府 Osaka-fu	20.7	2	33.7	8	32.9	44	1,866.8	40
28 兵庫県 Hyogo-ken	7.0	7	46.2	2	61.0	38	2,514.6	21
29 奈良県 Nara-ken	6.4	9	39.7	7	83.5	30	2,766.7	15
30 和歌山県 Wakayama-ken	5.8	14	30.0	10	170.7	6	3,749.8	2
31 鳥取県 Tottori-ken	3.2	36	27.5	13	101.4	24	3,530.4	3
32 島根県 Shimane-ken	4.7	21	26.6	14	187.7	4	3,120.0	8
33 岡山県 Okayama-ken	4.4	27	21.1	31	116.1	19	2,643.1	19
34 広島県 Hiroshima-ken	5.6	16	25.1	20	86.3	29	2,840.1	11
35 山口県 Yamaguchi-ken	4.2	28	23.0	26	110.2	21	2,293.2	29
36 徳島県 Tokushima-ken	4.5	24	44.3	3	122.5	17	2,739.6	16
37 香川県 Kagawa-ken	4.5	26	25.3	18	89.7	27	2,426.5	25
38 愛媛県 Ehime-ken	4.5	25	23.2	25	132.9	15	2,723.1	17
39 高知県 Kochi-ken	4.7	22	25.9	17	152.3	11	2,144.8	35
40 福岡県 Fukuoka-ken	6.0	11	28.7	11	49.6	40	1,904.8	39
41 佐賀県 Saga-ken	3.0	38	16.4	38	145.4	12	2,206.1	31
42 長崎県 Nagasaki-ken	5.7	15	43.5	4	112.4	20	2,141.4	36
43 熊本県 Kumamoto-ken	3.5	33	23.6	23	160.2	9	2,191.5	33
44 大分県 Oita-ken	3.8	30	24.5	21	126.5	16	2,554.4	20
45 宮崎県 Miyazaki-ken	2.3	45	9.1	46	137.1	14	2,176.2	34
46 鹿児島県 Kagoshima-ken	3.5	32	20.7	32	119.1	18	2,196.9	32
47 沖縄県 Okinawa-ken	5.9	12	14.1	40	34.1	43	1,068.3	47

No. 380 消防吏員数 (人口10万人当たり) Number of firemen in stations (per 100,000 persons) #K01302 人：person 2019 指標値 Indicator	順位 Rank	No. 381 消防機関出動回数 (人口10万人当たり) Number of fire services dispatches (per 100,000 persons) #K01401 回：time 2019 指標値 Indicator	順位 Rank	No. 382 火災のための消防機関出動回数 (人口10万人当たり) Number of fire services dispatches (Fire) (per 100,000 persons) #K01402 回：time 2019 指標値 Indicator	順位 Rank	No. 383 火災出火件数 (人口10万人当たり) Number of occurrences of fires (per 100,000 persons) #K02101 件：number of occurrences 2019 指標値 Indicator	順位 Rank	No. 384 建物火災出火件数 (人口10万人当たり) Number of occurrences of building fires (per 100,000 persons) #K02103 件：number of occurrences 2019 指標値 Indicator	順位 Rank	都道府県コード Pref. code
129.9		3,010.4		57.4		29.9		16.6		00
173.6	4	3,737.6	16	64.2	22	36.0	20	21.5	3	01
212.1	1	4,786.8	1	103.7	4	48.6	1	23.0	1	02
162.2	6	4,717.4	2	88.6	8	36.1	18	17.4	19	03
136.0	23	3,499.1	18	49.7	33	28.4	34	15.4	32	04
210.4	2	3,763.5	13	71.1	12	36.9	16	20.5	6	05
141.6	17	3,198.9	21	65.8	18	30.8	27	16.2	26	06
135.4	27	3,794.7	12	67.1	15	35.6	22	18.3	14	07
155.3	9	2,995.2	24	123.0	2	43.7	4	20.1	7	08
127.1	34	2,347.4	37	64.7	21	39.3	9	17.1	23	09
132.6	28	4,013.7	9	109.9	3	41.5	5	19.6	9	10
115.9	40	2,346.6	38	50.9	32	25.4	40	14.5	39	11
129.7	32	2,377.7	35	56.4	28	29.8	29	15.3	35	12
135.8	25	3,384.6	19	45.7	37	29.6	30	21.0	4	13
108.2	46	1,679.8	45	45.1	39	20.9	44	12.9	44	14
148.9	11	3,743.2	14	44.1	40	23.8	41	15.9	30	15
126.3	35	3,740.7	15	29.5	47	18.2	47	12.1	46	16
137.2	20	4,175.9	5	39.1	43	19.6	45	11.6	47	17
160.8	8	3,274.9	20	35.7	44	22.1	43	13.4	43	18
150.7	10	4,280.4	4	103.5	5	44.3	2	17.8	18	19
121.5	38	3,130.2	23	94.6	6	44.2	3	19.6	8	20
140.4	18	2,567.2	32	51.5	31	31.4	26	16.0	28	21
126.0	36	3,168.2	22	52.8	30	27.7	35	14.5	38	22
108.7	45	2,828.8	28	47.1	36	26.6	38	14.6	37	23
142.3	16	2,351.4	36	66.4	16	37.1	15	18.8	12	24
115.9	39	2,486.4	33	45.6	38	27.1	37	15.3	34	25
129.5	33	3,905.3	10	39.9	42	19.4	46	12.3	45	26
114.8	41	4,017.9	8	30.8	46	22.8	42	16.0	29	27
110.4	44	2,927.3	27	49.2	34	27.6	36	15.1	36	28
135.4	26	2,619.1	30	48.3	35	28.9	33	14.3	41	29
161.9	7	2,941.8	26	65.8	17	37.4	14	19.0	11	30
138.7	19	2,946.2	25	81.1	9	39.4	8	20.7	5	31
177.6	3	4,458.9	3	70.9	13	39.6	7	18.4	13	32
131.2	29	2,235.3	39	93.2	7	35.0	23	18.1	16	33
130.0	31	3,636.0	17	137.9	1	30.0	28	15.4	33	34
146.3	13	3,823.3	11	58.8	25	37.8	11	17.0	24	35
147.9	12	1,608.2	46	62.1	24	38.0	10	17.3	21	36
123.1	37	2,193.4	40	74.0	10	34.6	24	16.2	27	37
135.9	24	2,770.1	29	53.9	29	29.5	31	17.4	20	38
171.6	5	2,468.9	34	58.5	26	36.7	17	22.3	2	39
96.7	47	2,166.0	41	43.8	41	26.4	39	14.5	40	40
136.6	21	2,152.4	42	68.7	14	37.4	13	16.6	25	41
130.6	30	4,036.2	7	58.3	27	32.0	25	15.5	31	42
136.0	22	1,903.1	43	65.2	19	36.1	19	17.2	22	43
144.7	15	2,604.8	31	64.8	20	37.6	12	18.2	15	44
114.0	42	1,729.5	44	62.4	23	35.8	21	18.1	17	45
144.8	14	4,062.7	6	72.5	11	40.3	6	19.3	10	46
110.5	43	1,472.2	47	35.6	45	29.3	32	14.2	42	47

安全 K （指標）

			No. 385 火災死傷者数 （人口10万人当たり） Number of persons killed or injured by fires (per 100,000 persons) #K02203		No. 386 火災死傷者数 （建物火災100件当たり） Number of persons killed or injured by fires (per 100 building fire cases) #K02303		No. 387 建物火災損害額 （人口1人当たり） Estimated value of loss by building fires (per capita) #K02205		No. 388 建物火災損害額 （建物火災1件当たり） Estimated value of loss by building fires (per fire case) #K02306	
単位		Unit	人：person		人：person		円：yen		万円：10 thousand yen	
年度		Fiscal year	2019		2019		2019		2019	
	都道府県	Prefecture	指標値 Indicator	順位 Rank	指標値 Indicator	順位 Rank	指標値 Indicator	順位 Rank	指標値 Indicator	順位 Rank
00	全国	All Japan	5.62		33.7		667		400.8	
01	北海道	Hokkaido	6.55	14	30.5	36	843	13	392.5	22
02	青森県	Aomori-ken	9.95	1	43.2	4	974	9	422.8	17
03	岩手県	Iwate-ken	7.50	6	43.0	5	724	18	415.2	19
04	宮城県	Miyagi-ken	5.12	31	33.1	29	538	35	348.3	32
05	秋田県	Akita-ken	9.11	2	44.4	3	1,138	7	555.0	7
06	山形県	Yamagata-ken	5.47	26	33.7	26	602	26	370.9	27
07	福島県	Fukushima-ken	7.80	4	42.7	6	1,008	8	552.3	8
08	茨城県	Ibaraki-ken	6.96	10	34.5	22	1,635	2	811.7	5
09	栃木県	Tochigi-ken	5.33	29	31.2	33	2,490	1	1,459.3	1
10	群馬県	Gumma-ken	7.31	7	37.4	18	829	15	423.9	16
11	埼玉県	Saitama-ken	5.58	25	38.4	14	701	19	482.6	10
12	千葉県	Chiba-ken	4.78	37	31.3	32	566	31	370.7	28
13	東京都	Tokyo-to	5.81	22	27.7	42	544	34	259.4	43
14	神奈川県	Kanagawa-ken	4.44	42	34.4	23	371	44	287.7	40
15	新潟県	Niigata-ken	6.57	12	41.2	8	626	24	393.2	21
16	富山県	Toyama-ken	4.41	43	36.5	19	461	39	382.2	24
17	石川県	Ishikawa-ken	4.57	40	39.4	12	417	43	359.5	30
18	福井県	Fukui-ken	5.47	27	40.8	9	1,314	4	979.6	3
19	山梨県	Yamanashi-ken	7.03	9	39.6	11	582	29	327.7	36
20	長野県	Nagano-ken	8.10	3	41.3	7	919	11	468.2	14
21	岐阜県	Gifu-ken	4.53	41	28.3	40	537	36	335.6	35
22	静岡県	Shizuoka-ken	4.94	33	34.0	25	1,475	3	1,014.1	2
23	愛知県	Aichi-ken	4.71	39	32.3	31	535	37	366.8	29
24	三重県	Mie-ken	5.39	28	28.7	38	897	12	477.1	13
25	滋賀県	Shiga-ken	5.09	32	33.3	27	613	25	401.4	20
26	京都府	Kyoto-fu	6.66	11	54.1	1	589	28	478.3	12
27	大阪府	Osaka-fu	6.10	19	38.2	15	367	45	229.8	46
28	兵庫県	Hyogo-ken	4.90	35	32.4	30	422	42	278.6	41
29	奈良県	Nara-ken	5.79	23	40.5	10	1,219	6	853.3	4
30	和歌山県	Wakayama-ken	4.32	44	22.7	46	664	21	348.7	31
31	鳥取県	Tottori-ken	5.94	20	28.7	37	1,230	5	594.8	6
32	島根県	Shimane-ken	5.19	30	28.2	41	813	16	441.8	15
33	岡山県	Okayama-ken	6.46	15	35.6	21	556	32	306.6	37
34	広島県	Hiroshima-ken	5.85	21	38.0	16	599	27	388.6	23
35	山口県	Yamaguchi-ken	6.55	13	38.5	13	462	38	271.6	42
36	徳島県	Tokushima-ken	4.26	45	24.6	45	644	23	372.3	26
37	香川県	Kagawa-ken	7.22	8	44.5	2	681	20	419.8	18
38	愛媛県	Ehime-ken	4.93	34	28.3	39	442	41	253.9	44
39	高知県	Kochi-ken	7.59	5	34.0	24	842	14	377.0	25
40	福岡県	Fukuoka-ken	3.94	46	27.1	43	361	46	248.9	45
41	佐賀県	Saga-ken	6.26	17	37.8	17	795	17	479.9	11
42	長崎県	Nagasaki-ken	4.82	36	31.1	34	455	40	293.4	39
43	熊本県	Kumamoto-ken	6.18	18	36.0	20	578	30	337.0	34
44	大分県	Oita-ken	5.64	24	30.9	35	941	10	515.9	9
45	宮崎県	Miyazaki-ken	4.75	38	26.3	44	549	33	303.6	38
46	鹿児島県	Kagoshima-ken	6.43	16	33.3	27	660	22	342.2	33
47	沖縄県	Okinawa-ken	3.17	47	22.3	47	247	47	174.4	47

No. 389 立体横断施設数 (道路実延長千km当たり) Number of elevated crossings (per 1,000km of real length of roads) #K03102 所:number of facilities 2019		No. 390 交通事故発生件数 (道路実延長千km当たり) Number of traffic accidents (per 1,000km real length of roads) #K04102 件:number of cases 2019		No. 391 交通事故発生件数 (人口10万人当たり) Number of traffic accidents (per 100,000 persons) #K04101 件:number of cases 2019		No. 392 交通事故死傷者数 (人口10万人当たり) Number of persons killed or injured by traffic accidents (per 100,000 persons) #K04105 人:person 2019		No. 393 交通事故死者数 (人口10万人当たり) Number of persons killed by traffic accidents (per 100,000 persons) #K04106 人:person 2019		都道府県コード Pref. code
指標値 Indicator	順位 Rank	指標値 Indicator	順位 Rank	指標値 Indicator	順位 Rank	指標値 Indicator	順位 Rank	指標値 Indicator	順位 Rank	
12.33		313.1		302.2		368.6		2.5		00
3.55	46	106.9	41	182.8	41	213.3	41	2.9	31	01
4.80	40	139.5	34	224.0	30	274.1	30	3.0	29	02
3.62	45	59.3	46	160.4	42	197.6	42	3.7	18	03
7.31	30	224.2	20	246.1	25	303.8	23	2.8	32	04
3.71	44	63.9	45	156.7	43	193.6	43	4.1	10	05
9.42	28	257.5	19	398.1	9	479.3	9	3.0	30	06
7.11	32	100.6	42	212.3	34	257.0	34	3.3	23	07
6.25	36	134.5	36	260.4	20	331.4	19	3.7	16	08
11.42	22	179.4	25	235.4	27	294.9	26	4.2	5	09
6.97	33	339.1	13	609.2	4	767.6	3	3.1	26	10
18.63	9	453.2	10	290.6	16	351.5	15	1.8	44	11
11.99	20	403.2	12	263.2	19	320.8	21	2.7	34	12
46.53	1	1,254.4	2	218.9	33	250.8	36	1.0	47	13
36.43	3	906.6	3	253.3	22	299.2	24	1.4	46	14
6.36	35	93.5	43	156.7	44	188.0	44	4.2	8	15
14.39	12	169.3	27	225.4	29	261.5	33	3.3	24	16
12.43	17	183.7	24	211.6	35	250.8	35	2.7	35	17
10.30	25	107.4	40	152.1	45	177.6	46	4.0	11	18
13.84	13	269.8	17	370.3	10	470.3	10	3.1	28	19
11.49	21	131.5	38	306.5	13	372.1	14	3.2	25	20
20.94	6	133.8	37	206.2	37	267.0	32	4.2	6	21
16.43	10	683.0	5	688.9	1	894.4	1	2.8	33	22
26.24	4	613.0	7	408.3	8	492.1	8	2.1	42	23
12.08	19	144.4	33	204.8	38	267.4	31	4.2	7	24
13.04	15	293.5	16	257.9	21	328.8	20	4.0	12	25
13.17	14	331.4	14	200.7	40	237.2	40	2.1	41	26
42.82	2	1,577.8	1	350.9	11	417.7	12	1.5	45	27
23.17	5	627.8	6	418.9	7	505.7	7	2.5	38	28
20.05	7	260.7	18	250.2	23	314.2	22	2.6	37	29
6.62	34	135.2	35	201.0	39	242.3	38	3.6	21	30
9.91	27	90.7	44	144.8	46	177.7	45	5.6	2	31
5.34	37	51.0	47	137.5	47	160.7	47	3.7	17	32
10.38	24	146.2	32	248.1	24	285.2	28	4.0	13	33
12.17	18	217.0	22	223.1	31	275.2	29	2.7	36	34
18.64	8	194.8	23	236.3	26	292.1	27	3.3	22	35
7.31	31	165.5	28	345.5	12	421.4	11	5.6	1	36
15.66	11	444.2	11	474.6	6	582.8	6	4.9	3	37
11.07	23	154.1	31	209.9	36	239.7	39	3.1	27	38
3.47	47	110.1	39	222.9	32	248.3	37	4.7	4	39
10.29	26	714.7	4	527.7	5	689.2	5	1.9	43	40
7.76	29	460.4	9	618.4	2	827.9	2	4.2	9	41
5.21	39	219.6	21	298.3	14	387.0	13	2.5	39	42
4.65	41	157.8	30	234.8	28	295.3	25	3.9	14	43
5.33	38	165.3	29	267.6	18	335.3	18	3.6	20	44
3.90	42	331.1	15	617.1	3	696.3	4	3.6	19	45
3.81	43	174.9	26	297.8	15	349.1	16	3.8	15	46
12.78	16	500.7	8	280.5	17	337.0	17	2.5	40	47

安 全 K (指標)

都道府県 Prefecture	No. 394 道路交通法違反検挙件数 (人口千人当たり) Arrests for road traffic act (per 1,000 persons) #K04301 件：number of cases 2019 指標値 Indicator	順位 Rank	No. 395 警察官数 (人口千人当たり) Number of police men (per 1,000 persons) #K05103 人：person 2019 指標値 Indicator	順位 Rank	No. 396 刑法犯認知件数 (人口千人当たり) Number of recognitions of criminal offenses (per 1,000 persons) #K06101 件：number of cases 2019 指標値 Indicator	順位 Rank	No. 397 窃盗犯認知件数 (人口千人当たり) Number of recognitions of larceny offenses (per 1,000 persons) #K06104 件：number of cases 2019 指標値 Indicator	順位 Rank
00 全国 All Japan	45.3		2.08		5.93		4.22	
01 北海道 Hokkaido	41.6	25	2.03	17	4.50	28	2.92	32
02 青森県 Aomori-ken	27.5	41	1.87	26	2.80	43	1.86	43
03 岩手県 Iwate-ken	25.1	42	1.75	39	2.50	46	1.75	44
04 宮城県 Miyagi-ken	33.4	36	1.64	45	5.63	14	4.05	14
05 秋田県 Akita-ken	24.2	43	2.07	15	2.24	47	1.63	47
06 山形県 Yamagata-ken	30.2	39	1.86	28	3.04	42	1.95	42
07 福島県 Fukushima-ken	37.5	31	1.88	23	5.10	18	3.65	18
08 茨城県 Ibaraki-ken	36.9	32	1.69	44	7.10	5	5.51	3
09 栃木県 Tochigi-ken	21.9	46	1.79	36	5.77	13	4.37	10
10 群馬県 Gumma-ken	35.5	33	1.80	34	6.02	10	4.17	13
11 埼玉県 Saitama-ken	47.8	20	1.59	47	7.55	2	5.52	2
12 千葉県 Chiba-ken	38.0	30	1.83	32	6.68	7	4.96	5
13 東京都 Tokyo-to	52.3	12	3.22	1	7.52	3	5.31	4
14 神奈川県 Kanagawa-ken	45.0	23	1.70	43	4.54	27	3.30	24
15 新潟県 Niigata-ken	29.1	40	1.90	21	4.83	24	3.30	23
16 富山県 Toyama-ken	55.2	8	1.88	25	4.32	30	2.90	34
17 石川県 Ishikawa-ken	56.0	6	1.77	38	3.96	35	3.07	30
18 福井県 Fukui-ken	51.1	16	2.29	8	4.08	34	2.77	35
19 山梨県 Yamanashi-ken	51.1	17	2.07	16	4.91	22	3.72	17
20 長野県 Nagano-ken	34.1	35	1.72	42	4.15	33	3.05	31
21 岐阜県 Gifu-ken	40.8	26	1.79	35	6.47	9	4.43	9
22 静岡県 Shizuoka-ken	47.6	21	1.72	41	4.91	23	3.28	26
23 愛知県 Aichi-ken	53.6	10	1.80	33	6.61	8	4.54	8
24 三重県 Mie-ken	20.3	47	1.74	40	5.80	12	4.24	12
25 滋賀県 Shiga-ken	24.2	44	1.64	46	4.79	25	3.36	21
26 京都府 Kyoto-fu	39.9	29	2.56	2	5.86	11	4.29	11
27 大阪府 Osaka-fu	52.1	13	2.46	3	9.61	1	7.35	1
28 兵庫県 Hyogo-ken	59.4	2	2.15	13	7.39	4	4.90	6
29 奈良県 Nara-ken	53.2	11	1.86	27	4.97	21	3.31	22
30 和歌山県 Wakayama-ken	43.5	24	2.38	4	4.72	26	3.08	28
31 鳥取県 Tottori-ken	58.6	3	2.23	10	3.65	39	2.74	36
32 島根県 Shimane-ken	51.9	15	2.27	9	3.43	41	2.52	41
33 岡山県 Okayama-ken	40.3	28	1.90	22	4.99	20	3.50	19
34 広島県 Hiroshima-ken	50.3	18	1.84	30	5.05	19	3.29	25
35 山口県 Yamaguchi-ken	56.7	5	2.33	7	3.83	36	2.57	40
36 徳島県 Tokushima-ken	30.4	38	2.16	12	4.27	31	3.23	27
37 香川県 Kagawa-ken	63.3	1	1.95	18	5.19	16	3.48	20
38 愛媛県 Ehime-ken	23.6	45	1.85	29	5.56	15	3.78	16
39 高知県 Kochi-ken	51.9	14	2.33	6	5.10	17	3.80	15
40 福岡県 Fukuoka-ken	58.2	4	2.20	11	6.76	6	4.68	7
41 佐賀県 Saga-ken	53.8	9	2.11	14	4.17	32	3.08	29
42 長崎県 Nagasaki-ken	50.3	19	2.34	5	2.56	45	1.64	46
43 熊本県 Kumamoto-ken	40.5	27	1.77	37	3.72	38	2.60	39
44 大分県 Oita-ken	34.6	34	1.84	31	2.66	44	1.75	45
45 宮崎県 Miyazaki-ken	45.1	22	1.88	24	3.72	37	2.70	37
46 鹿児島県 Kagoshima-ken	32.7	37	1.91	20	3.61	40	2.61	38
47 沖縄県 Okinawa-ken	55.9	7	1.91	19	4.48	29	2.91	33

No. 398 刑法犯検挙率（認知件数1件当たり）Ratio of arrests to recognitions of criminal offenses #K06201 % 2019		No. 399 窃盗犯検挙率（認知件数1件当たり）Ratio of arrests to recognitions of larceny offenses #K06204 % 2019		No. 400 災害被害額（人口1人当たり）Amount of damage by disasters (per capita) #K07105 円：yen 2019		No. 401 不慮の事故による死亡者数（人口10万人当たり）Number of fatalities due to freak accidents (per 100,000 persons) #K08101 人：person 2019		No. 402 公害苦情件数（人口10万人当たり）Cases of grievances against pollution (per 100,000 persons) #K09201 件：number of cases 2019		都道府県コード Pref. code
指標値 Indicator	順位 Rank	指標値 Indicator	順位 Rank	指標値 Indicator	順位 Rank	指標値 Indicator	順位 Rank	指標値 Indicator	順位 Rank	
39.3		34.0		9,842		31.1		36.9		00
47.1	25	41.8	26	370	39	34.7	28	17.1	44	01
57.0	12	53.8	12	262	40	45.1	6	19.7	42	02
60.4	10	60.1	10	25,625	6	41.5	14	24.3	41	03
40.8	38	36.8	35	71,140	3	30.7	36	15.1	46	04
78.9	1	75.9	1	2,189	27	53.0	1	31.9	31	05
69.9	3	65.9	3	4,306	19	41.9	12	25.9	40	06
46.1	27	45.0	23	121,126	2	47.9	5	16.5	45	07
35.9	41	33.6	41	12,224	10	35.4	24	50.7	4	08
42.2	34	40.6	31	48,709	4	30.5	37	38.6	23	09
51.2	19	45.1	21	22,191	7	35.0	26	36.9	25	10
33.8	44	28.4	43	1,012	33	21.8	45	36.2	26	11
30.8	46	27.3	45	19,398	8	23.6	43	43.1	11	12
32.8	45	24.4	46	163	41	20.9	46	38.4	24	13
42.5	33	38.1	34	3,701	20	29.7	39	28.3	36	14
52.3	17	50.7	17	9,179	14	43.5	8	33.5	28	15
51.0	20	44.5	24	931	34	49.2	3	11.6	47	16
49.8	22	45.1	22	884	35	33.5	30	26.5	38	17
64.6	5	61.6	9	1,555	28	43.8	7	45.7	10	18
46.4	26	44.1	25	11,784	11	39.0	18	42.7	12	19
48.8	23	48.5	18	135,823	1	42.5	11	51.9	2	20
37.3	39	33.8	40	1,114	31	41.2	15	46.9	9	21
45.4	29	40.2	33	5,392	16	32.1	35	40.8	16	22
34.8	42	30.0	42	51	45	25.3	42	51.3	3	23
37.1	40	34.6	39	3,239	21	36.0	20	48.7	6	24
41.9	35	41.5	27	115	43	30.0	38	40.6	17	25
34.4	43	28.3	44	742	38	22.1	44	39.1	21	26
26.1	47	19.3	47	1	47	26.5	41	46.9	8	27
40.9	37	34.9	38	18	46	32.2	34	32.3	30	28
61.6	9	63.8	6	130	42	27.3	40	29.1	35	29
62.0	8	62.8	8	8,676	15	43.1	10	41.5	14	30
73.4	2	71.3	2	1,466	29	41.9	13	41.7	13	31
64.2	6	63.9	5	2,252	26	35.6	23	27.3	37	32
44.4	30	35.2	37	1,154	30	33.4	31	29.2	34	33
45.6	28	40.4	32	841	37	32.8	32	33.1	29	34
55.3	13	53.1	13	2,403	24	34.8	27	30.1	32	35
53.2	16	51.3	16	3,103	22	49.0	4	35.4	27	36
54.2	14	51.7	15	106	44	35.8	22	47.8	7	37
41.6	36	41.2	28	1,022	32	43.2	9	40.1	18	38
43.4	31	40.7	30	11,330	12	51.1	2	19.3	43	39
42.6	32	35.5	36	2,615	23	32.3	33	39.6	19	40
63.1	7	63.3	7	46,723	5	35.1	25	41.5	15	41
64.9	4	65.5	4	12,448	9	37.1	19	39.1	20	42
53.4	15	47.5	19	5,088	18	33.8	29	29.7	33	43
49.9	21	47.2	20	2,389	25	41.1	16	50.4	5	44
47.8	24	41.0	29	5,269	17	35.9	21	61.6	1	45
51.3	18	52.0	14	11,326	13	39.3	17	26.4	39	46
59.3	11	54.1	11	860	36	19.5	47	39.1	22	47

安 全 K （指標）

			No. 403 ばい煙発生施設数 Number of soot and smoke emitting facilities #K09210		No. 404 一般粉じん発生施設数 Number of general dust discharging facilities #K09211		No. 405 水質汚濁防止法上の特定事業場数 Number of specified workplaces under the Water Pollution Prevention Act #K09220		No. 406 民間生命保険保有契約件数（人口千人当たり）Number of private life insurance policies in force (per 1,000 persons) #K10101	
単位	Unit		件：number of facilities		件：number of facilities		件：number of workplaces		件：number of contracts	
年度	Fiscal year		2019		2019		2019		2019	
都道府県	Prefecture		指標値 Indicator	順位 Rank	指標値 Indicator	順位 Rank	指標値 Indicator	順位 Rank	指標値 Indicator	順位 Rank
00	全国	All Japan	217,170		70,061		260,815		3,111.7	
01	北海道	Hokkaido	16,226	1	4,279	3	5,927	16	1,712.1	20
02	青森県	Aomori-ken	3,503	24	1,604	16	4,615	26	1,577.9	40
03	岩手県	Iwate-ken	3,547	23	1,741	14	5,175	20	1,507.1	42
04	宮城県	Miyagi-ken	4,333	18	744	33	5,282	19	1,755.7	16
05	秋田県	Akita-ken	2,533	32	517	43	3,263	40	1,499.9	43
06	山形県	Yamagata-ken	2,613	29	676	35	3,731	36	1,846.7	8
07	福島県	Fukushima-ken	4,717	14	2,233	10	7,737	12	1,608.0	34
08	茨城県	Ibaraki-ken	5,757	11	2,391	9	8,675	7	1,379.7	46
09	栃木県	Tochigi-ken	4,507	15	2,706	6	8,347	10	1,726.9	18
10	群馬県	Gumma-ken	4,220	20	663	37	5,003	22	1,626.3	31
11	埼玉県	Saitama-ken	7,132	9	1,553	19	8,762	6	1,452.5	45
12	千葉県	Chiba-ken	7,226	8	2,078	11	10,239	4	1,591.2	38
13	東京都	Tokyo-to	14,834	2	1,680	15	3,163	41	13,718.2	1
14	神奈川県	Kanagawa-ken	9,605	5	2,014	12	7,654	13	1,647.3	29
15	新潟県	Niigata-ken	5,756	12	881	29	8,442	8	1,594.7	35
16	富山県	Toyama-ken	3,262	26	1,183	22	3,419	37	2,150.1	4
17	石川県	Ishikawa-ken	2,565	31	670	36	3,871	32	1,810.1	13
18	福井県	Fukui-ken	1,886	36	555	41	2,384	45	2,018.4	6
19	山梨県	Yamanashi-ken	2,085	34	644	38	4,950	23	1,655.3	27
20	長野県	Nagano-ken	5,319	13	1,334	21	12,355	1	1,592.6	36
21	岐阜県	Gifu-ken	4,285	19	961	27	8,118	11	1,732.9	17
22	静岡県	Shizuoka-ken	7,231	7	1,082	23	11,126	3	1,870.3	7
23	愛知県	Aichi-ken	13,978	3	4,816	1	11,259	2	2,187.8	3
24	三重県	Mie-ken	4,413	17	1,807	13	8,351	9	1,650.3	28
25	滋賀県	Shiga-ken	3,256	27	415	44	3,348	39	1,614.1	33
26	京都府	Kyoto-fu	3,926	21	689	34	4,825	24	2,090.4	5
27	大阪府	Osaka-fu	13,381	4	1,570	18	4,331	28	2,887.8	2
28	兵庫県	Hyogo-ken	9,414	6	4,698	2	9,219	5	1,632.2	30
29	奈良県	Nara-ken	1,836	39	379	46	3,354	38	1,454.6	44
30	和歌山県	Wakayama-ken	1,817	42	1,546	20	3,828	34	1,698.3	23
31	鳥取県	Tottori-ken	1,036	47	333	47	2,278	46	1,826.6	10
32	島根県	Shimane-ken	1,822	41	620	39	2,878	43	1,566.6	41
33	岡山県	Okayama-ken	3,672	22	2,600	7	4,653	25	1,698.4	22
34	広島県	Hiroshima-ken	4,498	16	2,427	8	6,240	15	1,820.7	11
35	山口県	Yamaguchi-ken	3,311	25	1,592	17	4,201	30	1,657.7	26
36	徳島県	Tokushima-ken	1,527	43	803	31	4,392	27	1,802.2	14
37	香川県	Kagawa-ken	1,863	37	1,006	25	3,805	35	1,813.8	12
38	愛媛県	Ehime-ken	2,429	33	1,012	24	4,279	29	1,578.6	39
39	高知県	Kochi-ken	1,234	46	762	32	2,942	42	1,674.6	25
40	福岡県	Fukuoka-ken	6,733	10	3,497	4	5,065	21	1,833.9	9
41	佐賀県	Saga-ken	1,332	45	392	45	2,768	44	1,758.8	15
42	長崎県	Nagasaki-ken	1,861	38	966	26	6,304	14	1,680.8	24
43	熊本県	Kumamoto-ken	2,586	30	865	30	3,831	33	1,725.3	19
44	大分県	Oita-ken	1,893	35	2,981	5	5,344	18	1,707.2	21
45	宮崎県	Miyazaki-ken	1,829	40	545	42	3,929	31	1,592.1	37
46	鹿児島県	Kagoshima-ken	2,899	28	949	28	5,419	17	1,625.8	32
47	沖縄県	Okinawa-ken	1,482	44	602	40	1,734	47	1,098.7	47

No. 407 民間生命保険保険金額 (保有契約１件当たり) Amount insured by private life insurance (per policy in force) #K10105 万円：10 thousand yen 2020		No. 408 民間生命保険保険金額 （１世帯当たり） Amount insured by private life insurance (per household) #K10107 万円：10 thousand yen 2019		No. 409 火災保険住宅物件・一般物件新契約件数 （一般世帯千世帯当たり） Number of new fire insurance policies effected for residential properties and general properties a) #K10306 件：number of contracts 2019		No. 410 火災保険住宅物件・一般物件受取保険金額 （保有契約１件当たり） Amount of receipt from fire insurance for residential properties and general properties b) #K10308 万円：10 thousand yen 2019		都道府県コード Pref. code
指標値 Indicator	順位 Rank	指標値 Indicator	順位 Rank	指標値 Indicator	順位 Rank	指標値 Indicator	順位 Rank	
309.7		2,297.6		314.0		96.7		00
342.1	46	1,292.3	46	344.1	6	67.8	26	01
410.9	31	1,637.0	34	296.8	26	77.3	19	02
428.0	19	1,643.4	33	237.5	45	99.1	10	03
404.9	32	1,788.9	25	358.6	2	158.9	4	04
393.8	41	1,517.0	43	255.3	43	62.6	32	05
430.9	16	2,246.9	6	276.8	36	64.0	28	06
433.4	14	1,797.2	24	316.7	15	419.3	1	07
427.1	20	1,548.3	40	310.4	18	96.7	11	08
478.2	4	2,155.8	8	317.4	14	181.3	3	09
422.4	23	1,801.5	23	301.2	24	82.7	15	10
428.7	18	1,589.7	36	301.1	25	78.9	17	11
420.6	26	1,649.9	32	308.5	20	125.2	7	12
197.9	47	5,563.0	1	353.4	4	71.1	23	13
403.4	33	1,579.5	38	313.1	16	83.5	14	14
444.5	9	1,919.2	17	262.3	40	61.8	34	15
504.3	1	2,923.9	2	305.2	22	58.2	37	16
430.2	17	2,020.7	11	318.4	13	50.7	46	17
444.8	8	2,559.6	4	341.9	8	62.6	31	18
442.5	11	1,856.5	20	345.2	5	70.9	24	19
444.4	10	1,833.2	21	272.8	38	192.7	2	20
491.8	2	2,280.0	5	327.9	11	57.2	40	21
421.2	24	2,073.7	10	307.2	21	87.5	13	22
400.7	36	2,193.8	7	308.6	19	55.1	42	23
460.5	5	1,912.6	18	286.9	29	75.1	22	24
454.2	6	1,986.8	13	257.8	42	75.9	21	25
412.5	28	1,956.0	15	324.5	12	102.5	9	26
396.9	39	2,594.4	3	336.1	9	143.6	5	27
425.8	21	1,681.5	28	280.7	33	88.2	12	28
447.1	7	1,665.9	29	281.6	32	75.9	20	29
412.4	29	1,737.8	27	334.0	10	112.9	8	30
414.3	27	2,016.9	12	302.3	23	60.8	36	31
402.7	35	1,661.6	30	227.3	46	55.9	41	32
435.6	13	1,869.7	19	289.6	28	78.5	18	33
420.9	25	1,813.4	22	274.0	37	64.0	29	34
395.2	40	1,530.3	42	286.5	30	57.2	39	35
436.5	12	1,929.9	16	271.4	39	51.4	45	36
482.3	3	2,152.2	9	310.9	17	52.8	44	37
423.9	22	1,558.8	39	261.6	41	53.9	43	38
403.4	34	1,533.4	41	241.8	44	48.0	47	39
381.6	44	1,656.3	31	344.0	7	61.2	35	40
400.4	37	1,967.3	14	358.2	3	139.0	6	41
389.0	42	1,604.7	35	291.9	27	69.1	25	42
398.7	38	1,762.9	26	445.2	1	57.3	38	43
385.6	43	1,581.4	37	280.1	34	62.2	33	44
367.7	45	1,396.5	45	277.9	35	62.9	30	45
411.3	30	1,504.2	44	283.9	31	64.5	27	46
433.3	15	1,267.1	47	194.5	47	80.0	16	47

a) (per 1,000 private households)
b) (per policy in force)

安

全

K

（指標）

L. 家計　　　　L Family Budget

		No. 411 実収入（二人以上の世帯のうち勤労者世帯）（1世帯当たり1か月間）　Monthly income per household (Two-or-more-person households - Workers' households) #L01201 千円：thousand yen 2020	*	No. 412 世帯主収入（二人以上の世帯のうち勤労者世帯）（1世帯当たり1か月間）　Monthly wages and salaries of household head per household a) #L01204 千円：thousand yen 2020	*	No. 413 年間収入（1世帯当たり）　Annual income per household #L07601 千円：thousand yen 2019		No. 414 世帯主収入（年間収入）（1世帯当たり）　Annual income of household head per household #L07602 千円：thousand yen 2019	
単位 Unit / 年度 Fiscal year									
都道府県 Prefecture		指標値 Indicator	順位 Rank	指標値 Indicator	順位 Rank	指標値 Indicator	順位 Rank	指標値 Indicator	順位 Rank
00 全国	All Japan	609.5		431.9		5,578		2,856	
01 北海道	Hokkaido	634.8	21	471.4	10	4,488	44	2,357	26
02 青森県	Aomori-ken	545.9	42	361.3	46	4,952	37	2,059	43
03 岩手県	Iwate-ken	577.5	34	388.3	38	5,282	31	2,176	36
04 宮城県	Miyagi-ken	493.6	46	363.4	45	5,702	17	2,716	14
05 秋田県	Akita-ken	565.4	38	376.5	43	5,274	32	1,969	46
06 山形県	Yamagata-ken	676.4	6	453.7	14	5,856	13	2,195	35
07 福島県	Fukushima-ken	624.8	24	412.7	30	5,397	25	2,297	27
08 茨城県	Ibaraki-ken	643.5	19	482.4	7	5,956	8	2,893	9
09 栃木県	Tochigi-ken	595.8	32	446.9	17	5,828	14	2,842	10
10 群馬県	Gumma-ken	654.8	13	446.9	18	5,595	20	2,586	20
11 埼玉県	Saitama-ken	750.3	1	551.6	2	5,886	12	3,187	6
12 千葉県	Chiba-ken	694.2	4	507.4	3	5,952	9	3,319	4
13 東京都	Tokyo-to	740.5	2	552.7	1	6,211	2	3,520	2
14 神奈川県	Kanagawa-ken	652.2	14	505.2	4	6,220	1	3,631	1
15 新潟県	Niigata-ken	646.1	18	426.4	25	5,563	22	2,296	28
16 富山県	Toyama-ken	690.4	5	411.9	31	6,131	3	2,555	22
17 石川県	Ishikawa-ken	661.7	10	437.0	23	5,704	16	2,659	17
18 福井県	Fukui-ken	621.2	26	386.8	40	6,104	5	2,549	23
19 山梨県	Yamanashi-ken	627.1	23	419.1	28	5,374	27	2,286	30
20 長野県	Nagano-ken	597.2	30	399.0	35	5,637	19	2,490	25
21 岐阜県	Gifu-ken	700.6	3	460.9	11	6,054	7	2,680	15
22 静岡県	Shizuoka-ken	623.9	25	416.3	29	5,912	11	2,744	13
23 愛知県	Aichi-ken	619.9	27	460.3	12	6,125	4	3,379	3
24 三重県	Mie-ken	667.2	8	479.1	8	5,945	10	2,930	8
25 滋賀県	Shiga-ken	650.9	15	490.2	6	6,088	6	3,213	5
26 京都府	Kyoto-fu	523.9	43	405.0	33	5,316	30	2,763	11
27 大阪府	Osaka-fu	548.4	40	394.7	36	5,022	34	2,641	18
28 兵庫県	Hyogo-ken	570.6	36	451.0	15	5,584	21	2,971	7
29 奈良県	Nara-ken	646.3	17	498.3	5	5,452	23	2,663	16
30 和歌山県	Wakayama-ken	575.8	35	441.3	19	4,796	40	2,032	44
31 鳥取県	Tottori-ken	615.1	28	392.3	37	5,389	26	2,168	37
32 島根県	Shimane-ken	675.5	7	440.1	21	5,655	18	2,234	32
33 岡山県	Okayama-ken	565.3	39	425.0	27	5,729	15	2,759	12
34 広島県	Hiroshima-ken	628.7	22	449.3	16	5,323	29	2,641	18
35 山口県	Yamaguchi-ken	659.5	11	433.5	24	4,956	36	2,292	29
36 徳島県	Tokushima-ken	662.4	9	454.1	13	4,990	35	2,030	45
37 香川県	Kagawa-ken	659.2	12	437.6	22	5,348	28	2,557	21
38 愛媛県	Ehime-ken	507.4	45	387.5	39	4,846	39	2,119	38
39 高知県	Kochi-ken	604.6	29	402.9	34	4,474	45	1,891	47
40 福岡県	Fukuoka-ken	640.0	20	474.1	9	4,849	38	2,542	24
41 佐賀県	Saga-ken	646.9	16	426.3	26	5,447	24	2,227	33
42 長崎県	Nagasaki-ken	523.8	44	382.1	41	4,749	41	2,092	40
43 熊本県	Kumamoto-ken	580.5	33	408.0	32	5,026	33	2,207	34
44 大分県	Oita-ken	597.1	31	441.1	20	4,701	42	2,235	31
45 宮崎県	Miyazaki-ken	565.9	37	376.1	44	4,658	43	2,099	39
46 鹿児島県	Kagoshima-ken	547.7	41	377.5	42	4,300	46	2,077	41
47 沖縄県	Okinawa-ken	440.5	47	286.3	47	4,215	47	2,075	42

注）項目欄に「*」の付されている項目は，都道府県庁所在市のデータである。
Note：Items with * refer to the cities with prefectural governments.
a) (Two-or-more-person households - Workers' households)

No. 415 消費支出 (二人以上の世帯) (1世帯当たり1か月間) Monthly living expenditure per household (Two-or-more-person households) #L02211 千円:thousand yen 2020		No. 416 食料費割合 (対消費支出) (二人以上の世帯) Ratio of expenditure for food (Two-or-more-person households) #L02411 % 2020		No. 417 住居費割合 (対消費支出) (二人以上の世帯) Ratio of expenditure for housing (Two-or-more-person households) #L02412 % 2020		No. 418 光熱・水道費割合 (対消費支出) (二人以上の世帯) Ratio of expenditure for furniture and household utensils (Two-or-more-person households) #L02413 % 2020		No. 419 家具・家事用品費割合 (対消費支出) (二人以上の世帯) Ratio of expenditure for furniture and household utensils (Two-or-more-person households) #L02414 % 2020		都道府県コード
指標値 Indicator	順位 Rank	指標値 Indicator	順位 Rank	指標値 Indicator	順位 Rank	指標値 Indicator	順位 Rank	指標値 Indicator	順位 Rank	Pref. code
277.9		27.5		6.2		7.9		4.5		00
301.7	8	25.7	39	9.1	7	9.1	7	4.1	37	01
251.9	43	29.9	4	7.4	16	11.1	1	4.2	26	02
270.9	30	27.3	17	9.2	5	10.0	3	3.9	44	03
264.8	37	28.8	7	9.1	6	8.6	11	3.7	46	04
264.9	36	27.5	15	5.5	32	9.7	5	4.4	19	05
293.5	15	26.3	33	5.5	33	10.1	2	4.1	33	06
268.0	34	27.1	22	6.4	23	9.5	6	4.5	13	07
274.5	27	26.0	36	5.8	28	8.2	16	3.9	43	08
279.2	25	27.1	23	5.6	31	7.9	20	4.7	5	09
289.1	18	26.7	26	4.0	46	7.0	40	4.5	10	10
326.3	1	25.8	37	5.0	38	6.7	44	3.7	47	11
303.2	6	27.3	19	7.7	13	6.9	42	3.9	41	12
325.0	2	28.3	9	9.3	4	6.6	45	4.2	32	13
295.9	12	28.4	8	7.8	9	7.3	34	4.5	12	14
273.9	28	27.6	13	5.1	37	8.7	10	4.0	38	15
302.2	7	26.5	29	4.3	44	8.5	13	4.2	31	16
299.4	10	26.4	31	5.3	36	7.4	29	4.4	15	17
253.7	42	29.8	5	4.8	40	9.8	4	4.1	36	18
290.4	17	26.4	32	5.8	29	7.5	28	4.2	30	19
270.4	31	26.7	25	7.4	15	8.7	9	4.3	23	20
304.3	4	25.2	43	6.2	25	7.3	31	4.4	17	21
281.3	24	28.2	10	6.1	26	7.5	27	4.2	29	22
282.3	23	27.8	12	4.7	41	7.3	33	5.0	3	23
285.1	22	25.7	41	5.4	34	6.9	41	5.1	2	24
304.2	5	26.7	27	4.1	45	7.1	39	4.5	11	25
253.9	40	31.1	2	3.4	47	8.1	17	4.6	7	26
246.2	44	31.2	1	7.7	12	8.2	15	4.3	21	27
268.8	33	29.1	6	4.5	43	6.5	47	5.6	1	28
299.6	9	27.1	21	7.3	17	7.6	26	3.9	42	29
245.5	45	26.9	24	7.0	20	8.0	19	4.2	28	30
296.7	11	25.7	40	6.0	27	7.3	30	4.1	35	31
294.5	14	24.9	45	6.4	22	8.5	14	4.4	16	32
262.4	38	27.4	16	7.2	19	7.9	22	4.1	34	33
287.3	20	27.5	14	5.7	30	7.6	25	4.3	25	34
286.1	21	25.1	44	5.4	35	7.7	24	4.6	8	35
295.7	13	25.8	38	4.8	39	7.2	36	4.4	14	36
275.3	26	26.2	34	6.4	21	7.3	32	4.8	4	37
240.2	46	28.2	11	4.5	42	8.1	18	4.6	9	38
270.2	32	27.3	18	7.3	18	7.7	23	4.0	39	39
317.0	3	23.8	47	10.8	1	6.7	43	3.8	45	40
288.6	19	25.5	42	7.8	11	7.9	21	4.3	24	41
253.8	41	26.6	28	9.3	3	8.6	12	4.4	18	42
291.7	16	24.6	46	7.6	14	6.6	46	4.2	27	43
271.4	29	26.2	35	8.2	8	7.2	35	4.3	22	44
261.7	39	27.2	20	6.2	24	7.1	38	4.0	40	45
266.2	35	26.5	30	7.8	10	7.2	37	4.6	6	46
216.2	47	30.6	3	10.3	2	9.0	8	4.4	20	47

家 計 L (指標)

			No. 420 被服及び履物費割合 (対消費支出) (二人以上の世帯) Ratio of expenditure for clothes and footwear (Two-or-more-person households) #L02415	*	No. 421 保健医療費割合 (対消費支出) (二人以上の世帯) Ratio of expenditure for medical care (Two-or-more-person households) #L02416	*	No. 422 交通・通信費割合 (対消費支出) (二人以上の世帯) Ratio of expenditure for transportation and communication b) #L02417	*	No. 423 教育費割合 (対消費支出) (二人以上の世帯) Ratio of expenditure for education (Two-or-more-person households) #L02418	*
単位	Unit		%		%		%		%	
年度	Fiscal year		2020		2020		2020		2020	
都道府県	Prefecture		指標値 Indicator	順位 Rank	指標値 Indicator	順位 Rank	指標値 Indicator	順位 Rank	指標値 Indicator	順位 Rank
00	全国	All Japan	3.2		5.1		14.4		3.7	
01	北海道	Hokkaido	3.1	32	4.7	27	13.7	29	3.1	29
02	青森県	Aomori-ken	2.9	38	4.7	28	11.7	43	1.5	46
03	岩手県	Iwate-ken	2.9	40	4.8	22	15.0	22	2.4	41
04	宮城県	Miyagi-ken	3.2	23	4.8	26	12.0	42	2.6	39
05	秋田県	Akita-ken	2.6	46	4.4	38	14.6	23	1.7	45
06	山形県	Yamagata-ken	2.9	41	4.2	44	16.1	15	2.9	32
07	福島県	Fukushima-ken	2.8	45	4.6	31	15.6	20	1.5	47
08	茨城県	Ibaraki-ken	3.2	21	4.2	45	16.1	16	2.4	42
09	栃木県	Tochigi-ken	3.1	28	5.2	14	13.7	31	3.5	24
10	群馬県	Gumma-ken	3.4	14	4.9	21	17.9	4	3.0	30
11	埼玉県	Saitama-ken	3.7	4	4.5	35	17.2	6	7.1	1
12	千葉県	Chiba-ken	3.1	25	5.3	11	13.7	30	6.3	2
13	東京都	Tokyo-to	3.7	2	5.7	6	10.2	46	5.9	3
14	神奈川県	Kanagawa-ken	3.1	31	6.3	1	11.3	45	5.3	5
15	新潟県	Niigata-ken	3.3	16	4.5	34	16.7	11	3.8	16
16	富山県	Toyama-ken	3.2	18	4.1	47	16.1	14	2.9	31
17	石川県	Ishikawa-ken	3.5	10	5.0	19	16.0	18	4.7	9
18	福井県	Fukui-ken	2.9	39	5.1	17	13.0	35	3.6	21
19	山梨県	Yamanashi-ken	3.2	20	4.4	37	16.0	19	3.8	17
20	長野県	Nagano-ken	3.4	12	4.6	33	13.6	33	2.7	38
21	岐阜県	Gifu-ken	3.6	5	5.6	7	16.4	13	3.8	15
22	静岡県	Shizuoka-ken	2.8	44	5.8	5	14.1	24	2.7	36
23	愛知県	Aichi-ken	3.5	11	5.1	16	16.1	17	5.2	6
24	三重県	Mie-ken	3.0	34	4.3	42	18.4	2	3.3	27
25	滋賀県	Shiga-ken	3.8	1	4.1	46	18.1	3	4.0	14
26	京都府	Kyoto-fu	3.5	9	5.3	12	12.6	39	4.9	7
27	大阪府	Osaka-fu	3.2	19	5.2	13	10.1	47	4.3	13
28	兵庫県	Hyogo-ken	3.5	8	5.9	3	11.6	44	4.7	10
29	奈良県	Nara-ken	3.3	15	4.8	25	13.5	34	5.6	4
30	和歌山県	Wakayama-ken	3.1	27	6.3	2	12.2	41	3.6	22
31	鳥取県	Tottori-ken	3.1	29	4.6	30	20.8	1	1.9	43
32	島根県	Shimane-ken	3.0	37	4.7	29	16.9	7	2.8	33
33	岡山県	Okayama-ken	3.6	7	5.1	15	14.0	25	4.5	12
34	広島県	Hiroshima-ken	3.1	30	5.8	4	13.9	26	3.6	20
35	山口県	Yamaguchi-ken	3.7	3	4.3	43	17.7	5	2.8	35
36	徳島県	Tokushima-ken	3.2	24	5.5	8	12.6	38	3.5	25
37	香川県	Kagawa-ken	2.9	42	4.3	39	13.8	28	2.8	34
38	愛媛県	Ehime-ken	3.2	22	4.9	20	16.7	10	4.9	8
39	高知県	Kochi-ken	3.1	26	4.5	36	12.9	36	3.5	23
40	福岡県	Fukuoka-ken	3.4	13	4.6	32	16.4	12	3.7	18
41	佐賀県	Saga-ken	3.2	17	5.5	9	13.8	27	2.7	37
42	長崎県	Nagasaki-ken	2.8	43	4.8	23	12.9	37	1.9	44
43	熊本県	Kumamoto-ken	3.6	6	4.8	24	16.8	9	3.7	19
44	大分県	Oita-ken	3.0	33	5.0	18	15.4	21	2.5	40
45	宮崎県	Miyazaki-ken	3.0	35	4.3	41	16.9	8	4.6	11
46	鹿児島県	Kagoshima-ken	3.0	36	5.4	10	13.6	32	3.3	26
47	沖縄県	Okinawa-ken	2.5	47	4.3	40	12.3	40	3.2	28

注)項目欄に「*」の付されている項目は，都道府県庁所在市のデータである。
Note : Items with * refer to the cities with prefectural governments.
b) (Two-or-more-person households)

No. 424 教養娯楽費割合（対消費支出）（二人以上の世帯） Ratio of expenditure for reading and recreation (Two-or-more-person households) #L02419 % 2020		*No. 425 平均消費性向（消費支出／可処分所得）（二人以上の世帯のうち勤労者世帯） Monthly propensity to consume (Two-or-more-person households - Workers' households) #L02602 % 2020		*No. 426 金融資産残高（貯蓄現在高）（二人以上の世帯）（1世帯当たり） Amount of savings per household (Two-or-more-person households) #L07201 千円：thousand yen 2019		No. 427 預貯金現在高割合（対貯蓄現在高）（二人以上の世帯）（1世帯当たり） Ratio of deposits per household (Two-or-more-person households) #L07212 % 2019		No. 428 生命保険現在高割合（対貯蓄現在高）（二人以上の世帯）（1世帯当たり） Ratio of life insurance savings per household (Two-or-more-person households) #L07213 % 2019		都道府県コード Pref. code
指標値 Indicator	順位 Rank	指標値 Indicator	順位 Rank	指標値 Indicator	順位 Rank	指標値 Indicator	順位 Rank	指標値 Indicator	順位 Rank	
8.7		61.3		14,497		63.7		20.1		00
8.8	21	64.5	8	9,994	43	70.0	3	22.1	21	01
7.5	45	61.3	19	8,413	46	65.1	24	25.7	8	02
7.4	46	61.9	17	11,657	35	66.8	14	26.3	5	03
8.4	33	70.2	1	13,691	23	62.6	40	23.0	16	04
8.6	30	63.9	10	10,205	41	66.5	15	27.0	4	05
7.7	43	60.8	23	11,631	36	63.8	32	26.1	6	06
7.9	41	56.7	43	11,895	33	63.5	34	23.5	15	07
8.6	28	60.0	27	14,493	18	68.6	5	19.6	38	08
8.9	20	63.5	11	13,619	24	64.5	27	21.4	26	09
9.3	6	62.6	14	13,326	28	63.5	35	21.4	27	10
9.7	3	59.7	30	15,478	11	64.3	29	18.8	42	11
8.6	27	62.7	13	16,000	8	62.1	43	19.1	40	12
9.7	2	59.0	35	17,562	3	61.3	45	18.0	45	13
9.7	1	61.9	16	18,218	1	57.8	47	19.0	41	14
8.7	25	56.5	44	12,745	30	73.1	1	20.1	33	15
9.1	13	54.9	47	16,231	6	66.1	20	22.9	17	16
8.9	19	58.2	37	14,822	14	66.4	17	21.8	23	17
9.3	7	56.4	45	14,653	16	63.7	33	24.6	11	18
9.1	16	60.1	24	11,758	34	67.7	8	21.5	25	19
9.1	15	58.0	38	13,531	25	67.5	9	22.0	22	20
9.2	12	57.2	42	14,903	13	66.1	19	19.7	37	21
8.7	26	60.9	22	15,864	10	65.8	21	19.9	36	22
9.5	5	62.1	15	17,685	2	61.9	44	16.3	47	23
9.1	14	57.5	40	14,481	19	65.5	22	20.1	34	24
9.6	4	57.8	39	16,922	5	65.0	26	20.5	30	25
9.2	10	59.4	31	15,875	9	63.1	38	22.1	20	26
7.8	42	59.1	33	14,236	22	64.0	31	17.9	46	27
8.7	23	59.8	29	16,051	7	64.4	28	18.1	44	28
9.3	9	63.0	12	16,999	4	63.3	36	18.5	43	29
8.8	22	60.9	21	13,360	27	66.8	13	21.6	24	30
8.4	34	65.0	5	13,429	26	64.2	30	23.9	14	31
8.2	38	59.0	34	14,307	21	66.5	16	24.8	10	32
8.1	40	64.8	6	14,453	20	63.3	37	22.9	18	33
9.3	8	59.0	36	14,588	17	67.0	11	21.2	28	34
8.9	18	60.1	26	12,639	31	70.0	2	20.3	32	35
8.6	31	57.3	41	14,773	15	66.3	18	19.5	39	36
9.2	11	55.3	46	15,248	12	65.2	23	21.2	29	37
8.2	39	61.1	20	12,944	29	68.0	6	20.0	35	38
8.3	35	59.9	28	12,231	32	66.8	12	24.5	12	39
8.6	29	66.9	3	10,959	37	60.7	46	25.0	9	40
8.5	32	59.3	32	10,447	40	62.3	42	28.4	3	41
7.6	44	64.8	7	10,828	38	62.6	41	28.7	2	42
8.2	37	68.6	2	10,124	42	67.0	10	24.3	13	43
8.9	17	60.1	25	10,559	39	67.8	7	22.8	19	44
8.7	24	61.9	18	8,880	44	65.0	25	26.0	7	45
8.3	36	64.1	9	8,704	45	62.8	39	29.9	1	46
6.8	47	65.7	4	6,021	47	69.8	4	20.3	31	47

家 計 L （指標）

都道府県 Prefecture		No. 429 有価証券現在高割合 （対貯蓄現在高） （二人以上の世帯） （1世帯当たり） Ratio of securities savings per household (Two-or-more-person households) #L07214		No. 430 金融負債現在高 （二人以上の世帯） （1世帯当たり） Liabilities per household (Two-or-more-person households) #L07401		No. 431 住宅・土地のための 負債割合（対負債現在高） （二人以上の世帯） （1世帯当たり） Ratio of liabilities for houses and land per household (Two-or-more-person households) #L07412	
単位 Unit		%		千円：thousand yen		%	
年度 Fiscal year		2019		2019		2019	
		指標値 Indicator	順位 Rank	指標値 Indicator	順位 Rank	指標値 Indicator	順位 Rank
00	全国 All Japan	14.7		6,110		86.1	
01	北海道 Hokkaido	7.1	43	4,025	38	87.0	14
02	青森県 Aomori-ken	8.4	35	4,400	31	83.8	27
03	岩手県 Iwate-ken	6.1	46	4,197	34	82.7	31
04	宮城県 Miyagi-ken	13.1	13	5,501	14	86.2	18
05	秋田県 Akita-ken	6.0	47	3,664	45	80.1	43
06	山形県 Yamagata-ken	9.4	32	4,300	33	80.5	41
07	福島県 Fukushima-ken	11.9	21	4,693	25	81.8	32
08	茨城県 Ibaraki-ken	9.9	30	5,809	11	80.9	38
09	栃木県 Tochigi-ken	12.8	17	5,028	21	86.1	19
10	群馬県 Gumma-ken	13.0	14	5,955	9	77.1	47
11	埼玉県 Saitama-ken	15.3	8	7,467	3	89.5	5
12	千葉県 Chiba-ken	17.2	4	6,842	5	90.5	2
13	東京都 Tokyo-to	19.1	2	9,132	2	81.8	33
14	神奈川県 Kanagawa-ken	21.7	1	9,304	1	91.8	1
15	新潟県 Niigata-ken	6.4	44	4,315	32	85.5	22
16	富山県 Toyama-ken	10.3	25	4,525	28	84.6	25
17	石川県 Ishikawa-ken	10.2	26	4,763	24	87.9	10
18	福井県 Fukui-ken	10.0	29	4,537	27	81.6	34
19	山梨県 Yamanashi-ken	10.0	28	4,009	39	86.4	16
20	長野県 Nagano-ken	10.1	27	5,546	13	85.7	21
21	岐阜県 Gifu-ken	13.5	11	5,435	16	89.7	3
22	静岡県 Shizuoka-ken	13.0	15	6,518	6	80.9	37
23	愛知県 Aichi-ken	19.0	3	7,000	4	89.1	6
24	三重県 Mie-ken	12.7	20	5,549	12	87.2	11
25	滋賀県 Shiga-ken	13.5	12	6,194	7	85.2	23
26	京都府 Kyoto-fu	13.9	9	5,895	10	87.1	12
27	大阪府 Osaka-fu	17.1	6	6,105	8	88.3	8
28	兵庫県 Hyogo-ken	16.2	7	5,480	15	87.0	13
29	奈良県 Nara-ken	17.1	5	5,324	17	89.7	4
30	和歌山県 Wakayama-ken	10.8	24	3,606	46	79.1	44
31	鳥取県 Tottori-ken	11.3	22	4,464	29	86.3	17
32	島根県 Shimane-ken	7.8	42	4,158	37	77.4	46
33	岡山県 Okayama-ken	12.9	16	5,242	19	86.9	15
34	広島県 Hiroshima-ken	9.7	31	4,846	23	85.8	20
35	山口県 Yamaguchi-ken	7.8	41	3,754	44	88.3	7
36	徳島県 Tokushima-ken	13.8	10	3,472	47	82.7	30
37	香川県 Kagawa-ken	12.7	19	3,944	40	88.2	9
38	愛媛県 Ehime-ken	11.2	23	5,151	20	84.4	26
39	高知県 Kochi-ken	8.1	39	3,835	43	80.7	40
40	福岡県 Fukuoka-ken	12.8	18	5,243	18	80.4	42
41	佐賀県 Saga-ken	8.3	36	4,458	30	81.5	35
42	長崎県 Nagasaki-ken	8.0	40	3,932	41	80.8	39
43	熊本県 Kumamoto-ken	8.3	37	5,001	22	78.3	45
44	大分県 Oita-ken	8.6	34	4,564	26	83.4	29
45	宮崎県 Miyazaki-ken	8.3	38	3,891	42	81.3	36
46	鹿児島県 Kagoshima-ken	6.2	45	4,174	35	83.4	28
47	沖縄県 Okinawa-ken	8.8	33	4,164	36	84.6	24

Ⅱ 指 標 計 算 式
Formulae of Indicators

　本表は，各指標に付した指標コードと指標値の算出に用いた指標計算式，指標名の一覧表である。

　指標値の算出に当たって用いている基礎データについては，社会・人口統計体系の報告書「社会生活統計指標－都道府県の指標－2022」を参照のこと。

指 標 コ ー ド の 説 明

　1．指標コードは統計指標の項目符号を示す。

　　なお，4欄目の「指標計算式」にあるコードは，基礎データの項目符号を示す。

　2．2桁目のアルファベットは分野区分を示す。

　3．3，4桁目の数字は大分類を示す。

　4．5桁目の数字は小分類を示す。

　5．6，7桁目の数字は項目を示す。

　6．8，9桁目の数字は副区分を示す。

　コードによる指標計算式の分母に【－1】が付されている場合は，分子のデータの年度の前年度のデータを用いていること，【＋1】が付されている場合は，同じく翌年度のデータを用いていることを示す。

No.	指標コード	指標名	指標計算式	単位	ページ
1	#A011000	総人口	A1101 総人口	万人	2
2	#A0110001	総人口(男)	A110101 総人口(男)	万人	2
3	#A0110002	総人口(女)	A110102 総人口(女)	万人	2
4	#A01601	外国人人口(人口10万人当たり)	A1700/A1101 外国人人口／総人口	人	2
5	#A01101	全国総人口に占める人口割合	A1101/A1101(全国) 総人口／全国総人口	%	3
6	#A01201	総面積1k㎡当たり人口密度	A1101/B1101 総人口／総面積(北方地域及び竹島を除く)	人	3
7	#A01202	可住地面積1k㎡当たり人口密度	A1101/B1103 総人口／可住地面積	人	3
8	#A01302	昼夜間人口比率	A6108 昼夜間人口比率	%	3
9	#A01401	人口集中地区人口比率(対総人口)	A1801/A1101 人口集中地区人口／総人口	%	3
10	#A03501	15歳未満人口割合(対総人口)	A1304 15歳未満人口割合	%	4
11	#A03503	65歳以上人口割合(対総人口)	A1306 65歳以上人口割合	%	4
12	#A03502	15～64歳人口割合(対総人口)	A1305 15～64歳人口割合	%	4
13	#A03401	年少人口指数	A1301/A1302 15歳未満人口×100／15～64歳人口	—	4
14	#A03402	老年人口指数	A1303/A1302 65歳以上人口×100／15～64歳人口	—	5
15	#A03403	従属人口指数	(A1301＋A1303)/A1302 (15歳未満人口＋65歳以上人口)×100 ／15～64歳人口	—	5
16	#A05101	人口増減率	(A1101/A1101【-1】)-1 (総人口／総人口(前年度))-1	%	5
17	#A05201	自然増減率	(A4101-A4200)/A1101 (出生数－死亡数)／総人口	%	5
18	#A05202	粗出生率(人口千人当たり)	A4101/A1101 出生数／総人口	—	5
19	#A05203	合計特殊出生率	A4103 合計特殊出生率	—	6
20	#A05204	粗死亡率(人口千人当たり)	A4200/A1101 死亡数／総人口	—	6
21	#A0521901	年齢調整死亡率(男)(人口千人当たり)	A424001 年齢調整死亡率(男)	—	6
22	#A0521902	年齢調整死亡率(女)(人口千人当たり)	A424002 年齢調整死亡率(女)	—	6
23	#A05205	年齢別死亡率(0～4歳)(人口千人当たり)	A4201/A1201 死亡数(0～4歳)／0～4歳人口	—	7
24	#A05218	年齢別死亡率(65歳以上)(人口千人当たり)	A4231/A1303 死亡数(65歳以上)／65歳以上人口	—	7
25	#A05307	転入超過率	(A5103-A5104)/A1101 (転入者数－転出者数)／総人口	%	7
26	#A05308	転入率	A5103/A1101 転入者数／総人口	%	7
27	#A05309	転出率	A5104/A1101 転出者数／総人口	%	7
28	#A05304	流入人口比率(対総人口)	A6106/A1101 流入人口(他県に常住している人口)／総人口	%	8
29	#A05305	流出人口比率(対総人口)	A6104/A1101 流出人口(他県で従業・通学している人口)／総人口	%	8
30	#A06103	一般世帯数	A710101 世帯数(一般世帯)	万世帯	8
31	#A0610101	全国一般世帯に占める一般世帯割合	A710101/A710101(全国) 世帯数(一般世帯)／世帯数(全国一般世帯)	%	8
32	#A06102	一般世帯の平均人員	A710201/A710101 一般世帯人員数／世帯数(一般世帯)	人	9

No.	指標コード	指標名	指標計算式	単位	ページ
33	#A06202	核家族世帯の割合(対一般世帯数)	A810102/A710101 核家族世帯／世帯数(一般世帯)	%	9
34	#A06205	単独世帯の割合(対一般世帯数)	A810105/A710101 単独世帯／世帯数(一般世帯)	%	9
35	#A06301	65歳以上の世帯員のいる世帯割合(対一般世帯数)	A8111/A710101 65歳以上の世帯員のいる世帯／世帯数(一般世帯)	%	9
36	#A06302	高齢夫婦のみの世帯割合(対一般世帯数)	A8201/A710101 高齢夫婦世帯数(高齢夫婦のみ)／世帯数(一般世帯)	%	9
37	#A06304	高齢単身世帯の割合(対一般世帯数)	A8301/A710101 高齢単身世帯数／世帯数(一般世帯)	%	10
38	#F01503	共働き世帯割合(対一般世帯数)	F1501/A710101 共働き世帯数／世帯数(一般世帯)	%	10
39	#A06601	婚姻率(人口千人当たり)	A9101/A1101 婚姻件数／総人口	—	10
40	#A06602	離婚率(人口千人当たり)	A9201/A1101 離婚件数／総人口	—	10
41	#B011001	総面積(北方地域及び竹島を含む)	B1102 総面積(北方地域及び竹島を含む)	100km²	12
42	#B01101	面積割合(北方地域及び竹島を除く)(対全国総面積)	B1101/B1101(全国) 総面積／全国総面積(北方地域及び竹島を除く)	%	12
43	#B01202	森林面積割合(北方地域及び竹島を除く)(対総面積)	B1106/B1101 森林面積／総面積(北方地域及び竹島を除く)	%	12
44	#B01204	自然公園面積割合(北方地域及び竹島を除く)(対総面積)	B2101/B1101 自然公園面積／総面積(北方地域及び竹島を除く)	%	12
45	#B01301	可住地面積割合(北方地域及び竹島を除く)(対総面積)	B1103/B1101 可住地面積／総面積(北方地域及び竹島を除く)	%	13
46	#B02101	年平均気温	B4101 年平均気温	℃	13
47	#B02102	最高気温(日最高気温の月平均の最高値)	B4102 最高気温(日最高気温の月平均の最高値)	℃	13
48	#B02103	最低気温(日最低気温の月平均の最低値)	B4103 最低気温(日最低気温の月平均の最低値)	℃	13
49	#B02201	年平均相対湿度	B4111 年平均相対湿度	%	13
50	#B02401	日照時間(年間)	B4108 日照時間(年間)	時間	14
51	#B02402	降水量(年間)	B4109 降水量(年間)	mm	14
52	#B02301	快晴日数(年間)	B4104 快晴日数(年間)	日	14
53	#B02303	降水日数(年間)	B4106 降水日数(年間)	日	14
54	#B02304	雪日数(年間)	B4107 雪日数(年間)	日	15
55	#C01311	1人当たり県民所得(平成23年基準)	C121101 1人当たり県民所得	千円	16
56	#C01111	県内総生産額対前年増加率(平成23年基準)	(C1111/C1111【-1】)-1 (県内総生産額／県内総生産額(前年度))-1	%	16
57	#C01115	県民所得対前年増加率(平成23年基準)	(C1211/C1211【-1】)-1 (県民所得／県民所得(前年度))-1	%	16
58	#C01116	県民総所得(名目)対前年増加率	(C1318/C1318【-1】)-1 (県民総所得(名目)／県民総所得(名目)(前年度))-1	%	16
59	#C02104	第2次産業事業所数構成比(対事業所数)	C2111/C2107 第2次産業事業所数／事業所数	%	17
60	#C02105	第3次産業事業所数構成比(対事業所数)	C2112/C2107 第3次産業事業所数／事業所数	%	17
61	#C02206	従業者1〜4人の事業所割合(対民営事業所数)	C210801/C2108 従業者1〜4人の民営事業所数／民営事業所数	%	17
62	#C02209	従業者100〜299人の事業所割合(対民営事業所数)	C210806/C2108 従業者100〜299人の民営事業所数／民営事業所数	%	17
63	#C02210	従業者300人以上の事業所割合(対民営事業所数)	C210807/C2108 従業者300人以上の民営事業所数／民営事業所数	%	17
64	#C03305	第2次産業従業者数(1事業所当たり)	C2211/C2111 第2次産業従業者数／第2次産業事業所数	人	18

No.	指標コード	指標名	指標計算式	単位	ページ
65	#C03306	第3次産業従業者数(1事業所当たり)	C2212/C2112 第3次産業従業者数／第3次産業事業所数	人	18
66	#C03206	従業者1～4人の事業所の従業者割合(対民営事業所従業者数)	C220801/C2208 従業者1～4人の民営事業所の従業者数／民営事業所従業者数	%	18
67	#C03209	従業者100～299人の事業所の従業者割合(対民営事業所従業者数)	C220806/C2208 従業者100～299人の民営事業所の従業者数／民営事業所従業者数	%	18
68	#C03210	従業者300人以上の事業所の従業者割合(対民営事業所従業者数)	C220807/C2208 従業者300人以上の民営事業所の従業者数／民営事業所従業者数	%	19
69	#C0410102	就業者1人当たり農業産出額(個人経営体)	C3101/C310511 農業産出額／基幹的農業従事者数(個人経営体)	万円	19
70	#C04105	耕地面積比率	C3107/B1101 耕地面積／総面積(北方地域及び竹島を除く)	%	19
71	#C04106	土地生産性(耕地面積1ヘクタール当たり)	C3101/C3107 農業産出額／耕地面積	万円	19
72	#C0410701	耕地面積(農家1戸当たり)	C3107/C3102 耕地面積／農家数	㎡	19
73	#C04401	製造品出荷額等(従業者1人当たり)	C3401/C3404 製造品出荷額等／製造業従業者数	万円	20
74	#C04404	製造品出荷額等(1事業所当たり)	C3401/C3403 製造品出荷額等／製造業事業所数	百万円	20
75	#C04505	商業年間商品販売額(卸売業＋小売業)(従業者1人当たり)	C3501/C3503 商業年間商品販売額(卸売業＋小売業)／商業従業者数(卸売業＋小売業)	万円	20
76	#C04507	商業年間商品販売額(卸売業＋小売業)(1事業所当たり)	C3501/C3502 商業年間商品販売額(卸売業＋小売業)／商業事業所数(卸売業＋小売業)	百万円	20
77	#C04605	国内銀行預金残高(人口1人当たり)	C360111/A1101 国内銀行預金残高／総人口	万円	21
78	#C0460101	郵便貯金残高(人口1人当たり)	C360120/A1101 郵便貯金残高／総人口	万円	21
79	#L04414	消費者物価地域差指数(総合)	C5701 消費者物価地域差指数(総合)	―	21
80	#L04415	消費者物価地域差指数(家賃を除く総合)	C5702 消費者物価地域差指数(家賃を除く総合)	―	21
81	#L04416	消費者物価地域差指数(食料)	C5703 消費者物価地域差指数(食料)	―	21
82	#L04417	消費者物価地域差指数(住居)	C5704 消費者物価地域差指数(住居)	―	22
83	#L04418	消費者物価地域差指数(光熱・水道)	C5705 消費者物価地域差指数(光熱・水道)	―	22
84	#L04419	消費者物価地域差指数(家具・家事用品)	C5706 消費者物価地域差指数(家具・家事用品)	―	22
85	#L04420	消費者物価地域差指数(被服及び履物)	C5707 消費者物価地域差指数(被服及び履物)	―	22
86	#L04421	消費者物価地域差指数(保健医療)	C5708 消費者物価地域差指数(保健医療)	―	23
87	#L04422	消費者物価地域差指数(交通・通信)	C5709 消費者物価地域差指数(交通・通信)	―	23
88	#L04423	消費者物価地域差指数(教育)	C5710 消費者物価地域差指数(教育)	―	23
89	#L04424	消費者物価地域差指数(教養娯楽)	C5711 消費者物価地域差指数(教養娯楽)	―	23
90	#L04425	消費者物価地域差指数(諸雑費)	C5712 消費者物価地域差指数(諸雑費)	―	23
91	#L04302	標準価格対前年平均変動率(住宅地)	C5501 標準価格対前年平均変動率(住宅地)	%	24
92	#D0110101	財政力指数(都道府県財政)	D2101 財政力指数(都道府県財政)	―	26
93	#D01102	実質収支比率(都道府県財政)	D2102 実質収支比率(都道府県財政)	%	26
94	#D0130201	地方債現在高の割合(対歳出決算総額)(都道府県財政)	D3105/D3103 地方債現在高(都道府県財政)／歳出決算総額(都道府県財政)	%	26
95	#D01401	経常収支比率(都道府県財政)	D2103 経常収支比率(都道府県財政)	%	26
96	#D0120101	自主財源の割合(対歳出決算総額)(都道府県財政)	D3102/D3103 自主財源額(都道府県財政)／歳出決算総額(都道府県財政)	%	27

No.	指標コード	指標名	指標計算式	単位	ページ
97	#D0140301	一般財源の割合(対歳出決算総額)(都道府県財政)	D2109/D3103 一般財源(都道府県財政)／歳出決算総額(都道府県財政)	%	27
98	#D0140201	投資的経費の割合(対歳出決算総額)(都道府県財政)	(D310406+D310407+D310408)/D3103 投資的経費(普通建設事業費＋災害復旧事業費+失業対策事業費)(都道府県財政)／歳出決算総額(都道府県財政)	%	27
99	#D0210101	地方税割合(対歳入決算総額)(都道府県財政)	D310101/D3101 地方税(都道府県財政)／歳入決算総額(都道府県財政)	%	27
100	#D0210201	地方交付税割合(対歳入決算総額)(都道府県財政)	D310103/D3101 地方交付税(都道府県財政)／歳入決算総額(都道府県財政)	%	27
101	#D0210301	国庫支出金割合(対歳入決算総額)(都道府県財政)	D310108/D3101 国庫支出金(都道府県財政)／歳入決算総額(都道府県財政)	%	28
102	#D0220103	住民税(人口1人当たり)(都道府県・市町村財政合計)	(D420101+D420102)/A1101 (都道府県民税＋市町村民税)／総人口	千円	28
103	#D02202	固定資産税(人口1人当たり)(都道府県・市町村財政合計)	(D420201+D420202)/A1101 固定資産税(都道府県＋市町村財政)／総人口	千円	28
104	#D02206	課税対象所得(納税義務者1人当たり)	C120110/C120120 課税対象所得／納税義務者数(所得割)	千円	28
105	#D0310301	民生費割合(対歳出決算総額)(都道府県財政)	D310303/D3103 民生費(都道府県財政)／歳出決算総額(都道府県財政)	%	29
106	#D0310401	社会福祉費割合(対歳出決算総額)(都道府県財政)	D3103031/D3103 社会福祉費(都道府県財政)／歳出決算総額(都道府県財政)	%	29
107	#D0310501	老人福祉費割合(対歳出決算総額)(都道府県財政)	D3103032/D3103 老人福祉費(都道府県財政)／歳出決算総額(都道府県財政)	%	29
108	#D0310601	児童福祉費割合(対歳出決算総額)(都道府県財政)	D3103033/D3103 児童福祉費(都道府県財政)／歳出決算総額(都道府県財政)	%	29
109	#D0310701	生活保護費割合(対歳出決算総額)(都道府県財政)	D3103034/D3103 生活保護費(都道府県財政)／歳出決算総額(都道府県財政)	%	29
110	#D0310801	衛生費割合(対歳出決算総額)(都道府県財政)	D310304/D3103 衛生費(都道府県財政)／歳出決算総額(都道府県財政)	%	30
111	#D0310901	労働費割合(対歳出決算総額)(都道府県財政)	D310305/D3103 労働費(都道府県財政)／歳出決算総額(都道府県財政)	%	30
112	#D0311001	農林水産業費割合(対歳出決算総額)(都道府県財政)	D310306/D3103 農林水産業費(都道府県財政)／歳出決算総額(都道府県財政)	%	30
113	#D0311101	商工費割合(対歳出決算総額)(都道府県財政)	D310307/D3103 商工費(都道府県財政)／歳出決算総額(都道府県財政)	%	30
114	#D0311201	土木費割合(対歳出決算総額)(都道府県財政)	D310308/D3103 土木費(都道府県財政)／歳出決算総額(都道府県財政)	%	31
115	#D03113	警察費割合(対歳出決算総額)(都道府県財政)	D310309/D3103 警察費(都道府県財政)／歳出決算総額(都道府県財政)	%	31
116	#D03114	消防費割合(対歳出決算総額)(東京都＋市町村財政)	D3203099/(D3203001+D3203) 消防費(東京都・市町村財政合計)／歳出決算総額(市町村財政＋東京都分)	%	31
117	#D0311501	教育費割合(対歳出決算総額)(都道府県財政)	D310311/D3103 教育費(都道府県財政)／歳出決算総額(都道府県財政)	%	31
118	#D0312301	災害復旧費割合(対歳出決算総額)(都道府県財政)	D310312/D3103 災害復旧費(都道府県財政)／歳出決算総額(都道府県財政)	%	31
119	#D0320101	人件費割合(対歳出決算総額)(都道府県財政)	D310401/D3103 人件費(都道府県財政)／歳出決算総額(都道府県財政)	%	32
120	#D0320201	扶助費割合(対歳出決算総額)(都道府県財政)	D310404/D3103 扶助費(都道府県財政)／歳出決算総額(都道府県財政)	%	32
121	#D0320301	普通建設事業費割合(対歳出決算総額)(都道府県財政)	D310406/D3103 普通建設事業費(都道府県財政)／歳出決算総額(都道府県財政)	%	32
122	#D0330103	歳出決算総額(人口1人当たり)(都道府県・市町村財政合計)	(D3103+D3203)/A1101 歳出決算総額(都道府県・市町村財政・東京都分)／総人口	千円	32
123	#D0330203	民生費(人口1人当たり)(都道府県・市町村財政合計)	(D310303+D320303)/A1101 民生費(都道府県＋市町村財政)／総人口	千円	33
124	#D0330303	社会福祉費(人口1人当たり)(都道府県・市町村財政合計)	(D3103031+D3203031)/A1101 社会福祉費(都道府県＋市町村財政)／総人口	千円	33
125	#D0330403	老人福祉費(65歳以上人口1人当たり)(都道府県・市町村財政合計)	(D3103032+D3203032)/A1303 老人福祉費(都道府県＋市町村財政)／65歳以上人口	千円	33
126	#D0330503	児童福祉費(17歳以下人口1人当たり)(都道府県・市町村財政合計)	(D3103033+D3203033)/A1407 児童福祉費(都道府県＋市町村財政)／０～17歳人口	千円	33
127	#D0330603	生活保護費(被保護実人員1人当たり)(都道府県・市町村財政合計)	(D3103034+D3203034)/J1105 生活保護費(都道府県＋市町村財政)／生活保護被保護実人員	千円	33

No.	指標コード	指標名	指標計算式	単位	ページ
128	#D0330703	衛生費(人口1人当たり)(都道府県・市町村財政合計)	(D310304+D320304)/A1101 衛生費(都道府県＋市町村財政)／総人口	千円	34
129	#D0331103	土木費(人口1人当たり)(都道府県・市町村財政合計)	(D310308+D320308)/A1101 土木費(都道府県＋市町村財政)／総人口	千円	34
130	#D03312	警察費(人口1人当たり)(都道府県財政)	D310309/A1101 警察費(都道府県財政)／総人口	千円	34
131	#D03313	消防費(人口1人当たり)(東京都・市町村財政合計)	D3203099/A1101 消防費(東京都・市町村財政合計)／総人口	千円	34
132	#D0331403	教育費(人口1人当たり)(都道府県・市町村財政合計)	(D310311+D320310)/A1101 教育費(都道府県＋市町村財政)／総人口	千円	35
133	#D0332003	社会教育費(人口1人当たり)(都道府県・市町村財政合計)	(D3103117+D3203107)/A1101 社会教育費(都道府県＋市町村財政)／総人口	千円	35
134	#D0332103	災害復旧費(人口1人当たり)(都道府県・市町村財政合計)	(D310312+D320311)/A1101 災害復旧費(都道府県＋市町村財政)／総人口	千円	35
135	#D0331503	公立小学校費(児童1人当たり)(都道府県・市町村財政合計)	(D3103112+D3203102)/E250102 小学校費(都道府県＋市町村財政)／小学校児童数(公立)	千円	35
136	#D0331603	公立中学校費(生徒1人当たり)(都道府県・市町村財政合計)	(D3103113+D3203103)/E350101 中学校費(都道府県＋市町村財政)／中学校生徒数(公立)	千円	35
137	#D0331703	公立高等学校費(生徒1人当たり)(都道府県・市町村財政合計)	(D3103114+D3203104)/E4512 高等学校費(都道府県＋市町村財政)／高等学校生徒数(公立)	千円	36
138	#D0331804	特別支援学校費(公立)(児童・生徒1人当たり)(都道府県・市町村財政合計)	(D3103115+D3203105)/E5801 特別支援学校費(都道府県＋市町村財政)／特別支援学校生徒数(公立)	千円	36
139	#D0331903	幼稚園費(児童1人当たり)(都道府県・市町村財政合計)	(D3103116+D3203106)/E1501 幼稚園費(都道府県＋市町村財政)／幼稚園在園者数	千円	36
140	#E0110101	小学校数(6～11歳人口10万人当たり)	E2101/A1409 小学校数／6～11歳人口	校	38
141	#E0110102	中学校数(12～14歳人口10万人当たり)	E3101/A1411 中学校数／12～14歳人口	校	38
142	#E0110103	高等学校数(15～17歳人口10万人当たり)	E4101/A1413 高等学校数／15～17歳人口	校	38
143	#E0110104	幼稚園数(3～5歳人口10万人当たり)	E1101/A1408 幼稚園数／3～5歳人口	園	38
144	#E0110105	保育所等数(0～5歳人口10万人当たり)	J2503/A1405 保育所等数(詳細票)／0～5歳人口	所	39
145	#E0110106	認定こども園数(0～5歳人口10万人当たり)	J2540/A1405 認定こども園数／0～5歳人口	園	39
146	#E0110201	小学校数(可住地面積100k㎡当たり)	E2101/B1103 小学校数／可住地面積	校	39
147	#E0110202	中学校数(可住地面積100k㎡当たり)	E3101/B1103 中学校数／可住地面積	校	39
148	#E0110203	高等学校数(可住地面積100k㎡当たり)	E4101/B1103 高等学校数／可住地面積	校	39
149	#E0410201	小学校教員割合(女)(対小学校教員数)	E240102/E2401 小学校教員数(女)／小学校教員数	％	40
150	#E0410202	中学校教員割合(女)(対中学校教員数)	E340102/E3401 中学校教員数(女)／中学校教員数	％	40
151	#E0510301	小学校児童数(小学校教員1人当たり)	E2501/E2401 小学校児童数／小学校教員数	人	40
152	#E0510302	中学校生徒数(中学校教員1人当たり)	E3501/E3401 中学校生徒数／中学校教員数	人	40
153	#E0510303	高等学校生徒数(高等学校教員1人当たり)	E4501/E4401 高等学校生徒数／高等学校教員数	人	41
154	#E0510304	幼稚園在園者数(幼稚園教員1人当たり)	E1501/E1301 幼稚園在園者数／幼稚園教員数	人	41
155	#E0510305	保育所等在所児数(保育所等保育士1人当たり)	J2506/J2526 保育所等在所児数(詳細票)／保育所等保育士数(詳細票)	人	41
156	#E05203	公立高等学校生徒比率(対高等学校生徒数)	E4512/E4501 高等学校生徒数(公立)／高等学校生徒数	％	41
157	#E05204	公立幼稚園在園者比率(対幼稚園在園者数)	E1502/E1501 公立幼稚園在園者数／幼稚園在園者数	％	41
158	#E05205	公営保育所等在所児比率(対保育所等在所児数)	J250604/J2506 公営保育所等在所児数(詳細票)／保育所等在所児数(詳細票)	％	42
159	#E0510205	小学校児童数(1学級当たり)	E2501/E2301 小学校児童数／小学校学級数	人	42

No.	指標コード	指標名	指標計算式	単位	ページ
160	#E0510206	中学校生徒数(1学級当たり)	E3501/E3301 中学校生徒数／中学校学級数	人	42
161	#E0910101	幼稚園教育普及度	E1601/E2502【+1】 幼稚園修了者数／小学校児童数(第1学年児童数)(翌年度)	%	42
162	#E0910102	保育所等教育普及度	J2508/E2502【+1】 保育所等修了者数(詳細票)／小学校児童数(第1学年児童数)(翌年度)	%	43
163	#E09213	不登校による小学校長期欠席児童比率(年度間30日以上)(児童千人当たり)	E250802/E2501 不登校による小学校長期欠席児童数(年度間30日以上)／小学校児童数	―	43
164	#E09214	不登校による中学校長期欠席生徒比率(年度間30日以上)(生徒千人当たり)	E350502/E3501 不登校による中学校長期欠席生徒数(年度間30日以上)／中学校生徒数	―	43
165	#E09401	中学校卒業者の進学率	E3801 中学校卒業者の進学率	%	43
166	#E09402	高等学校卒業者の進学率	E4701 高等学校卒業者の進学率	%	43
167	#E0610102	大学数(人口10万人当たり)	E6102/A1101 大学数／総人口	校	44
168	#E0940302	出身高校所在地県の県内大学への入学者割合(対大学入学者数)	E470201/E470205 当該県の高校出身者で当該県の大学入学者数／大学入学者数(高校所在地による)	%	44
169	#E0610202	大学収容力指数(高等学校卒業者のうち大学進学者数)	E6403×100/E460220【-1】 大学入学者数×100／高等学校卒業者のうち大学進学者数(前年度)	―	44
170	#E0610101	短期大学数(人口10万人当たり)	E6101/A1101 短期大学数／総人口	校	44
171	#E08101	専修学校数(人口10万人当たり)	E7101/A1101 専修学校数／総人口	校	45
172	#E08102	各種学校数(人口10万人当たり)	E7102/A1101 各種学校数／総人口	校	45
173	#E09501	最終学歴が小学・中学卒の者の割合(対卒業者総数)	E9102/E9101 最終学歴人口(小学校・中学校)／最終学歴人口(卒業者総数)	%	45
174	#E09502	最終学歴が高校・旧中卒の者の割合(対卒業者総数)	E9103/E9101 最終学歴人口(高校・旧中)／最終学歴人口(卒業者総数)	%	45
175	#E09503	最終学歴が短大・高専卒の者の割合(対卒業者総数)	E9105/E9101 最終学歴人口(短大・高専)／最終学歴人口(卒業者総数)	%	45
176	#E09504	最終学歴が大学・大学院卒の者の割合(対卒業者総数)	E9106/E9101 最終学歴人口(大学・大学院)／最終学歴人口(卒業者総数)	%	46
177	#E10102	小学校教育費(児童1人当たり)	E8102 在学者1人当たりの学校教育費(小学校)	円	46
178	#E10103	中学校教育費(生徒1人当たり)	E8103 在学者1人当たりの学校教育費(中学校)	円	46
179	#E10104	高等学校教育費(全日制)(生徒1人当たり)	E8104 在学者1人当たりの学校教育費(高等学校・全日制)	円	46
180	#E10101	幼稚園教育費(在園者1人当たり)	E8101 在学者1人当たりの学校教育費(幼稚園)	円	47
181	#E10105	幼保連携型認定こども園教育費(在園者1人当たり)	E810101 在学者1人当たりの学校教育費(幼保連携型認定こども園)	円	47
182	#F0110101	労働力人口比率(対15歳以上人口)(男)	F110101/A141401 労働力人口(男)／15歳以上人口(男)	%	48
183	#F0110102	労働力人口比率(対15歳以上人口)(女)	F110102/A141402 労働力人口(女)／15歳以上人口(女)	%	48
184	#F01201	第1次産業就業者比率(対就業者)	F2201/F1102 第1次産業就業者数／就業者	%	48
185	#F01202	第2次産業就業者比率(対就業者)	F2211/F1102 第2次産業就業者数／就業者	%	48
186	#F01203	第3次産業就業者比率(対就業者)	F2221/F1102 第3次産業就業者数／就業者	%	49
187	#F01301	完全失業率	F1107/F1101 完全失業者数／労働力人口	%	49
188	#F02301	雇用者比率	F2401/F1102 雇用者数／就業者	%	49
189	#F02501	県内就業者比率(対就業者)	F2704/F1102 県内就業者数／就業者	%	49
190	#F02701	他市区町村への通勤者比率(対就業者)	F2705/F1102 他市区町村への通勤者数／就業者	%	49
191	#F02702	他市区町村からの通勤者比率(対就業者)	F2803/F1102 他市区町村からの通勤者数／就業者	%	50

No.	指標コード	指標名	指標計算式	単位	ページ
192	#F03101	就職率	F3105/F3102 就職件数(一般)(年度計)／月間有効求職者数(一般)(年度計)	%	50
193	#F03103	有効求人倍率	F3103/F3102 月間有効求人数(一般)(年度計)／月間有効求職者数(一般)(年度計)	倍	50
194	#F03104	充足率	F3105/F3103 就職件数(一般)(年度計)／月間有効求人数(一般)(年度計)	%	50
195	#F0320101	パートタイム就職率(常用)	F3221/F3211 パートタイム就職件数(常用)／パートタイム月間有効求職者数(常用)	%	51
196	#F0350303	高齢就業者割合(65歳以上)(対65歳以上人口)	F2116/A1303 就業者数(65歳以上)／65歳以上人口	%	51
197	#F0350403	高齢一般労働者割合(65歳以上)(対65歳以上人口)	F341203/A1303 一般労働者数(65歳以上)(企業規模10人以上の事業所)／65歳以上人口	%	51
198	#F03602	障害者就職率	F35021 障害者就職率	%	51
199	#F03303	高等学校卒業者に占める就職者の割合(対高等学校卒業者数)	E4604/E4601 高等学校卒業者のうち就職者数／高等学校卒業者数	%	51
200	#F03302	高等学校卒業者に占める県外就職者の割合(対高等学校卒業者就職者数)	1−(E460410/E4604) 1−(高等学校卒業者のうち県内就職者数／高等学校卒業者のうち就職者数)	%	52
201	#F03304	高等学校新規卒業者の求人倍率(対新規高等学校卒業者求職者数)	F3312/F3302 新規学卒者求人数(高校)／新規学卒者求職者数(高校)	倍	52
202	#F03403	大学卒業者に占める就職者の割合(対大学卒業者数)	E650220/E6502 大学卒業者のうち就職者数／大学卒業者数	%	52
203	#F03402	大学新規卒業者の無業者率(対大学卒業者数)	E650230/E6502 大学卒業者のうち家事手伝い・進路未定者数／大学卒業者数	%	52
204	#F04101	転職率	F4202/F1202 転職者数／有業者数	%	53
205	#F04102	離職率	F4203/(F4201+F4202+F4203) 離職者数／(継続就業者数＋転職者数＋離職者数)	%	53
206	#F04103	新規就業率	F4204/F1202 新規就業者数／有業者数	%	53
207	#F04104	就業異動率	(F4202+F4203+F4204)/A1414 (転職者数＋離職者数＋新規就業者数)／15歳以上人口	%	53
208	#F0610103	月間平均実労働時間数(男)	F610203+F610205 所定内実労働時間数(男)＋超過実労働時間数(男)	時間	53
209	#F0610104	月間平均実労働時間数(女)	F610204+F610206 所定内実労働時間数(女)＋超過実労働時間数(女)	時間	54
210	#F06207	男性パートタイムの給与(1時間当たり)	F6207 男性パートタイムの給与	円	54
211	#F06206	女性パートタイムの給与(1時間当たり)	F6206 女性パートタイムの給与	円	54
212	#F03242	男性パートタイム労働者数	F3242 男性パートタイム労働者数	人	54
213	#F03241	女性パートタイム労働者数	F3241 女性パートタイム労働者数	人	55
214	#F0620307	新規学卒者所定内給与額(高校)(男)	F6407 新規学卒者所定内給与額(高校)(男)	千円	55
215	#F0620308	新規学卒者所定内給与額(高校)(女)	F6408 新規学卒者所定内給与額(高校)(女)	千円	55
216	#G01101	公民館数(人口100万人当たり)	G1201/A1101 公民館数／総人口	館	56
217	#G01104	図書館数(人口100万人当たり)	G1401/A1101 図書館数／総人口	館	56
218	#G01107	博物館数(人口100万人当たり)	G1501/A1101 博物館数／総人口	館	56
219	#G01109	青少年教育施設数(人口100万人当たり)	G1602/A1101 青少年教育施設数／総人口	所	56
220	#G01202	常設映画館数(人口100万人当たり)	G5101/A1101 常設映画館数／総人口	館	57
221	#G01321	社会体育施設数(人口100万人当たり)	G3102/A1101 社会体育施設数／総人口	施設	57
222	#G01323	多目的運動広場数(公共)(人口100万人当たり)	G310203/A1101 多目的運動広場数(公共)／総人口	施設	57
223	#G03201	青少年学級・講座数(人口100万人当たり)	G2101/A1101 青少年学級・講座数／総人口	学級・講座	57

No.	指標コード	指標名	指標計算式	単位	ページ
224	#G03203	成人一般学級・講座数(人口100万人当たり)	G2102/A1101 成人一般学級・講座数／総人口	学級・講座	57
225	#G0320501	女性学級・講座数(女性人口100万人当たり)	G2103/A110102 女性学級・講座数／総人口(女)	学級・講座	58
226	#G03207	高齢者学級・講座数(人口100万人当たり)	G2104/A1101 高齢者学級・講座数／総人口	学級・講座	58
227	#G041011	ボランティア活動の年間行動者率(10歳以上)	G6417 ボランティア活動年間行動者率(10歳以上)	％	58
228	#G042111	スポーツの年間行動者率(10歳以上)	G6500 スポーツ年間行動者率(10歳以上)	％	58
229	#G043061	旅行・行楽の年間行動者率(10歳以上)	G6600 旅行・行楽年間行動者率(10歳以上)	％	59
230	#G043071	海外旅行の年間行動者率(10歳以上)	G6605 海外旅行年間行動者率(10歳以上)	％	59
231	#G04308	客室稼働率	G7105 客室稼働率	％	59
232	#G0430501	一般旅券発行件数(人口千人当たり)	G5105/A1101 一般旅券発行件数／総人口	件	59
233	#H01204	着工新設住宅比率(対居住世帯あり住宅数)	H1800/H1101 着工新設住宅戸数／居住世帯あり住宅数	％	60
234	#H01301	持ち家比率(対居住世帯あり住宅数)	H1310/H1101 持ち家数／居住世帯あり住宅数	％	60
235	#H01302	借家比率(対居住世帯あり住宅数)	H1320/H1101 借家数／居住世帯あり住宅数	％	60
236	#H0130202	民営借家比率(対居住世帯あり住宅数)	H1322/H1101 民営借家数／居住世帯あり住宅数	％	60
237	#H01405	空き家比率(対総住宅数)	H110202/H1100 空き家数／総住宅数	％	61
238	#H01601	着工新設持ち家比率(対着工新設住宅戸数)	H1801/H1800 着工新設持ち家数／着工新設住宅戸数	％	61
239	#H01603	着工新設貸家比率(対着工新設住宅戸数)	H1802/H1800 着工新設貸家数／着工新設住宅戸数	％	61
240	#H01401	一戸建住宅比率(対居住世帯あり住宅数)	H1401/H1101 一戸建住宅数／居住世帯あり住宅数	％	61
241	#H01403	共同住宅比率(対居住世帯あり住宅数)	H1403/H1101 共同住宅数／居住世帯あり住宅数	％	61
242	#H02104	住宅の敷地面積(1住宅当たり)	H2140 1住宅当たり敷地面積	㎡	62
243	#H0210301	持ち家住宅の延べ面積(1住宅当たり)	H213010 1住宅当たり延べ面積(持ち家)	㎡	62
244	#H0210302	借家住宅の延べ面積(1住宅当たり)	H213020 1住宅当たり延べ面積(借家)	㎡	62
245	#H0210201	持ち家住宅の居住室の畳数(1住宅当たり)	H212010 1住宅当たり居住室の畳数(持ち家)	畳	62
246	#H0210202	借家住宅の居住室の畳数(1住宅当たり)	H212020 1住宅当たり居住室の畳数(借家)	畳	63
247	#H0210701	着工新設持ち家住宅の床面積(1住宅当たり)	H2601/H1801 着工新設持ち家床面積／着工新設持ち家数	㎡	63
248	#H0210703	着工新設貸家住宅の床面積(1住宅当たり)	H2603/H1802 着工新設貸家床面積／着工新設貸家数	㎡	63
249	#H0210101	居住室数(1住宅当たり)(持ち家)	H211010 1住宅当たり居住室数(持ち家)	室	63
250	#H0210102	居住室数(1住宅当たり)(借家)	H211020 1住宅当たり居住室数(借家)	室	63
251	#H0220301	持ち家住宅の畳数(1人当たり)	H352401 1人当たり畳数(持ち家・主世帯)	畳	64
252	#H0220302	借家住宅の畳数(1人当たり)	H352402 1人当たり畳数(借家・主世帯)	畳	64
253	#H02602	最低居住面積水準以上世帯割合	H3730/H3111 最低居住面積水準以上の主世帯数／主世帯数	％	64
254	#H03101	家計を主に支える者が雇用者である普通世帯比率(通勤時間90分以上)(普通世帯千世帯当たり)	H740104/H3110 家計を主に支える者が雇用者である普通世帯数(通勤時間90分以上)／普通世帯数	―	64
255	#H04102	民営賃貸住宅の家賃(1か月3.3㎡当たり)	H410302 3.3㎡当たり家賃(民営賃貸住宅)	円	65

No.	指標コード	指標名	指標計算式	単位	ページ
256	#H04301	着工居住用建築物工事費予定額(床面積1㎡当たり)	H4320/H2500 着工居住用建築物工事費予定額／着工居住用建築物床面積	千円	65
257	#H05106	発電電力量	H5104 発電電力量	Mwh	65
258	#H05107	電力需要量	H5105 電力需要量	Mwh	65
259	#H05105	ガソリン販売量	H5205 ガソリン販売量	kl	65
260	#H0520101	上水道給水人口比率	(H530101+H530102+H530103)/A2301 給水人口(上水道＋簡易水道＋専用水道)／住民基本台帳人口(総数)	％	66
261	#H0530401	下水道普及率	H540301/A2301 下水道排水区域人口／住民基本台帳人口(総数)	％	66
262	#H0540102	し尿処理人口比率	H550701/A2301 非水洗化人口／住民基本台帳人口(総数)	％	66
263	#H055031	ごみのリサイクル率	H5614 ごみのリサイクル率	％	66
264	#H055041	ごみ埋立率	H5615/H5609 ごみ最終処分量／ごみ総排出量	％	67
265	#H05505	最終処分場残余容量	H5617 最終処分場残余容量	千m³	67
266	#H06127	小売店数(人口千人当たり)	H6130/A1101 小売店数／総人口	店	67
267	#H06131	大型小売店数(人口10万人当たり)	H6132/A1101 大型小売店数／総人口	店	67
268	#H06132	百貨店, 総合スーパー数(人口10万人当たり)	H6133/A1101 百貨店, 総合スーパー数／総人口	店	67
269	#H06113	セルフサービス事業所数(人口10万人当たり)	H6105/A1101 セルフサービス事業所数／総人口	所	68
270	#H0611302	コンビニエンスストア数(人口10万人当たり)	H610504/A1101 コンビニエンスストア数／総人口	所	68
271	#H06130	飲食店数(人口千人当たり)	H6131/A1101 飲食店数／総人口	店	68
272	#H06117	理容・美容所数(人口10万人当たり)	H6107/A1101 理容・美容所数／総人口	所	68
273	#H06119	クリーニング所数(人口10万人当たり)	H6108/A1101 クリーニング所数／総人口	所	69
274	#H06121	公衆浴場数(人口10万人当たり)	H6109/A1101 公衆浴場数／総人口	所	69
275	#H06302	郵便局数(可住地面積100k㎡当たり)	H7501/B1103 郵便局数／可住地面積	局	69
276	#H06306	住宅用電話加入数(人口千人当たり)	H760101/A1101 住宅用電話加入数／総人口	加入	69
277	#H06310	携帯電話契約数(人口千人当たり)	H7604/A1101 携帯電話契約数／総人口	契約	69
278	#H06401	道路実延長(総面積1k㎡当たり)	H7110/B1101 道路実延長／総面積(北方地域及び竹島を除く)	km	70
279	#H06402	主要道路実延長(総面積1k㎡当たり)	H7111/B1101 主要道路実延長／総面積(北方地域及び竹島を除く)	km	70
280	#H06406	主要道路舗装率(対主要道路実延長)	H7121/H7111 主要道路舗装道路実延長／主要道路実延長	％	70
281	#H06408	市町村道舗装率(対市町村道実延長)	H7122/H7112 市町村道舗装道路実延長／市町村道実延長	％	70
282	#H07201	市街化調整区域面積比率(対都市計画区域指定面積)	H8102/H8101 市街化調整区域面積／都市計画区域指定面積	％	71
283	#H0720201	住居専用地域面積比率(対用途地域面積)	H810401/H8104 住居専用地域面積／用途地域面積	％	71
284	#H0720206	工業専用地域面積比率(対用途地域面積)	H810407/H8104 工業専用地域面積／用途地域面積	％	71
285	#H08101	都市公園面積(人口1人当たり)	H9201/A1101 都市公園面積／総人口	㎡	71
286	#H08301	都市公園数(可住地面積100k㎡当たり)	H9101/B1103 都市公園数／可住地面積	所	71
287	#I04105	有訴者率(人口千人当たり)	I8103 有訴者率	—	72

No.	指標コード	指標名	指標計算式	単位	ページ
288	#I04104	通院者率(人口千人当たり)	I8104 通院者率	―	72
289	#I04102	一般病院年間新入院患者数(人口10万人当たり)	I821102/A1101 一般病院新入院患者数／総人口	人	72
290	#I0420102	一般病院の1日平均外来患者数(人口10万人当たり)	(I821101/365)/A1101 (一般病院外来患者延数／365日)／総人口	人	72
291	#I0420202	一般病院の1日平均在院患者数(人口10万人当たり)	(I821104/365)/A1101 (一般病院在院患者延数／365日)／総人口	人	73
292	#I05101	標準化死亡率(基準人口＝昭和5年)(人口千人当たり)	A4301 標準化死亡率(日本人)	―	73
293	#I0520101	平均余命(0歳・男)	I1101 平均余命(0歳)(男)	年	73
294	#I0520102	平均余命(0歳・女)	I1102 平均余命(0歳)(女)	年	73
295	#I0520501	平均余命(65歳・男)	I1501 平均余命(65歳)(男)	年	73
296	#I0520502	平均余命(65歳・女)	I1502 平均余命(65歳)(女)	年	74
297	#I06101	生活習慣病による死亡者数(人口10万人当たり)	I9101/A1102 生活習慣病による死亡者数／日本人人口	人	74
298	#I06102	悪性新生物(腫瘍)による死亡者数(人口10万人当たり)	I9102/A1102 悪性新生物(腫瘍)による死亡者数／日本人人口	人	74
299	#I06103	糖尿病による死亡者数(人口10万人当たり)	I9103/A1102 糖尿病による死亡者数／日本人人口	人	74
300	#I06104	高血圧性疾患による死亡者数(人口10万人当たり)	I9104/A1102 高血圧性疾患による死亡者数／日本人人口	人	75
301	#I06105	心疾患(高血圧性を除く)による死亡者数(人口10万人当たり)	I9105/A1102 心疾患(高血圧性を除く)による死亡者数／日本人人口	人	75
302	#I06106	脳血管疾患による死亡者数(人口10万人当たり)	I9106/A1102 脳血管疾患による死亡者数／日本人人口	人	75
303	#I07105	妊娠, 分娩及び産じょくによる死亡率(出産数10万当たり)	I9111/(A4101＋A4270) 妊娠, 分娩及び産じょくによる死亡者数／(出生数＋死産数)	―	75
304	#I07101	死産率(出産数千当たり)	A4270/(A4101＋A4270) 死産数／(出生数＋死産数)	―	75
305	#I07106	周産期死亡率(出生数+死産数(妊娠22週以後千当たり))	(A4271＋A4272)/(A4101＋A4271) (死産数(妊娠22週以後)＋早期新生児死亡数)／(出生数+死産数(妊娠22週以後))	―	76
306	#I07102	新生児死亡率(出生数千当たり)	A4280/A4101 新生児死亡数／出生数	―	76
307	#I07104	乳児死亡率(出生数千当たり)	A4281/A4101 乳児死亡数／出生数	―	76
308	#I07201	2,500g未満出生率(出生数千当たり)	I8401/A4101 2,500g未満の出生数／出生数	―	76
309	#I0210103	平均身長(中学2年・男)	I411201 身長(中学2年)(男)	cm	77
310	#I0210104	平均身長(中学2年・女)	I411202 身長(中学2年)(女)	cm	77
311	#I0210203	平均体重(中学2年・男)	I412201 体重(中学2年)(男)	kg	77
312	#I0210204	平均体重(中学2年・女)	I412202 体重(中学2年)(女)	kg	77
313	#I0910103	一般病院数(人口10万人当たり)	I510120/A1101 一般病院数／総人口	施設	77
314	#I0910105	一般診療所数(人口10万人当たり)	I5102/A1101 一般診療所数／総人口	施設	78
315	#I0910107	精神科病院数(人口10万人当たり)	I510110/A1101 精神科病院数／総人口	施設	78
316	#I0910106	歯科診療所数(人口10万人当たり)	I5103/A1101 歯科診療所数／総人口	施設	78
317	#I0950102	一般病院数(可住地面積100k㎡当たり)	I510120/B1103 一般病院数／可住地面積	施設	78
318	#I0950103	一般診療所数(可住地面積100k㎡当たり)	I5102/B1103 一般診療所数／可住地面積	施設	79
319	#I0950104	歯科診療所数(可住地面積100k㎡当たり)	I5103/B1103 歯科診療所数／可住地面積	施設	79

No.	指標コード	指標名	指標計算式	単位	ページ
320	#I0910203	一般病院病床数(人口10万人当たり)	I521110/A1101 一般病院病床数／総人口	床	79
321	#I0910205	精神病床数(人口10万人当たり)	I521130/A1101 精神病床数／総人口	床	79
322	#I0910206	介護療養型医療施設数(65歳以上人口10万人当たり)	I5506/A1303 介護療養型医療施設数／65歳以上人口	所	79
323	#I0920101	医療施設に従事する医師数(人口10万人当たり)	I6101/A1101 医療施設医師数／総人口	人	80
324	#I0920201	医療施設に従事する歯科医師数(人口10万人当たり)	I6201/A1101 医療施設歯科医師数／総人口	人	80
325	#I0920301	医療施設に従事する看護師・准看護師数(人口10万人当たり)	(I6401+I6501)/A1101 (看護師数＋准看護師数(医療施設従事者))／総人口	人	80
326	#I0930202	一般病院常勤医師数(100病床当たり)	I611112/I521110 一般病院医師数(常勤)／一般病院病床数	人	80
327	#I0930302	一般病院看護師・准看護師数(100病床当たり)	(I641111+I651111)/I521110 (一般病院看護師数＋一般病院准看護師数)／一般病院病床数	人	81
328	#I10106	一般病院外来患者数(常勤医師1人1日当たり)	I821101/(I611112×365) 一般病院外来患者延数／(一般病院医師数(常勤)×365日)	人	81
329	#I10107	一般病院在院患者数(常勤医師1人1日当たり)	I821104/(I611112×365) 一般病院在院患者延数／(一般病院医師数(常勤)×365日)	人	81
330	#I10108	一般病院在院患者数(看護師・准看護師1人1日当たり)	I821104/((I641111+I651111)×365) 一般病院在院患者延数／((一般病院看護師数＋一般病院准看護師数)×365日)	人	81
331	#I10104	一般病院病床利用率	I821104/(I521110×365) 一般病院在院患者延数／(一般病院病床数×365日)	%	81
332	#I10105	一般病院平均在院日数(入院患者1人当たり)	I821104/((I821102+I821103)/2) 一般病院在院患者延数／((一般病院新入院患者数＋一般病院退院患者数)／2)	日	82
333	#I12201	保健師数(人口10万人当たり)	I6801/A1101 保健師数／総人口	人	82
334	#I11101	救急告示病院・一般診療所数(人口10万人当たり)	(I540201+I540202)/A1101 (救急告示病院数＋救急告示一般診療所数)／総人口	施設	82
335	#I11102	救急自動車数(人口10万人当たり)	K1209/A1101 救急自動車数／総人口	台	82
336	#I11201	年間救急出動件数(人口千人当たり)	K1210/A1101 救急出動件数／総人口	件	83
337	#I14101	薬局数(人口10万人当たり)	I7102/A1101 薬局数／総人口	所	83
338	#I14201	薬局数(可住地面積100k㎡当たり)	I7102/B1103 薬局数／可住地面積	所	83
339	#I14102	医薬品販売業数(人口10万人当たり)	I7101/A1101 医薬品販売業数／総人口	所	83
340	#I14202	医薬品販売業数(可住地面積100k㎡当たり)	I7101/B1103 医薬品販売業数／可住地面積	所	83
341	#J01107	生活保護被保護実人員(人口千人当たり)	J1105/A1101 生活保護被保護実人員／総人口	人	84
342	#J0110803	生活保護教育扶助人員(人口千人当たり)	J110603/A1101 生活保護教育扶助人員／総人口	人	84
343	#J0110804	生活保護医療扶助人員(人口千人当たり)	J110604/A1101 生活保護医療扶助人員／総人口	人	84
344	#J0110805	生活保護住宅扶助人員(人口千人当たり)	J110602/A1101 生活保護住宅扶助人員／総人口	人	84
345	#J0110806	生活保護介護扶助人員(人口千人当たり)	J1106041/A1101 生活保護介護扶助人員／総人口	人	85
346	#J0110902	生活保護被保護高齢者数(65歳以上人口千人当たり)	J110702/A1303 生活保護被保護高齢者数(65歳以上)／65歳以上人口	人	85
347	#J01200	身体障害者手帳交付数(人口千人当たり)	J1200/A1101 身体障害者手帳交付数／総人口	人	85
348	#J02101	保護施設数(医療保護施設を除く)(生活保護被保護実人員10万人当たり)	J2201/J1105 保護施設数(詳細票)(医療保護施設を除く)／生活保護被保護実人員	所	85
349	#J022011	老人ホーム数(65歳以上人口10万人当たり)	(J230111+J230121+J230131+J230221)/A1303 (養護老人ホーム数(詳細票)+介護老人福祉施設数(詳細票)+軽費老人ホーム数(詳細票)+有料老人ホーム数(詳細票))／65歳以上人口	所	85
350	#J02205	介護老人福祉施設数(65歳以上人口10万人当たり)	J230121/A1303 介護老人福祉施設数(詳細票)／65歳以上人口	所	86

No.	指標コード	指標名	指標計算式	単位	ページ
351	#J02501	児童福祉施設等数(人口10万人当たり)	J250101/A1101 児童福祉施設等数(詳細票)(保育所等を除く)／総人口	所	86
352	#J04101	生活保護施設定員数(生活保護被保護実人員千人当たり)	J2203/J1105 保護施設定員数(詳細票)(医療保護施設を除く)／生活保護被保護実人員	人	86
353	#J04102	生活保護施設在所者数(生活保護被保護実人員千人当たり)	J2206/J1105 保護施設在所者数(詳細票)(医療保護施設を除く)／生活保護被保護実人員	人	86
354	#J042011	老人ホーム定員数(65歳以上人口千人当たり)	(J230112+J230124+J230132+J230222)/A1303 (養護老人ホーム定員数(詳細票)+介護老人福祉施設定員数(詳細票)+軽費老人ホーム定員数(詳細票)+有料老人ホーム定員数(詳細票))／65歳以上人口	人	87
355	#J042021	老人ホーム在所者数(65歳以上人口千人当たり)	(J230113+J230125+J230133+J230223)/A1303 (養護老人ホーム在所者数(詳細票)+介護老人福祉施設在所者数(詳細票)+軽費老人ホーム在所者数(詳細票)+有料老人ホーム在所者数(詳細票))／65歳以上人口	人	87
356	#J05101	民生委員(児童委員)数(人口10万人当たり)	J3101/A1101 民生委員(児童委員)数／総人口	人	87
357	#J05109	訪問介護利用者数(訪問介護1事業所当たり)	J230156/J230155 訪問介護利用者数／訪問介護事業所数	人	87
358	#J05201	民生委員(児童委員)相談・支援件数(民生委員1人当たり)	J3201/J3101 民生委員(児童委員)相談・支援件数／民生委員(児童委員)数	件	87
359	#J05210	児童相談所受付件数(人口千人当たり)	J3207/A1101 児童相談所受付件数／総人口	件	88
360	#I15106	1人当たりの国民医療費	J4004 1人当たりの国民医療費	千円	88
361	#J05208	後期高齢者医療費(被保険者1人当たり)	J450320 1人当たり後期高齢者医療費	円	88
362	#J0610101	国民年金被保険者数(第1号)(20～59歳人口千人当たり)	J520101/(A1302-A1204-A1213) 国民年金被保険者数(第1号)／20～59歳人口	人	88
363	#J0610102	国民年金被保険者数(第3号)(20～59歳人口千人当たり)	J520102/(A1302-A1204-A1213) 国民年金被保険者数(第3号)／20～59歳人口	人	89
364	#I15101	国民健康保険被保険者数(人口千人当たり)	J4101/A1101 国民健康保険被保険者数／総人口	人	89
365	#I15102	国民健康保険受診率(被保険者千人当たり)	J4106 国民健康保険被保険者受診率(千人当たり)	―	89
366	#I15103	国民健康保険診療費(被保険者1人当たり)	J4107 国民健康保険被保険者1人当たり診療費	円	89
367	#I15202	全国健康保険協会管掌健康保険加入者数(人口千人当たり)	(J4202+J4203)/A1101 全国健康保険協会管掌(健康保険被保険者数＋健康保険被扶養者数)／総人口	人	89
368	#I1520301	全国健康保険協会管掌健康保険受診率(被保険者千人当たり)	J420421 全国健康保険協会管掌健康保険被保険者千人当たり受診率	―	90
369	#I1520302	全国健康保険協会管掌健康保険受診率(被扶養者千人当たり)	J420422 全国健康保険協会管掌健康保険被扶養者千人当たり受診率	―	90
370	#I1520501	全国健康保険協会管掌健康保険医療費(被保険者1人当たり)	J420531 全国健康保険協会管掌健康保険被保険者1人当たり医療費	円	90
371	#I1520502	全国健康保険協会管掌健康保険医療費(被扶養者1人当たり)	J420532 全国健康保険協会管掌健康保険被扶養者1人当たり医療費	円	90
372	#F07101	雇用保険受給率(対被保険者数)	J6105/J6102 雇用保険基本手当受給者実人員／雇用保険被保険者数	％	91
373	#F08101	労働者災害補償保険給付率(対適用労働者数)	J6303/J6302 労働者災害補償保険給付件数／労働者災害補償保険適用労働者数	％	91
374	#F08201	労働災害発生の頻度	F8101 労働災害度数率	―	91
375	#F08202	労働災害の重さの程度	F8102 労働災害強度率	―	91
376	#K01102	消防署数(可住地面積100km²当たり)	K1101/B1103 消防本部・署数／可住地面積	署	92
377	#K01104	消防団・分団数(可住地面積100km²当たり)	K1104/B1103 消防団・分団数／可住地面積	団	92
378	#K01105	消防ポンプ自動車等現有数(人口10万人当たり)	K1106/A1101 消防ポンプ自動車等現有数／総人口	台	92
379	#K01107	消防水利数(人口10万人当たり)	K1107/A1101 消防水利数／総人口	所	92
380	#K01302	消防吏員数(人口10万人当たり)	K1103/A1101 消防吏員数／総人口	人	93

No.	指標コード	指標名	指標計算式	単位	ページ
381	#K01401	消防機関出動回数(人口10万人当たり)	K1201/A1101 消防機関出動回数／総人口	回	93
382	#K01402	火災のための消防機関出動回数(人口10万人当たり)	K120201/A1101 火災のための消防機関出動回数／総人口	回	93
383	#K02101	火災出火件数(人口10万人当たり)	K2101/A1101 出火件数／総人口	件	93
384	#K02103	建物火災出火件数(人口10万人当たり)	K2102/A1101 建物火災出火件数／総人口	件	93
385	#K02203	火災死傷者数(人口10万人当たり)	K2109/A1101 火災死傷者数／総人口	人	94
386	#K02303	火災死傷者数(建物火災100件当たり)	K2109/K2102 火災死傷者数／建物火災出火件数	人	94
387	#K02205	建物火災損害額(人口1人当たり)	K2106/A1101 建物火災損害額／総人口	円	94
388	#K02306	建物火災損害額(建物火災1件当たり)	K2106/K2102 建物火災損害額／建物火災出火件数	万円	94
389	#K03102	立体横断施設数(道路実延長千km当たり)	K3201/H7110 立体横断施設数／道路実延長	所	95
390	#K04102	交通事故発生件数(道路実延長千km当たり)	K3101/H7110 交通事故発生件数／道路実延長	件	95
391	#K04101	交通事故発生件数(人口10万人当たり)	K3101/A1101 交通事故発生件数／総人口	件	95
392	#K04105	交通事故死傷者数(人口10万人当たり)	K3102/A1101 交通事故死傷者数／総人口	人	95
393	#K04106	交通事故死者数(人口10万人当たり)	K3103/A1101 交通事故死者数／総人口	人	95
394	#K04301	道路交通法違反検挙件数(人口千人当たり)	K4401/A1101 道路交通法違反検挙総件数(告知・送致)／総人口	件	96
395	#K05103	警察官数(人口千人当たり)	K4102/A1101 警察官数／総人口	人	96
396	#K06101	刑法犯認知件数(人口千人当たり)	K4201/A1101 刑法犯認知件数／総人口	件	96
397	#K06104	窃盗犯認知件数(人口千人当たり)	K420103/A1101 窃盗犯認知件数／総人口	件	96
398	#K06201	刑法犯検挙率(認知件数1件当たり)	K4202/K4201 刑法犯検挙件数／刑法犯認知件数	%	97
399	#K06204	窃盗犯検挙率(認知件数1件当たり)	K420203/K420103 窃盗犯検挙件数／窃盗犯認知件数	%	97
400	#K07105	災害被害額(人口1人当たり)	K5112/A1101 災害被害額／総人口	円	97
401	#K08101	不慮の事故による死亡者数(人口10万人当たり)	I9110/A1101 不慮の事故による死亡者数／総人口	人	97
402	#K09201	公害苦情件数(人口10万人当たり)	K6103/A1101 公害苦情件数(典型7公害)／総人口	件	97
403	#K09210	ばい煙発生施設数	K610501 ばい煙発生施設数	件	98
404	#K09211	一般粉じん発生施設数	K610502 一般粉じん発生施設数	件	98
405	#K09220	水質汚濁防止法上の特定事業場数	K6106 水質汚濁防止法上の特定事業場数	件	98
406	#K10101	民間生命保険保有契約件数(人口千人当たり)	K7105/A1101 民間生命保険保有契約件数／総人口	件	98
407	#K10105	民間生命保険保険金額(保有契約1件当たり)	K7107/K7105 民間生命保険保有契約保険金額／民間生命保険保有契約件数	万円	99
408	#K10107	民間生命保険保険金額(1世帯当たり)	K7107/A7101 民間生命保険保有契約保険金額／総世帯数	万円	99
409	#K10306	火災保険住宅物件・一般物件新契約件数(一般世帯千世帯当たり)	K2210/A710101 火災保険住宅物件・一般物件新契約件数／世帯数(一般世帯)	件	99
410	#K10308	火災保険住宅物件・一般物件受取保険金額(保有契約1件当たり)	K2216/K2214 火災保険住宅物件・一般物件保険金支払金額／火災保険住宅物件・一般物件保険金支払件数	万円	99
411	#L01201	実収入(1世帯当たり1か月間)(二人以上の世帯のうち勤労者世帯)	L3110 実収入(二人以上の世帯のうち勤労者世帯)	千円	100
412	#L01204	世帯主収入(1世帯当たり1か月間)(二人以上の世帯のうち勤労者世帯)	L3111011 世帯主収入(二人以上の世帯のうち勤労者世帯)	千円	100

No.	指標コード	指標名	指標計算式	単位	ページ
413	#L07601	年間収入(1世帯当たり)	L7610 年間収入	千円	100
414	#L07602	世帯主収入(年間収入)(1世帯当たり)	L761101 世帯主収入(年間収入)	千円	100
415	#L02211	消費支出(1世帯当たり1か月間)(二人以上の世帯)	L3221 消費支出(二人以上の世帯)	千円	101
416	#L02411	食料費割合(対消費支出)(二人以上の世帯)	L322101/L3221 食料費(二人以上の世帯)／消費支出(二人以上の世帯)	％	101
417	#L02412	住居費割合(対消費支出)(二人以上の世帯)	L322102/L3221 住居費(二人以上の世帯)／消費支出(二人以上の世帯)	％	101
418	#L02413	光熱・水道費割合(対消費支出)(二人以上の世帯)	L322103/L3221 光熱・水道費(二人以上の世帯)／消費支出(二人以上の世帯)	％	101
419	#L02414	家具・家事用品費割合(対消費支出)(二人以上の世帯)	L322104/L3221 家具・家事用品費(二人以上の世帯)／消費支出(二人以上の世帯)	％	101
420	#L02415	被服及び履物費割合(対消費支出)(二人以上の世帯)	L322105/L3221 被服及び履物費(二人以上の世帯)／消費支出(二人以上の世帯)	％	102
421	#L02416	保健医療費割合(対消費支出)(二人以上の世帯)	L322106/L3221 保健医療費(二人以上の世帯)／消費支出(二人以上の世帯)	％	102
422	#L02417	交通・通信費割合(対消費支出)(二人以上の世帯)	L322107/L3221 交通・通信費(二人以上の世帯)／消費支出(二人以上の世帯)	％	102
423	#L02418	教育費割合(対消費支出)(二人以上の世帯)	L322108/L3221 教育費(二人以上の世帯)／消費支出(二人以上の世帯)	％	102
424	#L02419	教養娯楽費割合(対消費支出)(二人以上の世帯)	L322109/L3221 教養娯楽費(二人以上の世帯)／消費支出(二人以上の世帯)	％	103
425	#L02602	平均消費性向(二人以上の世帯のうち勤労者世帯)	L3211/L3130 消費支出(二人以上の世帯のうち勤労者世帯)／可処分所得(二人以上の世帯のうち勤労者世帯)	％	103
426	#L07201	金融資産残高(貯蓄現在高)(二人以上の世帯)(1世帯当たり)	L730101 金融資産残高(貯蓄現在高)(二人以上の世帯)	千円	103
427	#L07212	預貯金現在高割合(対貯蓄現在高)(二人以上の世帯)(1世帯当たり)	L730102/L730101 預貯金(二人以上の世帯)／金融資産残高(貯蓄現在高)(二人以上の世帯)	％	103
428	#L07213	生命保険現在高割合(対貯蓄現在高)(二人以上の世帯)(1世帯当たり)	L730103/L730101 生命保険など(二人以上の世帯)／金融資産残高(貯蓄現在高)(二人以上の世帯)	％	103
429	#L07214	有価証券現在高割合(対貯蓄現在高)(二人以上の世帯)(1世帯当たり)	L730104/L730101 有価証券(二人以上の世帯)／金融資産残高(貯蓄現在高)(二人以上の世帯)	％	104
430	#L07401	金融負債現在高(二人以上の世帯)(1世帯当たり)	L740101 金融負債残高(二人以上の世帯)	千円	104
431	#L07412	住宅・土地のための負債割合(対負債現在高)(二人以上の世帯)(1世帯当たり)	L740102/L740101 住宅・土地のための負債(二人以上の世帯)／金融負債残高(二人以上の世帯)	％	104

Ⅲ 基礎データの説明

Explanation of Terms

　本書に掲載する指標値の算出に用いた基礎データの説明として，次の事項を掲載している。

1　データの出典（調査，報告書等）

　指標値算出に用いた基礎データの資料源としての調査の名称又は報告書名並びにその概要及びそれを所管している機関の名称を記載している。

2　各基礎データ項目の説明

　個々の基礎データの概念，範囲，利用上の留意事項等について掲載している。

　　　この基礎データの説明は，各統計調査の調査概要や社会・人口統計体系「基礎データ項目定義」等に基づいて整理した。
　　　なお，説明の中で引用している法令等は原則として調査時点のものであることに注意されたい。
　　　資料源に複数の番号を記載している項目は，収集年によって出典が異なる。

データの出典（調査，報告書等）

1.国勢調査（総務省統計局）

国内の人口・世帯の実態を把握し，各種行政施策の基礎資料を得るとともに，国民共有の財産として民主主義の基盤を成す統計情報を提供するものである。

2.人口推計（総務省統計局）

国勢調査の間の時点において，毎月の人口の状況を把握するものである。本書に掲載したデータは，国勢調査年以外の年は，人口推計の結果を用いている。

3.住民基本台帳に基づく人口，人口動態及び世帯数調査（総務省）

住民基本台帳に記録された住民の，毎年1月1日現在の人口及び世帯数並びに調査期日の前年の1月1日から12月31日までの間の人口動態について整理・集計するものである。

4.住民基本台帳人口移動報告年報（総務省統計局）

住民基本台帳法（昭和42年法律第81号）の規定による届出及び同法の規定により職権で住民票に記載された転入者について集計したものである。

なお，日本の国籍を有しない者は含まれなかったが，平成25年7月8日以降，日本の国籍を有しない者のうち住民基本台帳法で定めている者については含まれる。

5.人口動態調査（厚生労働省）

我が国の人口動態事象を把握するものである。

6.都道府県別にみた死亡の状況〔都道府県別年齢調整死亡率〕（厚生労働省）

年齢構成の異なる地域間で死亡状況の比較ができるように年齢構成を調整し揃えた死亡率を取りまとめたものである。

7.全国都道府県市区町村別面積調（国土交通省国土地理院）

測量法（昭和24年法律第188号）の基本測量に関する長期計画に基づき，10月1日時点の我が国の面積を取りまとめた技術資料である。

8.世界農林業センサス（農林水産省）

国際連合食糧農業機関（FAO）の提唱する世界農林業センサスの趣旨に従い，各国農林業との比較において我が国農林業の実態を明らかにするものである。

9.農林業センサス（農山村地域調査）（農林水産省）

全国の農業集落の地域資源や活動実態を調査し，地域活性化を始めとした各種農林業施策に必要な資料の整備を目的として実施した調査である。

10.自然公園の面積（環境省）

毎年度末における自然公園の指定の現況について，取りまとめたものである。

11.過去の気象データ（気象庁）

全国の気象台等で観測された地上気象観測を取りまとめたものである。

12.県民経済計算（内閣府）

都道府県（以下この項目において「県」という。）内，あるいは県民の経済の循環と構造を生産，分配，支出等各方面にわたり計量把握するものである。

13.市町村税課税状況等の調（総務省）

7月1日における全市町村の課税の状況等を集計編さんしたものである。

14.経済センサス−基礎調査（総務省統計局）

事業所及び企業の経済活動の状態を明らかにし，我が国における包括的な産業構造を明らかにするとともに，事業所・企業を対象とする各種統計調査実施のための母集団情報を整備することを目的としており，事業所・企業の基本的構造を明らかにするものである。

15.経済センサス−活動調査（総務省統計局・経済産業省）

事業所及び企業の経済活動の状態を明らかにし，我が国における包括的な産業構造を明らかにするとともに，事業所・企業を対象とする各種統計調査実施のための母集団情報を整備することを目的としており，事業所・企業の経済活動の状況を明らかにするものである。

16.生産農業所得統計（農林水産省）

農産物の産出額及び生産農業所得を推計し，農業生産の実態を金額で評価することにより明らかにし，農政の企画やその実行のフォローアップに資する資料を提供するものである。

17.作物統計調査（面積調査）（農林水産省）

農業の生産基盤となる耕地と農作物の作付けの実態を明らかにし，生産対策，構造対策，土地資源の有効活用等の各種土地利用行政の企画立案並びに行政効果の判定を行うための資料に活用するものである。

18.工業統計調査（総務省統計局・経済産業省）

　我が国の工業の実態を明らかにし，産業政策，中小企業政策など，国や都道府県などの地方公共団体の行政施策のための基礎資料となるものである。

19.障害者の職業紹介状況等（厚生労働省）

　障害者の職業紹介状況を取りまとめ，就職率の指標を作成したものである。

20.株式会社ゆうちょ銀行

　銀行法（昭和56年法律第59号）及び銀行法施行規則（昭和57年大蔵省令第10号）に基づき，業務内容や財務内容について説明している「ゆうちょ銀行　統合報告書　ディスクロージャー誌」より収集しているものである。

21.日本銀行

　銀行の預金や貸出等の集計値の把握を目的としており，日本銀行のWebページにて公表されている時系列統計データ検索サイト「貸出・預金動向」より収集しているものである。

22.内閣府子ども・子育て本部（内閣府）

　内閣府子ども・子育て本部のWebページにて公表されている都道府県別の認定こども園の数の推移より収集しているものである。

23.小売物価統計調査（動向編）（総務省統計局）

　国民の消費生活上重要な財の小売価格，サービスの料金及び家賃を調査して，消費者物価指数（CPI）や，その他物価に関する基礎資料を得るものであり，毎月，主要都市の物価を提供するものである。

24.小売物価統計調査（構造編）（総務省統計局）

　国民の消費生活上重要な財の小売価格，サービスの料金及び家賃を調査して，消費者物価指数（CPI）や，その他物価に関する基礎資料を得るものであり，約1年に1度，地域別の価格水準や，店舗形態による価格差を提供するものである。

25.都道府県地価調査（国土交通省）

　国土利用計画法施行令（昭和49年政令第387号）第9条に基づき，都道府県知事が毎年7月1日における標準価格を判定し，土地取引規制に際しての価格審査や地方公共団体等による買収価格の算定の規準となることにより，適正な地価の形成を図ることを目的とするものである。

26.地方財政統計年報（総務省）

地方公共団体から報告された決算額（普通会計及び公営事業会計）を中心として，地方財政に関する主な統計資料等を集録したものである。

27.都道府県決算状況調（総務省）

各都道府県に対して照会した「地方財政状況調査」のうち，「都道府県の普通会計，収益事業会計，交通災害共済事業会計及び公立大学附属病院事業会計の決算」を集計し，その一部を編集したものである。

28.学校基本調査（文部科学省）

学校に関する基本的事項を調査し，学校教育行政上の基礎資料を得るものである。

29.社会福祉施設等調査（厚生労働省）

全国の社会福祉施設等の数，在所者，従事者の状況等を把握し，社会福祉行政推進のための基礎資料を得るものである。

30.地方教育費調査（文部科学省）

学校教育，社会教育，生涯学習関連及び教育行政のために地方公共団体から支出された経費並びに授業料等の収入の実態及び地方教育行政機関の組織等の実態を明らかにするものである。

31.就業構造基本調査（総務省統計局）

我が国の就業及び不就業の状態を調査し，全国及び地域別の就業構造に関する基礎資料を得るものである。

32.一般職業紹介状況（職業安定業務統計）（厚生労働省）

公共職業安定所における求人，求職，就職の状況（新規学卒者を除く。）を取りまとめ，求人倍率等の指標を作成するものである。

33.新規学卒者（高校・中学）の職業紹介状況（厚生労働省）

新規学卒者について公共職業安定所及び学校において取り扱った求職，求人及び就職状況を取りまとめたものである。

34.賃金構造基本統計調査（厚生労働省）

主要産業に雇用される労働者について，その賃金の実態を労働者の雇用形態，就業形態，職種，性，年齢，学歴，勤続年数，経験年数別等に明らかにするものである。

35.社会教育調査（文部科学省）

社会教育行政に必要な社会教育に関する基本的事項を明らかにするものである。

36.衛生行政報告例（厚生労働省）

衛生関係諸法規の施行に伴う各都道府県，指定都市及び中核市における衛生行政の実態を把握するものである。

37.社会生活基本調査（総務省統計局）

国民の生活時間の配分及び余暇時間における主な活動（スポーツ，趣味・娯楽，ボランティア活動等）について調査し，国民の社会生活の実態を明らかにするものである。

38.宿泊旅行統計調査（観光庁）

我が国の宿泊旅行の全国規模の実態等を把握するものである。

39.旅券統計（外務省）

旅券発行数の動向等を明らかにすることを目的として，日本国内及び海外における日本国旅券の発行数を集計したものである。

40.住宅・土地統計調査（総務省統計局）

住戸に関する実態並びに現住居以外の住宅及び土地の保有状況，その他の住宅等に居住している世帯に関する実態を調査するものである。

41.建築動態統計調査（建築統計年報）（国土交通省）

建築着工統計調査及び建築物滅失統計調査から成っており，全国の建築物の動態を明らかにし，建築及び住宅に関する基礎資料を得るものである。

42.電気事業便覧（資源エネルギー庁）

我が国の電気事業の最近の現状と累年的推移の概要を統計的に集録して，電気事業関係者の日常の参考に資するものである。

43.石油連盟

石油連盟の Web ページにて公表されている統計資料リストより収集しているものである。

44.水道統計（公益社団法人日本水道協会）

水道施設の概況を明らかにし，国および地方公共団体における水道行政運営の基礎資料にするとともに，関係各方面の利用に供するものである。

45.下水道施設等実態調査（下水道統計）（公益社団法人日本水道協会）

下水道事業の計画，施設及び維持管理状況を把握し，下水道行政の適正化を図るため，公益社団法人日本下水道協会が実施した「下水道施設等実態調査」等の結果を基に，取りまとめたものである。

46.一般廃棄物処理事業実態調査（環境省）

一般廃棄物行政の推進に関する基礎資料を得るものである。

47.日本郵便株式会社

日本郵便株式会社の Web ページにて公表されている「お知らせ・プレスリリース」より郵便局に関する基礎資料を収集しているものである。

48.東日本電信電話株式会社及び西日本電信電話株式会社

東日本電信電話株式会社及び西日本電信電話株式会社の Web ページにて公表されている電気通信役務契約等状況報告より収集しているものである。

49.通信量からみた我が国の音声通信利用状況（総務省）

国民生活や社会経済活動に不可欠な電気通信サービスの在り方を検討するために，その利用動向を客観性，信頼性のあるデータに基づいて把握し，国民利用者の電気通信サービスに対する理解を深めることを目的とするものである。

50.道路統計年報（国土交通省）

全国における道路の現況を明らかにし，道路整備計画の立案，策定及び道路施設の管理に関する基礎資料を得るものである。

51.都市計画現況調査（国土交通省）

都市計画に関する種々の現況を把握することを目的に，都道府県都市計画担当課に依頼し，都市計画の決定状況等を調査したものである。

52.都市公園データベース（国土交通省）

全国の都道府県・市区町村の協力を得て，都市公園等の整備状況の調査を行い，取りまとめたものである。

53.医療施設調査（厚生労働省）

病院及び診療所（以下この項目において「医療施設」という。）について，その分布及び整備の実態を明らかにするとともに，医療施設の診療機能を把握するものである。

54.介護サービス施設・事業所調査（厚生労働省）

全国の介護サービスの提供体制，提供内容等を把握することにより，介護サービスの提供面に着目した基盤整備に関する基礎資料を得るものである。

55.医師・歯科医師・薬剤師統計（厚生労働省）

医師，歯科医師及び薬剤師について，性，年齢，業務の種別，従事場所及び診療科名（薬剤師を除く。）等による分布を明らかにするものである。

56.病院報告（厚生労働省）

全国の病院，療養病床を有する診療所における患者の利用状況を把握し，医療行政の基礎資料を得るものである。

57.救急・救助の現況（総務省消防庁）

消防機関の行う救急業務，救助業務及び都道府県の行う消防防災ヘリコプターによる消防活動に関する実施状況について，数値データ等を基に体系的に整理した統計資料集である。

58.人口問題研究（厚生労働省国立社会保障・人口問題研究所）

研究所の機関誌として，人口問題に関する学術論文を掲載するとともに，一般への専門知識の普及をも考慮し編集を行ったものである。

59.完全生命表（厚生労働省）

ある期間における死亡状況（年齢別死亡率）が今後変化しないと仮定したときに，各年齢の者が1年以内に死亡する確率や平均してあと何年生きられるかという期待値などを死亡率や平均余命などの指標（生命関数）によって表したものである。

60.都道府県別生命表（厚生労働省）

ある期間における死亡状況（年齢別死亡率）が今後変化しないと仮定したときに，各年齢の者が1年以内に死亡する確率や平均してあと何年生きられるかという期待値などを死亡率や平均余命などの指標（生命関数）によって表したものである。都道府県別に5年ごとに作成している。

61.国民生活基礎調査（厚生労働省）

保健，医療，福祉，年金，所得等国民生活の基礎的事項を調査し，厚生労働行政の企画及び運営に必要な基礎資料を得るとともに，各種調査の調査客体を抽出するための親標本を設定するものである。

62.学校保健統計調査（文部科学省）

学校における幼児，児童及び生徒の発育及び健康の状態を明らかにするものである。

63.被保護者調査（厚生労働省）

生活保護法（昭和 25 年法律第 144 号）に基づく保護を受けている世帯及び保護を受けていた世帯の保護の受給状況を把握し，生活保護制度及び厚生労働行政の企画運営に必要な基礎資料を得るものである。平成 24 年度より被保護者全国一斉調査と福祉行政報告例（生活保護部分）を統合している。

64.福祉行政報告例（厚生労働省）

社会福祉関係諸法規の施行に伴う各都道府県，指定都市及び中核市における行政の実態を数量的に把握して，国及び地方公共団体の社会福祉行政運営のための基礎資料とするものである。

65.国民医療費（厚生労働省）

当該年度内の医療機関等における保険診療の対象となり得る傷病の治療に要する費用を推計したものである。

66.国民健康保険事業年報（厚生労働省）

国民健康保険の事業状況を把握し，国民健康保険制度の健全な運営を図るための基礎資料とするものであり，国民に必要な医療を確保していくための基礎資料とするものである。

67.事業年報（全国健康保険協会）

医療保険制度の状況を，全国健康保険協会を中心に概観したものである。

68.後期高齢者医療事業年報（厚生労働省）

後期高齢者医療制度の事業状況を把握し，後期高齢者医療制度の健全な運営を図るための基礎資料とするものである。

69.厚生年金保険・国民年金事業年報（厚生労働省）

厚生年金保険及び国民年金の事業状況を把握し，厚生年金保険及び国民年金制度の適正な運営を図るための基礎資料として利用するものである。

70.雇用保険事業年報（厚生労働省）

雇用保険の適用・給付状況を把握し，雇用保険制度の適正な運営を図るとともに，雇用対策等の基礎資料として利用するものである。

71.労働者災害補償保険事業年報（厚生労働省）

労働者災害補償保険事業における適用状況，保険料徴収状況及び保険給付支払状況，年金受給者数，その他各種データを一元的に集計し，毎年一回公表しているものである。

72.労働災害動向調査（厚生労働省）

主要産業における年間の労働災害の発生状況を明らかにするものである。

73.消防年報（総務省消防庁）

各都道府県に照会した「消防防災・震災対策現況調査」の数値を集計作成したものである。

74.火災年報（総務省消防庁）

消防組織法（昭和22年法律第226号）に基づく「火災報告取扱要領」により，市町村が作成し，都道府県を通じて報告された1月から12月までの火災報告を集計作成したものである。

75.消防白書（総務省消防庁）

国民の生命，身体及び財産を災害等から守る消防防災活動について紹介するものである。

76.道路の交通に関する統計（警察庁）

道路交通法（昭和35年法律第105号）第2条第1項第1号に規定する道路上において，車両，路面電車及び列車の交通によって起こされた人の死亡又は負傷を伴う事故を対象とし，全国の都道府県警察から報告された資料により状況等を把握して，国の交通安全対策の立案や交通事故の防止活動に役立てるものである。

77.児童生徒の問題行動・不登校等生徒指導上の諸課題に関する調査（文部科学省）

生徒指導上の諸課題の現状を把握することにより，今後の施策の推進に資するものである。

78.犯罪統計（平成 yy 年の犯罪）（警察庁）　※yy は該当年を表す。

犯罪情勢を把握し，警察活動等の分析に用いるため，犯罪統計規則（昭和40年国家公安委員会規則第4号）等に基づき，全国の都道府県警察本部から報告された資料により作成したものである。

79.地方公共団体定員管理調査（総務省）

地方公共団体の職員数や部門別の配置等の実態を調査し，適正な定員管理に資するものである。

80.公害苦情調査（公害等調整委員会）

全国の地方公共団体の公害苦情相談窓口が受け付けた公害苦情の受付状況や処理状況等を把握することにより，公害苦情の実態を明らかにし，公害対策等の基礎資料を提供するとともに，公害苦情処理事務の円滑な運営に資するものである。

81.大気汚染防止法施行状況調査（環境省）

年度末現在におけるばい煙発生施設，揮発性有機化合物排出施設，一般粉じん発生施設，特定粉じん発生施設，特定粉じん排出等作業に係る届出状況及び規制事務実施状況に関する施行状況について調査を行ったものである。

82.水質汚濁防止法等の施行状況（環境省）

水質汚濁防止法（昭和 45 年法律第 138 号），瀬戸内海環境保全特別措置法（昭和 48 年法律第 110 号）及び湖沼水質保全特別措置法（昭和 59 年法律第 61 号）に定められている各規定の施行状況について，その件数や内容等を把握することにより，今後の水環境行政の円滑な推進に資するものである。

83.生命保険事業概況（一般社団法人生命保険協会）

生命保険協会加盟の生命保険会社から年度間に扱った個人保険・団体保険についての報告を取りまとめたものである。

84.損害保険料率算出機構統計集（損害保険料率算出機構）

損害保険料率算出機構が参考純率又は基準料率を算出している火災保険及び地震保険等について集計した統計資料である。

85.家計調査（総務省統計局）

国民生活における家計収支の実態を把握し，国の経済政策・社会政策の立案のための基礎資料を提供することを目的とするものである。

86.全国家計構造調査（総務省統計局）

家計における消費，所得，資産及び負債の実態を総合的に把握し，世帯の所得分布及び消費の水準，構造等を全国的及び地域別に明らかにするものである。

87.経済構造実態調査（総務省統計局・経済産業省）

製造業及びサービス産業における企業等の経済活動の状況を明らかにし，国民経済計算の精度向上等に資するとともに，企業等に関する施策の基礎資料を得ることを目的とするものである。

各基礎データ項目の説明
A 人口・世帯

※資料源の番号は，「データの出典」に記載されている番号と対応している。

No.	項目符号	基礎データ名	説明	資料源※
1	A1101	総人口	本邦内(歯舞群島，色丹島，国後島，択捉島及び竹島(島根県)を除く。)に3か月以上にわたって住んでいるか，又は住むことになっている者の総数	1,2
2	A110101	総人口(男)	本邦内(歯舞群島，色丹島，国後島，択捉島及び竹島(島根県)を除く。)に3か月以上にわたって住んでいるか，又は住むことになっている者の男性の総数	1,2
3	A110102	総人口(女)	本邦内(歯舞群島，色丹島，国後島，択捉島及び竹島(島根県)を除く。)に3か月以上にわたって住んでいるか，又は住むことになっている者の女性の総数	1,2
4	A1102	日本人人口	国籍が日本である者の数	1,2
5	A1201	0〜4歳人口	年齢0〜4歳人口の総数	1,2
6	A1204	15〜19歳人口	年齢15〜19歳人口の総数	1,2
7	A1213	60〜64歳人口	年齢60〜64歳人口の総数	1,2
8	A1301	15歳未満人口	年齢15歳未満人口の総数	1,2
9	A1302	15〜64歳人口	年齢15〜64歳人口の総数	1,2
10	A1303	65歳以上人口	年齢65歳以上人口の総数	1,2
11	A1304	15歳未満人口割合	総人口に占める15歳未満人口の割合	1,2
12	A1305	15〜64歳人口割合	総人口に占める15歳〜64歳人口の割合	1,2
13	A1306	65歳以上人口割合	総人口に占める65歳以上人口の割合	1,2
14	A1405	0〜5歳人口	年齢0〜5歳人口の総数	1
15	A1407	0〜17歳人口	年齢0〜17歳人口の総数	1
16	A1408	3〜5歳人口	年齢3〜5歳人口の総数	1
17	A1409	6〜11歳人口	年齢6〜11歳人口の総数	1
18	A1411	12〜14歳人口	年齢12〜14歳人口の総数	1
19	A1413	15〜17歳人口	年齢15〜17歳人口の総数	1
20	A1414	15歳以上人口	年齢15歳以上人口の総数	1,2

No.	項目符号	基礎データ名	説明	資料源※
21	A141401	15歳以上人口(男)	年齢15歳以上(男性)人口の総数	1,2
22	A141402	15歳以上人口(女)	年齢15歳以上(女性)人口の総数	1,2
23	A1700	外国人人口	総人口のうち, 外国国籍を有する者の数	1
24	A1801	人口集中地区人口	市区町村の境域内で人口密度の高い基本単位区(原則として人口密度が1km²当たり4,000人以上)が隣接し, それらの地域の人口が5,000人以上を有する地域に常住する人口の総数	1
25	A2301	住民基本台帳人口(総数)	日本国民で国内の市区町村に住所を定めている者として1月1日現在, 当該市区町村の住民基本台帳に記載されている人口の総数	3
26	A4101	出生数	戸籍法及び死産の届出に関する規程により届け出られた出生の数	5
27	A4103	合計特殊出生率	15～49歳までの女性の年齢別出生率を合計したもので, 一人の女性がその年齢別出生率で一生の間に生むとしたときの子どもの数	5
28	A4200	死亡数	戸籍法及び死産の届出に関する規程により届け出られた死亡の数	5
29	A4201	死亡数(0～4歳)	戸籍法及び死産の届出に関する規程により届け出られた死亡(0～4歳)の数	5
30	A4231	死亡数(65歳以上)	戸籍法及び死産の届出に関する規程により届け出られた死亡(65歳以上)の数	5
31	A424001	年齢調整死亡率(男)	年齢構成の異なる地域間で死亡状況の比較ができるように年齢構成を調整しそろえた男性の死亡率	6
32	A424002	年齢調整死亡率(女)	年齢構成の異なる地域間で死亡状況の比較ができるように年齢構成を調整しそろえた女性の死亡率	6
33	A4270	死産数	妊娠満12週以後の死児の出産をいい, 自然死産数と人工死産数の合計	5
34	A4271	死産数(妊娠満22週以後)	妊娠満22週以後の死児の死産数	5
35	A4272	早期新生児死亡数	生後1週未満の死亡数	5
36	A4280	新生児死亡数	生後4週未満の死亡数	5
37	A4281	乳児死亡数	生後1年未満の死亡数	5
38	A4301	標準化死亡率(日本人)	都道府県別の死亡率を比較する場合, 地域における人口の年齢構成の違いが影響する。この影響を除去する目的で年齢構成が一定であったときに予期される死亡率を推計したもの	58
39	A5103	転入者数	市区町村又は都道府県の区域内に, 他の市区町村又は都道府県から住所を移した者の数	4
40	A5104	転出者数	市区町村又は都道府県の境界を越えて他の区域へ住所を移した者の数	4
41	A6104	流出人口(従業地・通学地人口)	当該地域に常住し, 他の地域へ通勤・通学している人口	1
42	A6106	流入人口(従業地・通学地人口)	他の地域に常住し, 当該地域へ通勤・通学している人口	1

No.	項目符号	基礎データ名	説明	資料源※
43	A6108	昼夜間人口比率	夜間人口100人当たりの昼間人口の比率	1
44	A7101	総世帯数	一般世帯と施設等の世帯を合わせた数	1
45	A710101	一般世帯数	(1)住居と生計を共にしている人の集まり又は一戸を構えて住んでいる単身者 (2)上記の世帯と住居を共にし, 別に生計を維持している間借り又は下宿している単身者 (3) 会社・団体・商店・官公庁などの寄宿舎,独身寮などに居住している単身者	1
46	A710201	一般世帯人員	一般世帯を構成する各人を合わせた数	1
47	A810102	核家族世帯数	一般世帯の親族のみの世帯のうち, 夫婦のみの世帯, 夫婦と子どもから成る世帯, 男親と子供から成る世帯, 女親と子供から成る世帯の数	1
48	A810105	単独世帯数	人員が一人の世帯数	1
49	A8111	65歳以上の世帯員のいる世帯数	一般世帯のうち65歳以上の世帯員のいる世帯数	1
50	A8201	高齢夫婦世帯数(高齢夫婦のみ)	一般世帯のうち夫65歳以上, 妻60歳以上の夫婦一組のみの世帯数	1
51	A8301	高齢単身世帯数	一般世帯のうち65歳以上の者一人のみの世帯数	1
52	A9101	婚姻件数	我が国において各年1月1日から12月31日までの間に市区町村長に届出のあった婚姻した日本人についての件数	5
53	A9201	離婚件数	我が国において各年1月1日から12月31日までの間に市区町村長に届出のあった離婚した日本人についての件数	5

B 自然環境

※資料源の番号は，「データの出典」に記載されている番号と対応している。

No.	項目符号	基礎データ名	説明	資料源※
1	B1101	総面積(北方地域及び竹島を除く)	北方地域及び竹島を除く日本の面積	1,7
2	B1102	総面積(北方地域及び竹島を含む)	北方地域及び竹島を含む日本の面積	1,7
3	B1103	可住地面積	総面積(北方地域及び竹島を除く)から林野面積と主要湖沼面積を差し引いて算出したもの	−
4	B1106	森林面積	木材が集団的に生育している土地及びその土地の上にある立木竹並びに木竹の集団的な生育に供される土地の面積	8,9
5	B2101	自然公園面積	自然風景地の保護とともに自然とのふれあいを図ることを目的として指定される地域の面積	10
6	B4101	年平均気温	℃ 単位で小数第1位まで観測し，1日24回の観測値から日平均気温を求め，それから算出した年平均気温	11
7	B4102	最高気温(日最高気温の月平均の最高値)	毎日の連続的観測記録のうち，1日の最高気温から，月平均の日最高気温を求め，それらの月平均気温のうち，年間を通じて最高の月平均気温	11
8	B4103	最低気温(日最低気温の月平均の最低値)	毎日の連続的観測記録のうち，1日の最低気温から，月平均の日最低気温を求め，それらの月平均気温のうち，年間を通じて最低の月平均気温	11
9	B4104	快晴日数(年間)	日平均雲量(10分比)が，1.5未満の日を快晴の日とし，その年間の日数	11
10	B4106	降水日数(年間)	日降水量が1mm以上であった日の年間の日数	11
11	B4107	雪日数(年間)	量に関わりなく，雪，しゅう雪，吹雪，みぞれ，霧雪及び細氷のうち一つ以上の現象が観測された日の年間(前年の8月から当年の7月まで)の日数で，雪あられ，氷あられ，凍雨，ひょうは含まない。	11
12	B4108	日照時間(年間)	回転式日照計による値であり，直射日光が地表を照射した時間の年間の合計	11
13	B4109	降水量(年間)	転倒ます型雨量計による観測値で年間の総降水量をmm単位で示したもの	11
14	B4111	年平均相対湿度	蒸気圧と飽和蒸気圧との比を百分率(%)で表したものであり，1日24回の観測値から日平均相対湿度を求め，これから算出されたもの	11

C 経済基盤

※資料源の番号は，「データの出典」に記載されている番号と対応している。

No.	項目符号	基礎データ名	説明	資料源※
1	C1111	県内総生産額	県内にある事業所の生産活動によって生み出された生産物の総額(産出額)から，中間投入額(原材料費・光熱費・間接費等)を控除したものの額	12
2	C120110	課税対象所得	各年度の個人の市町村民税の所得割の課税対象となった前年の所得金額をいい，地方税法に定める各所得控除を行う前のもの	13
3	C120120	納税義務者数(所得割)	個人の市町村民税の所得割の納税義務者数	13
4	C1211	県民所得	県民雇用者報酬，財産所得及び企業所得の合計	12
5	C121101	一人当たり県民所得	当該県の県民所得を当該県の総人口で除したもの	12
6	C1318	名目県民総所得	県内総生産(支出側)に県外からの純所得を加えたものの名目値(実際に市場で取り引きされている価格に基づいて推計された値)	12
7	C2107	事業所数	一定の場所を占めて，単一の経営主体のもと，従業者と設備を有して，物の生産や販売，サービスの提供が継続的に行われているものの数	14
8	C2108	民営事業所数	国及び地方公共団体の事業所を除く事業所の数	14,15
9	C210801	従業者1～4人の民営事業所数	従業員1～4人の民営事業所の数	14,15
10	C210806	従業者100～299人の民営事業所数	従業員100～299人の民営事業所の数	14,15
11	C210807	従業者300人以上の民営事業所数	従業員300人以上の民営事業所の数	14,15
12	C2111	第2次産業事業所数	鉱業，採石業，砂利採取業，建設業及び製造業の事業所の数	14
13	C2112	第3次産業事業所数	電気・ガス・熱供給・水道業，情報通信業，運輸業及びサービス業等の事業所の数	14
14	C2208	民営事業所従業者数	民営事業所の従業者数	14,15
15	C220801	従業者1～4人の民営事業所の従業者数	従業者が1～4人の民営事業所の従業者数	14,15
16	C220806	従業者100～299人の民営事業所の従業者数	従業者が100～299人の民営事業所の従業者数	14,15
17	C220807	従業者300人以上の民営事業所の従業者数	従業者が300人以上の民営事業所の従業者数	14,15
18	C2211	第2次産業従業者数	鉱業，採石業，砂利採取業，建設業及び製造業の従業者数	14
19	C2212	第3次産業従業者数	電気・ガス・熱供給・水道業，情報通信業，運輸業及びサービス業等の従業者数	14
20	C3101	農業産出額	当該年における品目別生産数量に品目別農家庭先販売価格を乗じて求めたものの合計額	16
21	C3102	農家数	調査日現在の経営耕地面積が10アール以上の農業を行う世帯又は調査期日前1年間における農産物販売金額が15万円以上あった世帯の数	8,9

No.	項目符号	基礎データ名	説明	資料源※
22	C310511	基幹的農業従事者数(個人経営体)	15歳以上の世帯員のうち,ふだん仕事として主に自営農業に従事している者の数	8,9
23	C3107	耕地面積	農作物の栽培を目的とする土地の面積	17
24	C3401	製造品出荷額等	製造品出荷額,加工賃収入額,その他収入額及び製造工程からでたくず及び廃物の出荷額の合計	15,18
25	C3403	製造業事業所数	工場,製作所,製造所あるいは加工所などと呼ばれているような,製造又は加工を行っている事業所の数	15,18
26	C3404	製造業従業者数	工場,製作所,製造所あるいは加工所などと呼ばれているような,製造又は加工を行っている事業所の従業者の数	15,18
27	C3501	商業年間商品販売額(卸売業＋小売業)	1年間の商業事業所における有体商品の販売額	15,87
28	C3502	商業事業所数(卸売業＋小売業)	有体的商品を購入して販売する事業所の数	15
29	C3503	商業従業者数(卸売業＋小売業)	有体的商品を購入して販売する事業所の従業者の数	15
30	C360111	国内銀行預金残高	国内銀行の年度末現在の預金残高	21
31	C360120	郵便貯金残高	郵便貯金の各年度末現在における貯金残高	20
32	C5501	標準価格対前年平均変動率(住宅地)	住宅地の前年と継続する基準地の価格の変動率の単純平均	25
33	C5701	消費者物価地域差指数(総合)	世帯が購入する各種の財及びサービスの価格を総合した物価水準の地域間の差を,全国平均価格を基準(=100)とした指数値で表したもの(総合) ＊持家の帰属家賃を除く。	24
34	C5702	消費者物価地域差指数(家賃を除く総合)	世帯が購入する各種の財及びサービスの価格を総合した物価水準の地域間の差を,全国平均価格を基準(=100)とした指数値で表したもの(家賃を除く総合)	24
35	C5703	消費者物価地域差指数(食料)	世帯が購入する各種の財及びサービスの価格を総合した物価水準の地域間の差を,全国平均価格を基準(=100)とした指数値で表したもの(食料)	24
36	C5704	消費者物価地域差指数(住居)	世帯が購入する各種の財及びサービスの価格を総合した物価水準の地域間の差を,全国平均価格を基準(=100)とした指数値で表したもの(住居) ＊持家の帰属家賃を除く。	24
37	C5705	消費者物価地域差指数(光熱・水道)	世帯が購入する各種の財及びサービスの価格を総合した物価水準の地域間の差を,全国平均価格を基準(=100)とした指数値で表したもの(光熱・水道)	24
38	C5706	消費者物価地域差指数(家具・家事用品)	世帯が購入する各種の財及びサービスの価格を総合した物価水準の地域間の差を,全国平均価格を基準(=100)とした指数値で表したもの(家具・家事用品)	24
39	C5707	消費者物価地域差指数(被服及び履物)	世帯が購入する各種の財及びサービスの価格を総合した物価水準の地域間の差を,全国平均価格を基準(=100)とした指数値で表したもの(被服及び履物)	24
40	C5708	消費者物価地域差指数(保健医療)	世帯が購入する各種の財及びサービスの価格を総合した物価水準の地域間の差を,全国平均価格を基準(=100)とした指数値で表したもの(保健医療)	24

No.	項目符号	基礎データ名	説明	資料源※
41	C5709	消費者物価地域差指数(交通・通信)	世帯が購入する各種の財及びサービスの価格を総合した物価水準の地域間の差を，全国平均価格を基準(=100)とした指数値で表したもの(交通・通信)	24
42	C5710	消費者物価地域差指数(教育)	世帯が購入する各種の財及びサービスの価格を総合した物価水準の地域間の差を，全国平均価格を基準(=100)とした指数値で表したもの(教育)	24
43	C5711	消費者物価地域差指数(教養娯楽)	世帯が購入する各種の財及びサービスの価格を総合した物価水準の地域間の差を，全国平均価格を基準(=100)とした指数値で表したもの(教養娯楽)	24
44	C5712	消費者物価地域差指数(諸雑費)	世帯が購入する各種の財及びサービスの価格を総合した物価水準の地域間の差を，全国平均価格を基準(=100)とした指数値で表したもの(諸雑費)	24

D 行政基盤

※資料源の番号は，「データの出典」に記載されている番号と対応している。

No.	項目符号	基礎データ名	説明	資料源※
1	D2101	財政力指数(都道府県財政)	地方公共団体の財政力を示す指数で，基準財政収入額を基準財政需要額で除して得た数値の過去3年間の平均値	27
2	D2102	実質収支比率(都道府県財政)	実質収支の標準財政規模(臨時財政対策債発行可能額を含む。)に対する割合	27
3	D2103	経常収支比率(都道府県財政)	毎年度経常的に支出される経費に充当された一般財源の額が，毎年度経常的に収入される一般財源，減収補塡債特例分及び臨時財政対策債の合計額に占める割合	27
4	D2109	一般財源(都道府県財政)	地方税，地方譲与税，地方特例交付金及び地方交付税の合計額	26
5	D3101	歳入決算総額(都道府県財政)	「地方税」，「地方譲与税」，「地方特例交付金」，「地方交付税」，「国庫支出金」，「地方債」及び「その他」の総額	26
6	D310101	地方税(都道府県財政)	都道府県税と市町村税を合わせたもの	26
7	D310103	地方交付税(都道府県財政)	国税のうち，所得税，法人税，酒税及び消費税のそれぞれ一定割合及び地方法人税の全額を，国が地方公共団体に対して交付する税	26
8	D310108	国庫支出金(都道府県財政)	国と地方公共団体の経費負担区分に基づき，国が地方公共団体に対して支出する負担金，委託費，特定の施策の奨励又は財政援助のための補助金等の額	26
9	D3102	自主財源額(都道府県財政)	「地方税」，「分担金及び負担金」，「使用料」，「手数料」，「財産収入」，「寄付金」，「繰入金」，「繰越金」及び「諸収入」の額	26
10	D3103	歳出決算総額(都道府県財政)	「教育費」，「民生費」及び「土木費」等行政目的に着目した都道府県における「目的別歳出」の額	26
11	D310303	民生費(都道府県財政)	児童，高齢者，障害者等のための福祉施設の整備，運営，生活保護等の実施等を行っており，これらの諸施策に要する都道府県の経費	26
12	D3103031	社会福祉費(都道府県財政)	総合的な福祉対策に要する都道府県の経費	26
13	D3103032	老人福祉費(都道府県財政)	「民生費」のうち，都道府県における老人福祉行政に要する経費	26
14	D3103033	児童福祉費(都道府県財政)	「民生費」のうち，都道府県における児童福祉行政に要する経費	26
15	D3103034	生活保護費(都道府県財政)	「民生費」のうち，都道府県における生活保護行政に要する経費	26
16	D310304	衛生費(都道府県財政)	ごみなど一般廃棄物の収集・処理等，住民の日常生活に密着した，都道府県における諸施策に要する経費	26
17	D310305	労働費(都道府県財政)	就業者の福祉向上を図るため，職業能力開発の充実，金融対策，失業対策等の都道府県における施策に要する経費	26
18	D310306	農林水産業費(都道府県財政)	農林水産業の振興と食料の安定的供給を図るため，生産基盤の整備，構造改善，消費流通対策，農林水産業に係る技術の開発・普及等の都道府県における施策に要する経費	26
19	D310307	商工費(都道府県財政)	地域における商工業の振興とその経営の強化等を図るため，中小企業の経営力・技術力の向上，地域エネルギー事業の推進，企業誘致，消費流通対策等さまざまな都道府県における施策に要する経費	26
20	D310308	土木費(都道府県財政)	地域の基盤整備を図るため，道路，河川，住宅，公園等の公共施設の建設，整備等を行うとともに，これらの施設の維持管理に要する都道府県における経費	26

No.	項目符号	基礎データ名	説明	資料源※
21	D310309	警察費(都道府県財政)	犯罪の防止, 交通安全の確保その他地域社会の安全と秩序を維持し, 国民の生命, 身体及び財産を保護するため, 警察行政に要する都道府県における経費	26
22	D310311	教育費(都道府県財政)	教育の振興と文化の向上を図るため, 学校教育, 社会教育等の教育文化行政, 教育施策に要する都道府県における経費	26
23	D3103112	小学校費(都道府県財政)	教育の振興と文化の向上を図るため, 学校教育, 社会教育等の教育文化行政, 教育施策に要する都道府県における経費のうち小学校費	26
24	D3103113	中学校費(都道府県財政)	教育の振興と文化の向上を図るため, 学校教育, 社会教育等の教育文化行政, 教育施策に要する都道府県における経費のうち中学校費	26
25	D3103114	高等学校費(都道府県財政)	教育の振興と文化の向上を図るため, 学校教育, 社会教育等の教育文化行政, 教育施策に要する都道府県における経費のうち高等学校費	26
26	D3103115	特別支援学校費(都道府県財政)	教育の振興と文化の向上を図るため, 学校教育, 社会教育等の教育文化行政, 教育施策に要する都道府県における経費のうち特別支援学校費	26
27	D3103116	幼稚園費(都道府県財政)	教育の振興と文化の向上を図るため, 学校教育, 社会教育等の教育文化行政, 教育施策に要する都道府県における経費のうち幼稚園費	26
28	D3103117	社会教育費(都道府県財政)	教育の振興と文化の向上を図るため, 学校教育, 社会教育等の教育文化行政, 教育施策に要する都道府県における経費のうち社会教育費	26
29	D310312	災害復旧費(都道府県財政)	地震, 台風その他異常な自然現象等の災害によって, 被災した施設を原形に復旧するために要する都道府県における経費	26
30	D310401	人件費(都道府県財政)	職員給, 地方公務員共済組合等負担金, 退職金, 委員等報酬, 議員報酬手当等から成る都道府県における経費	26
31	D310404	扶助費(都道府県財政)	社会保障制度の一環として, 生活困窮者, 児童, 障害者等を援助するために要する都道府県における経費	26
32	D310406	普通建設事業費(都道府県財政)	公共又は公用施設の新増設等に要する都道府県における経費	26
33	D310407	災害復旧事業費(都道府県財政)	地震, 台風その他異常な自然現象等の災害によって被災した施設を原形に復旧するために要する経費の額	26
34	D310408	失業対策事業費(都道府県財政)	失業者に就業の機会を与えることを主たる目的として, 道路, 河川, 公園の整備等を行う事業に要する経費の額	26
35	D3105	地方債現在高(都道府県財政)	地方公共団体が前年度までに発行した額のうち, 当該年度までに償還した分を差し引き, それに当該年度の新規発行額を加えた年度末現在額	27
36	D3203	歳出決算総額(市町村財政)	「教育費」, 「民生費」及び「土木費」等行政目的に着目した市町村における「目的別歳出」の額	26
37	D3203001	歳出決算総額(市町村財政・東京都分)	「教育費」, 「民生費」及び「土木費」等行政目的に着目した東京都における「目的別歳出」の額	26
38	D320303	民生費(市町村財政)	児童, 高齢者, 障害者等のための福祉施設の整備, 運営, 生活保護等の実施等を行っており, これらの諸施策に要する市町村の経費	26
39	D3203031	社会福祉費(市町村財政)	総合的な福祉対策に要する市町村の経費	26
40	D3203032	老人福祉費(市町村財政)	「民生費」のうち, 市町村における老人福祉行政に要する経費	26
41	D3203033	児童福祉費(市町村財政)	「民生費」のうち, 市町村における児童福祉行政に要する経費	26
42	D3203034	生活保護費(市町村財政)	「民生費」のうち, 市町村における生活保護行政に要する経費	26

No.	項目符号	基礎データ名	説明	資料源※
43	D320304	衛生費(市町村財政)	ごみなど一般廃棄物の収集・処理等,住民の日常生活に密着した,市町村における諸施策に要する経費	26
44	D320308	土木費(市町村財政)	地域の基盤整備を図るため,道路,河川,住宅,公園等の公共施設の建設,整備等を行うとともに,これらの施設の維持管理に要する市町村における経費	26
45	D3203099	消防費(東京都・市町村財政合計)	火災,風水害,地震等の災害から国民の生命,身体及び財産を守り,これらの災害を防除し,被害を軽減するため,消防行政に要する東京都及び市町村における経費	26
46	D320310	教育費(市町村財政)	教育の振興と文化の向上を図るため,学校教育,社会教育等の教育文化行政,教育施策に要する市町村における経費	26
47	D3203102	小学校費(市町村財政)	教育の振興と文化の向上を図るため,学校教育,社会教育等の教育文化行政,教育施策に要する市町村における経費のうち小学校費	26
48	D3203103	中学校費(市町村財政)	教育の振興と文化の向上を図るため,学校教育,社会教育等の教育文化行政,教育施策に要する市町村における経費のうち中学校費	26
49	D3203104	高等学校費(市町村財政)	教育の振興と文化の向上を図るため,学校教育,社会教育等の教育文化行政,教育施策に要する市町村における経費のうち高等学校費	26
50	D3203105	特別支援学校費(市町村財政)	教育の振興と文化の向上を図るため,学校教育,社会教育等の教育文化行政,教育施策に要する市町村における経費のうち特別支援学校費	26
51	D3203106	幼稚園費(市町村財政)	教育の振興と文化の向上を図るため,学校教育,社会教育等の教育文化行政,教育施策に要する市町村における経費のうち幼稚園費	26
52	D3203107	社会教育費(市町村財政)	教育の振興と文化の向上を図るため,学校教育,社会教育等の教育文化行政,教育施策に要する市町村における経費のうち社会教育費	26
53	D320311	災害復旧費(市町村財政)	地震,台風その他異常な自然現象等の災害によって,被災した施設を原形に復旧するために要する市町村における経費	26
54	D420101	都道府県民税	道府県内に住所を有する個人,道府県内に事務所等を有する法人等に賦課される税の収入額及び東京都が徴収した市町村税相当額との合計	26
55	D420102	市町村民税	市町村内に住所を有する個人,市町村内に事務所等を有する法人等に賦課される税の収入額	26
56	D420201	固定資産税(都道府県財政)	大規模の償却資産で地方税法第349条の4に定める額を超えるものについて当該市町村を包括する都道府県が例外的に課税したものの収入額	26
57	D420202	固定資産税(市町村財政)	土地,家屋並びに土地及び家屋以外の事業の用に供することができる有形償却資産に対し課する市町村税の収入額	26

E 教育

No.	項目符号	基礎データ名	説明	資料源※
1	E1101	幼稚園数	学校教育法に規定する幼稚園の数	28
2	E1301	幼稚園教員数	幼稚園の本務の教員及び教育活動の補助に当たっている教育補助員の合計数	28
3	E1501	幼稚園在園者数	5月1日現在，当該幼稚園の在園者として指導要録が作成されている者の数	28
4	E1502	公立幼稚園在園者数	5月1日現在，当該公立幼稚園の在園者として指導要録が作成されている者の数	28
5	E1601	幼稚園修了者数	当該年度幼稚園修了者数	28
6	E2101	小学校数	学校教育法に規定する小学校の数	28
7	E2301	小学校学級数	5月1日現在届出をしている等，正規の手続を完了している(小学校)学級数	28
8	E2401	小学校教員数	小学校の本務の教員数	28
9	E240102	小学校教員数(女)	小学校の本務の教員のうち女性の数	28
10	E2501	小学校児童数	5月1日現在，当該学校の在学者(ただし，1年以上居所不明の者を除く。)として指導要録が作成されている者の数	28
11	E250102	小学校児童数(公立)	5月1日現在，当該学校の在学者(ただし，1年以上居所不明の者を除く。)として指導要録が作成されている者の数	28
12	E2502	小学校児童数(第1学年児童数)	5月1日現在，当該学校の在学者(ただし，1年以上居所不明の者を除く。)として指導要録が作成されている第1学年の者の数	28
13	E250802	不登校による小学校長期欠席児童数(年度間30日以上)	「病気」や「経済的理由」以外の何かしらの理由で，登校しない(できない)ことにより長期欠席した小学校の児童数	77
14	E3101	中学校数	学校教育法に規定する中学校の数	28
15	E3301	中学校学級数	5月1日現在届出をしている等，正規の手続を完了している(中学校)学級数	28
16	E3401	中学校教員数	中学校の本務の教員数	28
17	E340102	中学校教員数(女)	中学校の本務の教員のうち女性の数	28
18	E3501	中学校生徒数	5月1日現在，当該学校の在学者(ただし，1年以上居所不明の者を除く。)として指導要録が作成されている者の数	28
19	E350101	中学校生徒数(公立)	5月1日現在，当該学校の在学者(ただし，1年以上居所不明の者を除く。)として指導要録が作成されている者の数	28
20	E350502	不登校による中学校長期欠席生徒数(年度間30日以上)	「病気」や「経済的理由」以外の何かしらの理由で，登校しない(できない)ことにより長期欠席した中学校の児童数	77
21	E3801	中学校卒業者の進学率	中学校卒業者のうち高等学校等への進学者の割合	28
22	E4101	高等学校数	学校教育法に規定する高等学校の数	28

No.	項目符号	基礎データ名	説明	資料源※
23	E4401	高等学校教員数	高等学校の本務の教員数	28
24	E4501	高等学校生徒数	5月1日現在,当該学校の在学者(ただし,1年以上居所不明の者を除く。)として指導要録が作成されている者の数	28
25	E4512	高等学校生徒数(公立)	5月1日現在,当該学校の在学者(ただし,1年以上居所不明の者を除く。)として指導要録が作成されている者の数	28
26	E4601	高等学校卒業者数	当該年度高等学校卒業者(全日制及び定時制)の数	28
27	E460220	高等学校卒業者のうち大学進学者数	調査年の3月に卒業した者のうち大学(学部)へ進学し,5月1日現在在籍する者の数	28
28	E4604	高等学校卒業者のうち就職者数	高等学校卒業者で経常的な収入を得る仕事に就いた就職者の数	28
29	E460410	高等学校卒業者のうち県内就職者数	高等学校卒業者で経常的な収入を得る仕事に就いた就職者のうち就職先が県内(出身高等学校が所在する県)である者の数	28
30	E4701	高等学校卒業者の進学率	高等学校卒業者のうち大学等への進学者の割合	28
31	E470201	当該県の高校出身者で当該県の大学入学者数	当該県の高等学校出身者で当該県に所在するの大学へ入学した者の数	28
32	E470205	大学入学者数(高校所在地による)	当該県の高等学校出身者で大学に入学した者の数	28
33	E5801	特別支援学校生徒数(公立)	学校教育法に規定する特別支援学校(公立)の生徒数	28
34	E6101	短期大学数	学校教育法に規定する短期大学の数	28
35	E6102	大学数	学校教育法に規定する大学の数	28
36	E6403	大学入学者数	当該年度に大学へ入学した者で5月1日現在在籍する者の数	28
37	E6502	大学卒業者数	当該年度の3月に大学(学部)を卒業した者の数	28
38	E650220	大学卒業者のうち就職者数	大学卒業者で経常的な収入を得る仕事に就いた者の数	28
39	E650230	大学卒業者のうち家事手伝い・進路未定者数	大学卒業者のうち進学も就職もしていないことが明らかな者の数	28
40	E7101	専修学校数	学校教育法に規定する専修学校の数	28
41	E7102	各種学校数	学校教育法に規定する各種学校の数	28
42	E8101	在学者1人当たりの学校教育費(幼稚園)	公立の幼稚園における学校教育活動のために支出された在園者1人当たりの経費	30
43	E810101	在学者1人当たりの学校教育費(幼保連携型認定こども園)	公立の幼保連携型認定こども園における学校教育活動のために支出された在園者1人当たりの経費	30

No.	項目符号	基礎データ名	説明	資料源※
44	E8102	在学者1人当たりの学校教育費(小学校)	公立の小学校における学校教育活動のために支出された在学者1人当たりの経費	30
45	E8103	在学者1人当たりの学校教育費(中学校)	公立の中学校における学校教育活動のために支出された在学者1人当たりの経費	30
46	E8104	在学者1人当たりの学校教育費(高等学校・全日制)	公立の高等学校(全日制)における学校教育活動のために支出された在学者1人当たりの経費	30
47	E9101	最終学歴人口(卒業者総数)	最終卒業学校の種類別の人口	1
48	E9102	最終学歴人口(小学校・中学校)	小学校・中学校を最終卒業学校とした人口	1
49	E9103	最終学歴人口(高校・旧中)	高校・旧制中学校を最終卒業学校とした人口	1
50	E9105	最終学歴人口(短大・高専)	短大・高等専門学校を最終卒業学校とした人口	1
51	E9106	最終学歴人口(大学・大学院)	大学・大学院を最終卒業学校とした人口	1

F 労働

No.	項目符号	基礎データ名	説明	資料源※
1	F1101	労働力人口	就業者と完全失業者を合わせた人数	1
2	F110101	労働力人口(男)	就業者と完全失業者を合わせた人数のうち男性の数	1
3	F110102	労働力人口(女)	就業者と完全失業者を合わせた人数のうち女性の数	1
4	F1102	就業者数	賃金, 給料, 諸手当, 営業収益, 手数料, 内職収入など収入(現物収入を含む。)を伴う仕事を少しでもした人の数	1
5	F1107	完全失業者数	収入を伴う仕事を少しもしなかった人のうち, 仕事に就くことが可能であって, かつ, ハローワークに申し込むなどして積極的に仕事を探していた人の数	1
6	F1202	有業者数	ふだん収入を得ることを目的として仕事をしており, 調査日以降もしていくことになっている者及び仕事は持っているが現在は休んでいる者の数	31
7	F1501	共働き世帯数	「夫婦のいる一般世帯」のうち,「夫, 妻ともに就業者の世帯」の数	1
8	F2116	就業者数(65歳以上)	賃金, 給料, 諸手当, 営業収益, 手数料, 内職収入など収入(現物収入を含む。)を伴う仕事を少しでもした65歳以上の人の数	1
9	F2201	第1次産業就業者数	農業・林業及び漁業の就業者の数	1
10	F2211	第2次産業就業者数	鉱業・採石業・砂利採取業, 建設業及び製造業の就業者の数	1
11	F2221	第3次産業就業者数	電気・ガス・熱供給・水道業, 情報通信業, 運輸業及びサービス業等の就業者の数	1
12	F2401	雇用者数	会社・団体・個人や官公庁に雇用されている人で, 役員(社長・取締役・監査役, 理事・監事等)を除く人の数	1
13	F2704	県内就業者数	当該都道府県に常住する就業者のうち, 従業地が自県内の者の数	1
14	F2705	他市区町村への通勤者数	当該市区町村に常住する者のうち, 県内外を問わず他の市区町村で従業する者の数	1
15	F2803	他市区町村からの通勤者数	当該市区町村で従業する者のうち, 県内外を問わず他の市区町村に常住する者の数	1
16	F3102	月間有効求職者数(一般)(年度計)	前月末日現在において, 求職票の有効期限が翌月以降にまたがっている就職未決定の求職者と当月の新規求職申込件数の年度の合計数	32
17	F3103	月間有効求人数(一般)(年度計)	前月末日現在において, 求人票の有効期限が翌月以降にまたがっている未充足の求人数と当月の新規求人数の年度の合計数	32
18	F3105	就職件数(一般)(年度計)	自安定所の有効求職者が自安定所の紹介により就職したことを確認した年度の件数	32
19	F3211	パートタイム月間有効求職者数(常用)(年度計)	通常の労働者の1週間の所定労働時間に比し短い者の, 月間有効求職者数	32
20	F3221	パートタイム就職件数(常用)	通常の労働者の1週間の所定労働時間に比し短い者のうち, 雇用期間の定めが無いかまたは4か月以上の雇用期間が定められている者の就職件数	32
21	F3241	女性パートタイム労働者数	通常の労働者より1日の所定労働時間が短い又は1週間の所定労働日数が少ない者のうち女性の労働者数	34
22	F3242	男性パートタイム労働者数	通常の労働者より1日の所定労働時間が短い又は1週間の所定労働日数が少ない者のうち男性の労働者数	34

No.	項目符号	基礎データ名	説明	資料源※
23	F3302	新規学卒者求職者数(高校)	高等学校の新規学卒者について, 公共職業安定所及び学校において取り扱った求職状況を取りまとめたものの数	33
24	F3312	新規学卒者求人数(高校)	高等学校の新規学卒者について, 公共職業安定所及び学校において取り扱った求人状況を取りまとめたものの数	33
25	F341203	一般労働者数(65歳以上)(企業規模10人以上の事業所)	企業規模10人以上の事業所における短時間労働者以外の65歳以上の人の数	34
26	F35021	障害者就職率	障害者の就職件数を障害者の新規求職申込件数で除したもの	19
27	F4201	継続就業者数	1年前も現在と同じ勤め先(企業)で就業していた者の数	31
28	F4202	転職者数	1年前の勤め先(企業)と現在の勤め先が異なる者の数	31
29	F4203	離職者数	1年前には仕事をしていたが, その仕事を辞めて, 現在は仕事をしていない者の数	31
30	F4204	新規就業者数	1年前には仕事をしていなかったが, この1年間に現在の仕事に就いた者の数	31
31	F610203	所定内実労働時間数(男)	男性における, 総実労働時間数から超過実労働時間数を差し引いた時間数	34
32	F610204	所定内実労働時間数(女)	女性における, 総実労働時間数から超過実労働時間数を差し引いた時間数	34
33	F610205	超過実労働時間数(男)	男性における, 所定内実労働時間以外に実際に労働した時間数及び所定休日において実際に労働した時間数をいう。	34
34	F610206	超過実労働時間数(女)	女性における, 所定内実労働時間以外に実際に労働した時間数及び所定休日において実際に労働した時間数をいう。	34
35	F6206	女性パートタイムの給与	企業規模10人以上の事業所における, 短時間労働者の1時間当たりのきまって支給する現金給与額のうち, 超過労働給与額を差し引いた女性の額	34
36	F6207	男性パートタイムの給与	企業規模10人以上の事業所における, 短時間労働者の1時間当たりのきまって支給する現金給与額のうち, 超過労働給与額を差し引いた男性の額	34
37	F6407	新規学卒者所定内給与額(高校)(男)	学校教育法に基づく高校を卒業した者の, 6月の1か月間の決まって支給する現金給与額のうち, 超過労働給与額を差し引いた男性の額	34
38	F6408	新規学卒者所定内給与額(高校)(女)	学校教育法に基づく高校を卒業した者の, 6月の1か月間の決まって支給する現金給与額のうち, 超過労働給与額を差し引いた女性の額	34
39	F8101	労働災害度数率	100万延べ実労働時間当たりの労働災害による死傷者数	72
40	F8102	労働災害強度率	1,000延べ実労働時間当たりの延べ労働損失日数	72

G 文化・スポーツ

※資料源の番号は，「データの出典」に記載されている番号と対応している。

No.	項目符号	基礎データ名	説明	資料源※
1	G1201	公民館数	市町村その他一定区域内の住民のために，生活文化の振興，社会福祉の増進に寄与することを目的とした施設の数	35
2	G1401	図書館数	図書，記録その他必要な資料を収集し，整理し，保存して，一般公衆の利用に供し，その教養，調査研究，レクリエーション等に資することを目的とした施設の数	35
3	G1501	博物館数	歴史，芸術，民俗，産業，自然科学等に関する資料を収集し，保管し，展示して教育的配慮の下に一般公衆の利用に供することを目的とした施設の数	35
4	G1602	青少年教育施設数	青少年のために団体宿泊訓練又は各種の研修を行い，あわせてその施設を青少年の利用に供することを目的とした施設の数	35
5	G2101	青少年学級・講座数	一定期間にわたって組織的・継続的に行われる青少年を対象とした学級・講座の数	35
6	G2102	成人一般学級・講座数	一定期間にわたって組織的・継続的に行われる成人一般を対象とした学級・講座の数	35
7	G2103	女性学級・講座数	一定期間にわたって組織的・継続的に行われる女性のみを対象とした学級・講座の数	35
8	G2104	高齢者学級・講座数	一定期間にわたって組織的・継続的に行われるおおむね60歳以上の高齢者のみを対象とした学級・講座の数	35
9	G3102	社会体育施設数	一般の利用に供する目的で地方公共団体が設置した体育館，水泳プール，運動場等のスポーツ施設の数	35
10	G310203	多目的運動広場数(公共)	面積が992㎡以上で，必要に応じて各種のスポーツが行えるものの数	35
11	G5101	常設映画館数	都道府県知事の許可を受けた常設映画館の数	36
12	G5105	一般旅券発行件数	国の用務のため外国に渡航する者等へ発給される旅券以外の旅券であり，有効期間が5年，10年及び有効期間を限定したものの発行件数	39
13	G6417	ボランティア活動年間行動者率(10歳以上)	10歳以上人口に占める過去1年間にボランティア活動を行った人の割合(％)	37
14	G6500	スポーツ年間行動者率(10歳以上)	10歳以上人口に占める過去1年間にスポーツ活動を行った人の割合(％)	37
15	G6600	旅行・行楽年間行動者率(10歳以上)	10歳以上人口に占める過去1年間に旅行・行楽活動を行った人の割合(％)	37
16	G6605	海外旅行年間行動者率(10歳以上)	10歳以上人口に占める過去1年間に海外旅行活動を行った人の割合(％)	37
17	G7105	客室稼働率	利用客室数を総客室数で除して算出した率	38

H 居住

※資料源の番号は,「データの出典」に記載されている番号と対応している。

No.	項目符号	基礎データ名	説明	資料源※
1	H1100	総住宅数	一戸建の住宅やアパートのように完全に区画された建物の一部で,一つの世帯が独立して家庭生活を営むことができるように建築又は改造されたものの数	40
2	H1101	居住世帯あり住宅数	ふだん人が居住している住宅で,調査日現在当該住居に既に3か月以上にわたって住んでいるか,あるいは調査日の前後を通じて3か月以上にわたって住むことになっている住宅数	40
3	H110202	空き家数	別荘等のふだんは人が住んでいない二次的住宅や賃貸や売却のために人が住んでいない住宅及びそれ以外の人が住んでいない住宅の数	40
4	H1310	持ち家数	そこに居住している世帯が全部又は一部を所有している住宅の数	40
5	H1320	借家数	そこに居住している世帯以外の者が所有又は管理している住宅の数	40
6	H1322	民営借家数	国・都道府県・市区町村・都市再生機構(UR)・公社以外のものが所有又は管理している賃貸住宅で,「給与住宅」でないものの数	40
7	H1401	一戸建住宅数	一つの建物が1住宅であるものの数	40
8	H1403	共同住宅数	一棟の中に二つ以上の住宅があり,廊下・階段などを共用しているものや二つ以上の住宅を重ねて建てたものの数	40
9	H1800	着工新設住宅戸数	住宅の新築,増築又は改築によって新たに造られる住宅の戸の数	41
10	H1801	着工新設持ち家数	新築,増築又は改築によって新たに造られる住宅で,建築主が自分で居住する目的で建築するものの数	41
11	H1802	着工新設貸家数	新築,増築又は改築によって新たに造られる住宅で,建築主が賃貸する目的で建築するものの数	41
12	H211010	1住宅当たり居住室数(持ち家)	住宅の居間,茶の間,寝室,客間,書斎,応接間,仏間,食事室兼台所などの居住室の数(持ち家)	40
13	H211020	1住宅当たり居住室数(借家)	住宅の居間,茶の間,寝室,客間,書斎,応接間,仏間,食事室兼台所などの居住室の数(借家)	40
14	H212010	1住宅当たり居住室の畳数(持ち家)	住宅の居間,茶の間,寝室,客間,書斎,応接間,仏間,食事室兼台所などの居住室の畳数(広さ)の合計(持ち家)	40
15	H212020	1住宅当たり居住室の畳数(借家)	住宅の居間,茶の間,寝室,客間,書斎,応接間,仏間,食事室兼台所などの居住室の畳数(広さ)の合計(借家)	40
16	H213010	1住宅当たり延べ面積(持ち家)	住宅の床面積の合計(持ち家)	40
17	H213020	1住宅当たり延べ面積(借家)	住宅の床面積の合計(借家)	40
18	H2140	1住宅当たり敷地面積	住宅及び附属建物の敷地となっている土地の面積	40
19	H2500	着工居住用建築物床面積	専ら居住の用に供せられる建築物及び産業用と居住用が結合した建築物で,居住用の床面積が延べ面積の20%以上である建築物の床面積の合計	41
20	H2601	着工新設持ち家床面積	建築主が自分で居住する目的で建築するものの床面積	41
21	H2603	着工新設貸家床面積	建築主が賃貸する目的で建築するものの床面積	41
22	H3110	普通世帯数	住居と生計を共にしている家族などの世帯の数	40

No.	項目符号	基礎データ名	説明	資料源※
23	H3111	主世帯数	1住宅に1世帯が住んでいる場合及び2世帯以上住んでいる場合は主な世帯(家の持ち主や借主の世帯など)の数	40
24	H352401	1人当たり畳数(持ち家・主世帯)	住宅の居間, 茶の間, 寝室, 客間, 書斎, 応接間, 仏間, 食事室兼台所などの居住室の1人当たりの畳数(持ち家)	40
25	H352402	1人当たり畳数(借家・主世帯)	住宅の居間, 茶の間, 寝室, 客間, 書斎, 応接間, 仏間, 食事室兼台所などの居住室の1人当たりの畳数(借家)	40
26	H3730	最低居住面積水準以上の主世帯数	世帯人員に応じて, 健康で文化的な住生活を営む基礎として必要不可欠な住宅の面積に関する水準以上の住宅に居住する主な世帯の数	40
27	H410302	3.3㎡当たり家賃(民営賃貸住宅)	民営借家の都道府県庁所在市における毎月の調査値の3.3㎡当たり年平均価格	23
28	H4320	着工居住用建築物工事費予定額	専ら居住の用に供せられる建築物の建築工事届け時点の予定額	41
29	H5104	発電電力量	電気事業者が発電した電気の量(火力, 水力, 原子力, 新エネルギー等発電所(風力, 太陽光, 地熱, バイオマス, 廃棄物), その他の合計)	42
30	H5105	電力需要量	電圧別(特別高圧, 高圧, 低圧計(特定需要, 一般需要))の需要実績の合計	42
31	H5205	ガソリン販売量	石油製品製造・輸入業者の販売業者向け及び消費者向け販売数量の年度合計	43
32	H530101	上水道給水人口	計画給水人口が5,001人以上の水道で, 年度末現在において当該水道により居住に必要な給水を受けている人口	44
33	H530102	簡易水道給水人口	計画給水人口が101人以上, 5,000人以下の水道で, 年度末現在において当該水道により居住に必要な給水を受けている人口	44
34	H530103	専用水道給水人口	寄宿舎, 社宅等の専用水道で100人を越える居住者に給水するもの又は1日の最大給水量が20㎡を超えるもので, 年度末現在において当該水道により居住に必要な給水を受けている人口	44
35	H540301	下水道排水区域人口	公共下水道, 流域下水道及び特定環境保全公共下水道により下水を排除できる地域の年度末現在の人口	45
36	H550701	非水洗化人口	市町村等がその計画収集区域内において, し尿の収集を行っている人口と自家処理を行っている人口	46
37	H5609	ごみ総排出量	計画収集量, 直接搬入量及び集団回収量の合計	46
38	H5614	ごみのリサイクル率	ごみの総処理量及び集団回収量のうち, 直接資源化量, 中間処理後再生利用量及び集団回収量の占める割合	46
39	H5615	ごみ最終処分量	直接最終処分量, 焼却残渣量及び処理残渣量の合計	46
40	H5617	最終処分場残余容量	埋立中の処分地における残余容量及び工事着工した処分地の計画容量の合計	46
41	H6105	セルフサービス事業所数	総合スーパー, 専門スーパー, コンビニエンスストア, その他のスーパー及び広義ドラッグストアの事業所を合計した数	15
42	H610504	コンビニエンスストア数	セルフサービス事業所のうち, 売場面積が30㎡以上250㎡未満で飲食料品を扱っており, 営業時間が14時間以上又は終日営業の事業所の数	15
43	H6107	理容・美容所数	理容師法による理容所と, 美容師法による美容所の施設数	36
44	H6108	クリーニング所数	クリーニング業法によるクリーニング所の施設数	36

150

No.	項目符号	基礎データ名	説明	資料源※
45	H6109	公衆浴場数	公衆浴場入浴料金の統制額の指定等に関する省令に基づく都道府県知事の統制を受け，かつ，当該施設の配置について都道府県の条例による規制の対象にされている施設の数	36
46	H6130	小売店数	個人用又は家庭用消費のために商品を販売するもの及び建設業，農林水産業等の産業用使用者に少量又は少額に商品を販売する店の数	14,15
47	H6131	飲食店数	客の注文に応じ調理した飲食料品，その他の食料品，アルコールを含む飲料をその場所で飲食させる店の数	14,15
48	H6132	大型小売店数	民営の小売業事業所のうち，50人以上の従業者を有する事業所の数	14,15
49	H6133	百貨店，総合スーパー数	衣・食・住にわたる各種の商品を小売する民営の事業所で，その事業所の性格上いずれが主たる販売商品であるかが判別できない事業所をいい，ここでは，従業者が常時50人以上の事業所の数	14,15
50	H7110	道路実延長	高速自動車国道を除く道路の総延長から重用延長，未供用延長及び渡船延長を除いた延長	50
51	H7111	主要道路実延長	一般国道，主要地方道(主要市道を含む。)及び一般都道府県道の実延長の合計	50
52	H7112	市町村道実延長	市町村の区域内に存する道路の実延長で，市町村長がその路線を認定したものの合計	50
53	H7121	主要道路舗装道路実延長	一般国道，主要地方道(主要市道を含む。)及び一般都道府県道のうち，セメント系・アスファルト系舗装道及び簡易舗装道の合計	50
54	H7122	市町村道舗装道路実延長	市町村の区域内に存する道路の実延長で，市町村長がその路線を認定したもののうち，セメント系・アスファルト系舗装道及び簡易舗装道の合計	50
55	H740104	家計を主に支える者が雇用者である普通世帯数(通勤時間90分以上)	家計を主に支える者が雇用者であって，自宅から勤め先までの通常の通勤所要時間(片道)の合計が90分以上である普通世帯数	40
56	H7501	郵便局数	直営の郵便局(分室も含む。)及び簡易郵便局の合計数	47
57	H760101	住宅用電話加入数	住宅用として契約された単独電話の数	48
58	H7604	携帯電話契約数	移動通信に契約している数で，平成24年度以降はPHSを含む数	49
59	H8101	都市計画区域指定面積	都市計画法第5条の規定により，指定された区域の面積	51
60	H8102	市街化調整区域面積	都市計画法第7条の規定により，市街化を抑制すべき区域の面積	51
61	H8104	用途地域面積	土地の自然的条件及び土地利用の動向を勘案して，住居，商業，工業その他の用途を適正に配分した地域の面積	51
62	H810401	住居専用地域面積	第一種・第二種住居専用地域を合算した面積	51
63	H810407	工業専用地域面積	工業の利便を増進するため定められた地域の面積	51
64	H9101	都市公園数	国及び地方公共団体が設置する都市計画施設である公園又は緑地及び地方公共団体が都市計画区域内に設置する公園又は緑地の数	52
65	H9201	都市公園面積	国及び地方公共団体が設置する都市計画施設である公園又は緑地及び地方公共団体が都市計画区域内に設置する公園又は緑地の面積	52

I 健康・医療

※資料源の番号は，「データの出典」に記載されている番号と対応している。

No.	項目符号	基礎データ名	説明	資料源※
1	I1101	平均余命(0歳)(男)	0歳の男性が，その後生存できると期待される平均年数	59,60
2	I1102	平均余命(0歳)(女)	0歳の女性が，その後生存できると期待される平均年数	59,60
3	I1501	平均余命(65歳)(男)	65歳に達した男性が，その後生存できると期待される平均年数	59,60
4	I1502	平均余命(65歳)(女)	65歳に達した女性が，その後生存できると期待される平均年数	59,60
5	I411201	身長(中学2年)(男)	中学2年男性の身長計測値の合計を被計測者数で除して求めた平均値	62
6	I411202	身長(中学2年)(女)	中学2年女性の身長計測値の合計を被計測者数で除して求めた平均値	62
7	I412201	体重(中学2年)(男)	中学2年男性の体重計測値の合計を被計測者数で除して求めた平均値	62
8	I412202	体重(中学2年)(女)	中学2年女性の体重計測値の合計を被計測者数で除して求めた平均値	62
9	I510110	精神科病院数	精神病床のみを有する病院の数	53
10	I510120	一般病院数	精神科病院及び結核診療所以外の病院の数	53
11	I5102	一般診療所数	医業又は歯科医業を行う場所(歯科医業のみは除く)であって，患者の入院施設を有しないもの又は患者19人以下の入院施設を有するものの数	53
12	I5103	歯科診療所数	歯科医業を行う場所であって，患者の入院施設を有しないもの又は患者19人以下の入院施設を有するものの数	53
13	I521110	一般病院病床数	一般病院の病床数	53
14	I521130	精神病床数	精神科病院の病床数及び一般病院の精神病室の病床数の合計	53
15	I540201	救急告示病院数	医師が常時診療に従事し，手術などに必要な施設及び設備を備えるなど一定の基準に該当する病院であって，救急業務に協力する旨が告示された施設数	53
16	I540202	救急告示一般診療所数	医師が常時診療に従事し，手術などに必要な施設及び設備を備えるなど一定の基準に該当する診療所であって，救急業務に協力する旨が告示された施設数	53
17	I5506	介護療養型医療施設数	医療法に規定する医療施設かつ，介護保険法による都道府県知事の指定を受けた施設で，療養上の管理，看護，医学的管理の下における介護その他の必要な医療を行う施設の数	54
18	I6101	医療施設医師数	医師法に規定する医師国家試験に合格し，厚生労働大臣の免許を受け,医療施設に就業する者の数	55
19	I611112	一般病院医師数(常勤)	施設の所定の全診療時間を通じて勤務する医師の数	53
20	I6201	医療施設歯科医師数	歯科医師法に規定する歯科医師国家試験に合格し，厚生労働大臣の免許を受け,医療施設に就業する者の数	55
21	I6401	看護師数(医療従事者)	医療施設に就業する看護師のうち，看護業務に現に従事している者の数	36

No.	項目符号	基礎データ名	説明	資料源※
22	I641111	一般病院看護師数	一般病院に就業する看護師のうち，看護業務に現に従事している者の数	53
23	I6501	准看護師数(医療従事者)	医療施設に就業する准看護師のうち，看護業務に現に従事している者の数	36
24	I651111	一般病院准看護師数	一般病院に就業する准看護師のうち，看護業務に現に従事している者の数	53
25	I6801	保健師数	保健師のうち，現に保健業務に従事している者の数	36
26	I7101	医薬品販売業数	医薬品，医療機器等の品質，有効性及び安全性の確保等に関する法律第24条の規定により医薬品販売業の許可を受けたものの数	36
27	I7102	薬局数	医薬品，医療機器等の品質，有効性及び安全性の確保等に関する法律第4条第1項の規定により許可を受けている薬局(同条第2項の規定により更新を受けたものを含む。)の数	36
28	I8103	有訴者率	世帯員(入院者を除く。)のうち，病気やけが等で自覚症状のある者の人口千人当たりの数	61
29	I8104	通院者率	世帯員(入院者を除く。)のうち，病気やけがで病院や診療所，あん摩・はり・きゅう・柔道整復師に通っている者の人口千人当たりの数	61
30	I821101	一般病院外来患者延数	新来・再来・往診・巡回診療患者の区別なく，全てを合計した一般病院の患者の数	56
31	I821102	一般病院新入院患者数	一般病院に新たに入院した患者数であり，入院してその日のうちに退院した者も含む。	56
32	I821103	一般病院退院患者数	一般病院を退院した患者数であり，入院してその日のうちに退院した者も含む。	56
33	I821104	一般病院在院患者延数	毎日24時現在，一般病院に在院中の患者の当年中の合計数	56
34	I8401	2,500g未満の出生数	体重が2,500g未満で出生した乳児の数	5
35	I9101	生活習慣病による死亡者数	悪性新生物(腫瘍)，糖尿病，高血圧性疾患，心疾患(高血圧性を除く)，脳血管疾患による死亡者数の合算値	5
36	I9102	悪性新生物(腫瘍)による死亡者数	人口動態調査における死因簡単分類コード02100の死因による死亡者数	5
37	I9103	糖尿病による死亡者数	人口動態調査における死因簡単分類コード04100の死因による死亡者数	5
38	I9104	高血圧性疾患による死亡者数	人口動態調査における死因簡単分類コード09100の死因による死亡者数	5
39	I9105	心疾患(高血圧性を除く)による死亡者数	人口動態調査における死因簡単分類コード09200の死因による死亡者数	5
40	I9106	脳血管疾患による死亡者数	人口動態調査における死因簡単分類コード09300の死因による死亡者数	5
41	I9110	不慮の事故による死亡者数	人口動態調査における死因簡単分類コード20100の死因による死亡者数	5
42	I9111	妊娠，分娩及び産じょくによる死亡者数	人口動態調査における死因簡単分類コード15000の死因による死亡者数	5

J 福祉・社会保障

No.	項目符号	基礎データ名	説明	資料源※
1	J1105	生活保護被保護実人員	現に保護を受けた人員及び保護停止中の人員の数	63
2	J110602	生活保護住宅扶助人員	居住に必要な金銭(現物)の給付を受けた人員の数。出典のデータは年度累計データであるため，1/12としている。	63
3	J110603	生活保護教育扶助人員	義務教育を受けるために必要な金銭(現物)の給付を受けた人員の数。出典のデータは年度累計データであるため，1/12としている。	63
4	J110604	生活保護医療扶助人員	治療を受けるに必要な金銭(現物)の給付を受けた人員の数。出典のデータは年度累計データであるため，1/12としている。	63
5	J1106041	生活保護介護扶助人員	介護に必要な金銭(現物)の給付を受けた人員の数。出典のデータは年度累計データであるため，1/12としている。	63
6	J110702	生活保護被保護高齢者数(65歳以上)	生活保護法による被保護者のうち，65歳以上の者の数	63
7	J1200	身体障害者手帳交付数	身体に障害のある者の申請に基づき，都道府県知事，指定都市及び中核市の市長が交付する手帳について，各都道府県等に備え付けられている台帳に記載されている数	64
8	J2201	保護施設数(詳細票)(医療保護施設を除く)	生活保護法に基づき，保護を必要とする生活困窮者の福祉対策として設置されているものの数	29
9	J2203	保護施設定員数(詳細票)(医療保護施設を除く)	生活保護法に基づき，保護を必要とする生活困窮者の福祉対策として設置されている施設の許可等を受けた定員の数	29
10	J2206	保護施設在所者数(詳細票)(医療保護施設を除く)	調査日現在に保護施設に在所している者の数	29
11	J230111	養護老人ホーム数(詳細票)	65歳以上の者で，環境上の理由及び経済的理由により居宅で養護を受けることが困難な者を入所させ，養護することを目的とする施設の数	29
12	J230112	養護老人ホーム定員数(詳細票)	65歳以上の者で，環境上の理由及び経済的理由により居宅で養護を受けることが困難な者を入所させ，養護することを目的とする施設における定員の数	29
13	J230113	養護老人ホーム在所者数(詳細票)	調査日現在に養護老人ホームに在所している者の数	29
14	J230121	介護老人福祉施設数(詳細票)	老人福祉法に規定する特別養護老人ホームで，かつ，介護保険法による都道府県知事の指定を受けた施設の数	54
15	J230124	介護老人福祉施設定員数(詳細票)	老人福祉法に規定する特別養護老人ホームで，かつ，介護保険法による都道府県知事の指定を受けた施設における定員の数	54
16	J230125	介護老人福祉施設在所者数(詳細票)	調査日現在に介護老人福祉施設に在所している者の数	54
17	J230131	軽費老人ホーム数(詳細票)	無料又は低額な料金で老人を入所させ，食事の提供その他日常生活上必要な便宜を供与する施設の数	29
18	J230132	軽費老人ホーム定員数(詳細票)	無料又は低額な料金で老人を入所させ，食事の提供その他日常生活上必要な便宜を供与する施設における定員の数	29
19	J230133	軽費老人ホーム在所者数(詳細票)	調査日現在に軽費老人ホームに在所している者の数	29

No.	項目符号	基礎データ名	説明	資料源※
20	J230155	訪問介護事業所数	居宅サービス事業のうち，居宅で介護福祉士等から受ける入浴，排せつ，食事等の介護その他日常生活上の世話をする事業所の数	54
21	J230156	訪問介護利用者数	9月中に居宅サービス事業所の訪問介護サービスを利用した者の数	54
22	J230221	有料老人ホーム数(詳細票)	老人を入所させ，入浴，排せつ若しくは食事の介護，食事の提供又はその他日常生活上必要な便宜を供与する施設の数	29
23	J230222	有料老人ホーム定員数(詳細票)	有料老人ホームにおいて，許可等を受けた定員の数	29
24	J230223	有料老人ホーム在所者数(詳細票)	調査日現在その施設有料老人ホームに在所している者の数	29
25	J250101	児童福祉施設等数(詳細票)(保育所等を除く)	児童福祉法に基づき設置されるもので，乳児院，母子生活支援施設，地域型保育事業所，児童養護施設，障害児入所施設，児童発達支援センター，児童心理治療施設，児童自立支援施設を合算した数	29
26	J2503	保育所等数(詳細票)	保育を必要とする乳児・幼児を日々保護者の下から通わせて，保育を行うことを目的とする施設の数	29
27	J2506	保育所等在所児数(詳細票)	保育所等に10月1日現在，在所(籍)している者の数	29
28	J2540	認定こども園数	保護者の就労の有無にかかわらず，就学前の子どもに幼児教育・保育を提供し，地域における子育て支援を併せ持っている施設の数	22
29	J250604	公営保育所等在所児数(詳細票)	公営保育所等に10月1日現在，在所(籍)している者の数	29
30	J2508	保育所等修了者数(詳細票)	10月1日現在の保育所等在所(籍)者のうち，5歳児の半数及び6歳児を合計した年度末の修了者数	29
31	J2526	保育所等保育士数(詳細票)	登録を受け保育士の名称を用いて，専門的知識，技術をもって児童の保育及び児童の保護者に対する保育に関する指導を行うことを業とする者の数	29
32	J3101	民生委員(児童委員)数	生活困窮者，老人，児童，障害者等で援護を要する者の相談に応じ，援助を行うため，民生委員法に基づき厚生労働大臣が委嘱した者の数	64
33	J3201	民生委員(児童委員)相談・支援件数	民生委員(児童委員)による地域住民の福祉増進のための相談・支援等の活動状況を合計した数	64
34	J3207	児童相談所受付件数	児童相談所が受け付けた相談件数のうち，当該年度中に判定会議等の結果，相談種別を決定した件数	64
35	J4004	1人当たりの国民医療費	国民医療費を当該年度の総人口で除した金額	65
36	J4101	国民健康保険被保険者数	他の被用者保険加入者や生活保護受給世帯を除く全ての被保険者の数	66
37	J4106	国民健康保険被保険者受診率(千人当たり)	国民健康保険の被保険者1,000人当たりの診療件数	66
38	J4107	国民健康保険被保険者1人当たり診療費	国民健康保険の被保険者1人当たりの診療費	66
39	J4202	全国健康保険協会管掌健康保険被保険者数	強制適用被保険者，任意適用被保険者及び任意継続被保険者を合計した数	67

No.	項目符号	基礎データ名	説明	資料源※
40	J4203	全国健康保険協会管掌健康保険被扶養者数	被保険者に扶養されている者の数	67
41	J420421	全国健康保険協会管掌健康保険被保険者千人当たり受診率	全国健康保険協会管掌健康保険の被保険者の1,000人当たり診療件数	67
42	J420422	全国健康保険協会管掌健康保険被扶養者千人当たり受診率	全国健康保険協会管掌健康保険の被扶養者の1,000人当たり診療件数	67
43	J420531	全国健康保険協会管掌健康保険被保険者1人当たり医療費	全国健康保険協会管掌健康保険の被保険者1人当たりの医療費	67
44	J420532	全国健康保険協会管掌健康保険被扶養者1人当たり医療費	全国健康保険協会管掌健康保険の被扶養者1人当たりの医療費	67
45	J450320	1人当たり後期高齢者医療費	後期高齢者医療費を当該年度の平均被保険者数で除した金額	68
46	J520101	国民年金被保険者数(第1号)	国民年金法第7条第1項第1号に規定する被保険者(農林漁家従事者, 自営業者, 学生等)の数	69
47	J520102	国民年金被保険者数(第3号)	国民年金法第7条第1項第3号に規定する被保険者(第2号被保険者の被扶養配偶者)の数	69
48	J6102	雇用保険被保険者数	雇用保険の適用事業所に雇用される全ての労働者の数	70
49	J6105	雇用保険基本手当受給者実人員	雇用保険基本手当給付を受けた受給資格者の実数	70
50	J6302	労働者災害補償保険適用労働者数	非現業の官公署, 国の直営事業及び船員を除く労働者を雇用する事業場には適用事業場とされ, 雇用される全ての適用労働者の数	71
51	J6303	労働者災害補償保険給付件数	業務災害の療養補償給付及び通勤災害の療養給付に係る保険給付件数	71

K 安全

No.	項目符号	基礎データ名	説明	資料源※
1	K1101	消防本部・署数	消防本部及び消防署とその出張所の合計数	73
2	K1103	消防吏員数	主として消防活動に従事することに伴い，消防法上特別な権限(火災予防の措置命令，消防警戒区域の設定等)を有している者の数	73
3	K1104	消防団・分団数	消防団数と分団数の合計数	73
4	K1106	消防ポンプ自動車等現有数	消防本部，消防署及び消防団所有の消防自動車等の総数	73
5	K1107	消防水利数	消火栓，防火水槽，井戸及びその他を合計した数	73
6	K1201	消防機関出動回数	消防本部及び消防署と消防団の出動回数を合計した数	73
7	K120201	火災のための消防機関出動回数	建物火災，林野火災など全ての火災消火のための消防機関出動回数	73
8	K1209	救急自動車数	救急事故による傷病者が発生した場合，これを救急隊によって，医療機関その他の場所へ緊急に搬送する救急自動車の数	57
9	K1210	救急出動件数	救急自動車及び消防防災ヘリコプターによる出動件数	57
10	K2101	出火件数	全ての火災の総件数	74
11	K2102	建物火災出火件数	建物又はその収容物が焼損した火災件数	74
12	K2106	建物火災損害額	建物火災に関する焼き損害と消火損害の損害額	74
13	K2109	火災死傷者数	「応急消火義務者」，「消防協力者」及び「その他」の死者と負傷者の合計数	74
14	K2210	火災保険住宅物件・一般物件新契約件数	住宅物件・一般物件に係る住宅火災保険，普通火災保険及び総合保険の新契約件数の合計	84
15	K2214	火災保険住宅物件・一般物件保険金支払件数	住宅物件・一般物件に係る住宅火災保険，普通火災保険及び総合保険の支払件数の合計	84
16	K2216	火災保険住宅物件・一般物件保険金支払金額	住宅物件・一般物件に係る住宅火災保険，普通火災保険及び総合保険の支払金額の合計	84
17	K3101	交通事故発生件数	道路交通法に規定されている道路において，車両，路面電車及び列車の交通によって起こされた人の死亡又は負傷を伴う事故の件数	76
18	K3102	交通事故死傷者数	交通事故による「交通事故死者数」と「交通事故負傷者数」の合計数	76
19	K3103	交通事故死者数	交通事故の発生後24時間以内に死亡した者の数	76
20	K3201	立体横断施設数	一般国道，都道府県道及び市町村道に設置された横断歩道橋及び地下横断歩道の箇所数	50
21	K4102	警察官数	警視正以上の階級にある警察官を除く警察官の数	79

No.	項目符号	基礎データ名	説明	資料源※
22	K4201	刑法犯認知件数	犯罪について被害の届出，告訴，告発，その他の端緒によりその発生を警察において認知した件数	78
23	K420103	窃盗犯認知件数	「窃盗」について被害の届出，告訴，告発，その他の端緒によりその発生を警察において認知した件数	78
24	K4202	刑法犯検挙件数	犯罪について被疑者を特定し，送致・送付又は微罪処分に必要な捜査を遂げた事件の数	78
25	K420203	窃盗犯検挙件数	「窃盗」について被疑者を特定し，送致・送付又は微罪処分に必要な捜査を遂げた事件の数	78
26	K4401	道路交通法違反検挙総件数(告知・送致)	車両等の運転に関するものの反則事件告知件数と非反則事件送致件数を合計したものの数	78
27	K5112	災害被害額	暴風，豪雨，洪水，高潮，地震，津波，火山噴火，その他の異常な自然現象における被害額	75
28	K6103	公害苦情件数(典型7公害)	環境基本法に定める公害であり，大気の汚染，水質の汚濁，土壌の汚染，騒音，振動，地盤の沈下及び悪臭により健康や生活環境に係る苦情の件数	80
29	K610501	ばい煙発生施設数	年度末現在の大気汚染防止法，電気事業法，ガス事業法，鉱山保安法に係るばい煙発生施設の合計数	81
30	K610502	一般粉じん発生施設数	年度末現在の大気汚染防止法，電気事業法，ガス事業法及び鉱山保安法に係る一般粉じん発生施設数の合計数	81
31	K6106	水質汚濁防止法上の特定事業場数	水質汚濁防止法及び瀬戸内海環境保全特別措置法の規定に基づき届出又は許可のあった特定施設を設置する工場，事業場の数	82
32	K7105	民間生命保険保有契約件数	生命保険会社における個人保険及び団体保険の被保険者の数	83
33	K7107	民間生命保険保有契約保険金額	生命保険会社における基本保険金額で計上され，年金保険，財形保険，附帯特約等は含まれない。	83

L 家計

No.	項目符号	基礎データ名	説明	資料源※
1	L3110	実収入(二人以上の世帯のうち勤労者世帯)	世帯員全員の現金収入(税込み)を合計したもので，勤め先収入，事業・内職収入，他の経常収入などの経常収入と，受贈金などの特別収入から成る。	85
2	L3111011	世帯主収入(二人以上の世帯のうち勤労者世帯)	世帯主の勤め先収入。副業による勤め先収入も含む。	85
3	L7610	年間収入	世帯における1年間の収入(税込み)で，勤め先収入，事業・内職収入，年金や給付金の受取金などの経常収入から成る。なお，財産の売却で得た収入などの一時的な収入は含めない。	86
4	L761101	世帯主収入(年間収入)	世帯主の1年間の勤め先収入。副業による勤め先収入も含む。	86
5	L3130	可処分所得(二人以上の世帯のうち勤労者世帯)	実収入から税金や社会保険料(公的年金の保険料や健康保険料)などの非消費支出を差し引いた額	85
6	L3211	消費支出(二人以上の世帯のうち勤労者世帯)	いわゆる生活費のことで，日常の生活を営むに当たり必要な商品やサービスを購入して実際に支払った額	85
7	L3221	消費支出(二人以上の世帯)	日常の生活を営むに当たり必要な財やサービスを購入して支払った現金支出，カード，商品券などを用いた支出	85
8	L322101	食料費(二人以上の世帯)	穀類，魚介類，肉類，乳卵類，野菜・海藻，果物，油脂・調味料，菓子類，調理食品，飲料，酒類，外食，賄い費	85
9	L322102	住居費(二人以上の世帯)	家賃地代，設備修繕・維持費(居住面積が増えるようなものは含まない。)	85
10	L322103	光熱・水道費(二人以上の世帯)	電気代，ガス代，他の光熱費及び上下水道料	85
11	L322104	家具・家事用品費(二人以上の世帯)	家庭用耐久財(家事用耐久財，冷暖房用器具及び一般家具)，室内装備・装飾品，寝具類，家事雑貨，家事用消耗品，家事サービス	85
12	L322105	被服及び履物費(二人以上の世帯)	被服費，履物費，被服関連サービス代(洗濯代，被服賃借料など)	85
13	L322106	保健医療費(二人以上の世帯)	医薬品，健康保持用摂取品，保健医療用品・器具，保健医療サービス	85
14	L322107	交通・通信費(二人以上の世帯)	交通，自動車購入・維持費，通信	85
15	L322108	教育費(二人以上の世帯)	授業料等，教科書・学習参考教材，補習教育	85
16	L322109	教養娯楽費(二人以上の世帯)	教養娯楽用耐久財，教養娯楽用品，書籍・他の印刷物，教養娯楽サービス	85
17	L730101	金融資産残高(貯蓄現在高)(二人以上の世帯)	金融機関への預貯金，生命保険・積立型損害保険の掛金，株式・債券・投資信託・金銭信託等の有価証券と社内預金等のその他の貯蓄の合計	86
18	L730102	預貯金(二人以上の世帯)	通貨性預貯金と定期性預貯金の残高	86
19	L730103	生命保険など(二人以上の世帯)	生命保険，損害保険，簡易保険への積立掛金の総額	86

No.	項目符号	基礎データ名	説明	資料源※
20	L730104	有価証券(二人以上の世帯)	株式・株式投資信託, 債券・公社債投資信託及び貸付信託・金銭信託の時価評価した保有総額	86
21	L740101	金融負債残高(二人以上の世帯)	金融機関からの借入金のほか, 勤め先の会社・共済組合, 親戚・知人からの借入金及び月賦・年賦の残高など金融機関外からの借入金の合計	86
22	L740102	住宅・土地のための負債(二人以上の世帯)	住宅を購入, 建築あるいは増改築したり, 土地を購入するために借り入れた場合又は割賦で住宅・土地の購入代金を支払っている場合の未払残高	86

参考1　社会・人口統計体系の概要

1　社会・人口統計体系とは

　社会・人口統計体系は，幅広い分野にわたる統計データを収集，蓄積，加工，編成することにより，国民生活の実態を様々な側面から記述し，各種行政施策及び地域分析の基礎資料を提供することを目的として，総務省統計局が1976年度から整備を開始した統計体系である。

　この体系は，都道府県別及び市区町村別に統計データを整備し，地域間比較を可能にした点に特色がある。

2　社会・人口統計体系において収集している基礎データ

　社会・人口統計体系では，「A人口・世帯」から「M生活時間」までの13分野にわたり，都道府県別に約2,750項目，市区別に約660項目，町村別に約640項目の基礎データを収集している（2021年度）。

　なお，収集している項目の一覧を総務省統計局ホームページ https://www.stat.go.jp/data/ssds/2.html において提供している。

3　社会・人口統計体系の整備

　社会・人口統計体系は，以下の流れに沿って整備している。

(1) 収集する基礎データの決定

(2) 基礎データの収集

　・ 各種統計データ（報告書，電磁的記録媒体）

(3) 基礎データの入力，審査

(4) 基礎データの加工，編成（指標値算出等）

(5) 結果提供—報告書，電磁的記録媒体，インターネット

4　社会・人口統計体系のデータの提供

　社会・人口統計体系により整備したデータは，政府統計の総合窓口（e−Stat）からダウンロードできるほか，電磁的記録媒体により提供している。詳細については，巻末の「社会生活統計指標　—都道府県の指標—」の利用案内を参照されたい。

(1) 電磁的記録媒体

・都道府県別基礎データ

　全国・都道府県の1975年からの時系列データ

・市区町村別基礎データ

　ブロック別に市区町村の1980年からの時系列データ

・「社会生活統計指標　—都道府県の指標—」掲載データ

・「統計でみる都道府県のすがた」掲載データ

・「統計でみる市区町村のすがた」掲載データ

(2) 報告書
・社会生活統計指標　－都道府県の指標－　2022（2022年2月刊行）

　毎年刊行；581指標，549基礎データ
　https://www.stat.go.jp/data/shihyou/index.html

・統計でみる都道府県のすがた　2022（2022年2月刊行，本書）

　毎年刊行；431指標
　https://www.stat.go.jp/data/k-sugata/index.html

・統計でみる市区町村のすがた　2021（2021年6月刊行）

　毎年刊行；93基礎データ
　https://www.stat.go.jp/data/s-sugata/index.html

5　社会・人口統計体系に関する参考文献等

(1) 社会・人口統計体系のしくみと見方　2001：2001年3月，総務省統計局
(2) 社会・人口統計体系　基礎データ項目定義　https://www.stat.go.jp/data/ssds/9.html

Appendix　　Outline of the System of Social and Demographic Statistics of Japan

1. The System of Social and Demographic Statistics of Japan

The System of Social and Demographic Statistics of Japan is a system in which statistical data in a wide range of fields are collected, normalised and organised. The system describes the lives of Japanese people in various fields. The purpose of the system is to provide basic data useful for various kinds of administrative programmes, policy-making and analysis of regional differences. It was started by the Statistics Bureau in fiscal 1976.

What is characteristic of the system is that the data are organised for each of the prefectures (*To*, *Do*, *Fu* and *Ken*) and municipalities (*Shi*, *Ku*, *Machi* and *Mura*), thus enabling regional comparison and analysis.

2. Basic Data collected in the System

In the system, basic data are collected in 13 fields from "A. Population and Households" to "M.　Daily Time". The number of basic data items is about 2,750 for prefectures, about 660 for *Shi* and *Ku*, and about 640 for *Machi* and *Mura* respectively (as of fiscal year 2021).

3. Compilation of the System

The system is compiled by the following process:
(1) Determination of basic data to be collected
(2) Collection of basic data
　・ Statistical Data quoted from report books and computer-readable media
(3) Input and evaluation of basic data
(4) Systematisation of basic data and indicator calculation
(5) Provision of the results by report books, computer readable media, and online

4. Dissemination of the Data of the System

Data organised in the system are provided in computer readable media and publications, for free online.
(1) Computer readable media
　・ Basic Data by prefecture (time series from 1975)
　・ Basic Data by municipality (time series from 1980)
　・ Data in "*Social Indicators by Prefecture*"
　・ Data in "*Statistical Observations of Prefectures*"
　・ Data in "*Statistical Observations of Municipalities*"
(2) Publications
　・ *Social Indicators by Prefecture* (2022 edition) (bilingual, published annually; 581 social indicators and 549 basic data)
　・ *Statistical Observations of Prefectures* (2022 edition) (bilingual, published annually; 431 social indicators)
　・ *Statistical Observations of Municipalities* (2021 edition) (in Japanese only, published annually; 93 basic data for municipalities)
(3) Online
　　Portal Site of Official Statistics of Japan (e-Stat);
　　https://www.e-stat.go.jp/en/regional-statistics/ssdsview

参考2 「統計でみる都道府県のすがた　2022」のデータ掲載変更項目一覧

　下記「変更前」の項目は，前回報告書「統計でみる都道府県のすがた　2021」に掲載していたデータの項目であり，「変更後」の項目は，今回報告書に掲載したデータの項目である。
　「変更前」のデータは，当該統計調査等の調査項目であったが，集計項目の改廃により収集不可能となったもの等である。これに伴い今回の報告書では「変更後」欄に示す項目に変更し，掲載した。

変更前		変更後		備考
#A05307	転入超過率(外国人含む)	#A05307	転入超過率	名称変更
#A05308	転入率(外国人含む)	#A05308	転入率	名称変更
#A05309	転出率(外国人含む)	#A05309	転出率	名称変更
#C0410101	就業者1人当たり農業産出額(販売農家)	#C0410102	就業者1人当たり農業産出額(個人経営体)	項目の入替え(注1)
#F0350101	中高年齢者就職率(45歳以上)			削除
#F0350201	就職者に占める中高年齢者の比率(45歳以上)			削除
#F03601	就職者に占める身体障害者の比率(就職件数千件当たり)			削除
		#F03602	障害者就職率	追加
#F0610101	月間平均実労働時間数(男)	#F0610103	月間平均実労働時間数(男)	項目の入替え(注2)
#F0610102	月間平均実労働時間数(女)	#F0610104	月間平均実労働時間数(女)	項目の入替え(注2)
#F06205	男性パートタイムの給与(1時間当たり)	#F06207	男性パートタイムの給与(1時間当たり)	項目の入替え(注2)
#F06204	女性パートタイムの給与(1時間当たり)	#F06206	女性パートタイムの給与(1時間当たり)	項目の入替え(注2)
#F03240	男性パートタイム労働者数	#F03242	男性パートタイム労働者数	項目の入替え(注2)
#F03230	女性パートタイム労働者数	#F03241	女性パートタイム労働者数	項目の入替え(注2)
#F0620301	新規学卒者初任給(高校)(男)	#F0620307	新規学卒者所定内給与額(高校)(男)	項目の入替え(注2)
#F0620302	新規学卒者初任給(高校)(女)	#F0620308	新規学卒者所定内給与額(高校)(女)	項目の入替え(注2)
		#L07601	年間収入(1世帯当たり)	追加
		#L07602	世帯主収入(年間収入)(1世帯当たり)	追加
#L03201	貯蓄現在高(二人以上の世帯)(1世帯当たり)	#L07201	金融資産残高(貯蓄現在高)(二人以上の世帯)(1世帯当たり)	項目の入替え(注3)
#L03212	預貯金現在高割合(二人以上の世帯)	#L07212	預貯金現在高割合(対貯蓄現在高)(二人以上の世帯)(1世帯当たり)	項目の入替え(注3)
#L03213	生命保険現在高割合(二人以上の世帯)	#L07213	生命保険現在高割合(対貯蓄現在高)(二人以上の世帯)(1世帯当たり)	項目の入替え(注3)
#L03214	有価証券現在高割合(二人以上の世帯)	#L07214	有価証券現在高割合(対貯蓄現在高)(二人以上の世帯)(1世帯当たり)	項目の入替え(注3)
#L03401	負債現在高(二人以上の世帯)(1世帯当たり)	#L07401	金融負債現在高(二人以上の世帯)(1世帯当たり)	項目の入替え(注3)
#L03412	住宅・土地のための負債割合(二人以上の世帯)	#L07412	住宅・土地のための負債割合(対負債現在高)(二人以上の世帯)(1世帯当たり)	項目の入替え(注3)
#L03607	自動車所有数量(二人以上の世帯)(千世帯当たり)			削除
#L03602	電子レンジ(電子オーブンレンジを含む)所有数量(二人以上の世帯)(千世帯当たり)			削除
#L03603	ルームエアコン所有数量(二人以上の世帯)(千世帯当たり)			削除
#L03614	タブレット端末所有数量(二人以上の世帯)(千世帯当たり)			削除
#L03606	ピアノ・電子ピアノ所有数量(二人以上の世帯)(千世帯当たり)			削除
#L03615	スマートフォン所有数量(二人以上の世帯)(千世帯当たり)			削除
#L03613	パソコン所有数量(二人以上の世帯)(千世帯当たり)			削除

(注1)出典の集計対象の変更によるもの
(注2)出典の集計・推計方法の変更によるもの
(注3)出典の変更によるもの

総務省統計局が編集・刊行する総合統計書

　総務省統計局では，国勢調査などの調査報告書のほか，次のような総合統計書を編集・刊行しています。
　これらの総合統計書は，電子媒体でも提供しています。

日本統計年鑑
　我が国の国土，人口，経済，社会，文化などの広範な分野にわたる基本的な統計を網羅的かつ体系的に収録した総合統計書。
約540の統計表を収録

2022日本統計年鑑

日本の統計
　我が国の国土，人口，経済，社会，文化などの広範な分野に関して，よく利用される基本的な統計を選んで体系的に編成し，ハンディで見やすい形に取りまとめた統計書。約370の統計表を収録

世界の統計
　世界各国の人口，経済，文化などに関する主要な統計を，国際機関の統計年鑑など多数の国際統計資料から選んで収録した統計書。約130の統計表を収録

社会生活統計指標　－都道府県の指標－
　都道府県の経済，社会，文化，生活などあらゆる分野に関する主要な統計を幅広く，体系的に収録した統計書。約590の統計指標は，原則として2010年度，2015年度及び最新年度の数字を収録

統計でみる都道府県のすがた
　「社会生活統計指標」に収録された統計データの中から主なものを選び，各指標における都道府県別の順位を参考として掲載している。

統計でみる市区町村のすがた
　市区町村の経済，社会，文化，生活などあらゆる分野に関する主要な統計を幅広く，体系的に収録した統計書。約100の基礎データの数字を収録

Statistical Handbook of Japan
　我が国の最近の実情を統計表，グラフを交え，英文で紹介

「統計でみる都道府県のすがた」の利用案内

　「統計でみる都道府県のすがた」は，次の方法により利用（閲覧・入手等）することができます。

「統計でみる都道府県のすがた」の閲覧
　国立国会図書館及び各支部，都道府県統計主管課，都道府県立図書館で閲覧できます。

◇　総務省統計図書館

〒162-8668　東京都新宿区若松町19−1

図書閲覧室　　　TEL：03-5273-1132

統計相談室　　　TEL：03-5273-1133

刊行物，内容を収録した電磁的記録の入手
＜刊行物＞

　一般財団法人日本統計協会を通じて入手できます。また，全国各地の官報販売所でも取り扱っています。

◇　一般財団法人　日本統計協会

〒169-0073　東京都新宿区百人町2-4-6　メイト新宿ビル6階

TEL：03-5332-3151

ホームページ：　https://www.jstat.or.jp/

◇　政府刊行物センター（霞が関）

〒100-0013　東京都千代田区霞が関1-4-1　日土地ビル1階

TEL：03-3504-3885

＜電磁的記録＞

　内容を収録した電磁的記録は，公益財団法人統計情報研究開発センターを通じて入手できます。

◇　公益財団法人　統計情報研究開発センター

〒101-0051　東京都千代田区神田神保町3-6　能楽書林ビル5階

TEL：03-3234-7471

ホームページ：　https://www.sinfonica.or.jp/

インターネット
　総務省統計局では，インターネットを通じて統計データや各種統計局関連情報を提供しています。ホームページのＵＲＬは，https://www.stat.go.jp/ です。

　また，政府統計の総合窓口（e−Ｓｔａｔ）でも，統計データ等の各種統計情報が御覧いただけます。e−ＳｔａｔのホームページＵＲＬは，https://www.e-stat.go.jp/ です。

統計でみる都道府県のすがた	検索

https://www.stat.go.jp/data/k-sugata/index.html

総務省統計局編集等・（一財）日本統計協会発行の新刊案内

新版 日本長期統計総覧（全5巻） 我が国の統計を集大成した「日本長期統計総覧」を20年ぶりに抜本的に改訂。	A4判	586頁〜746頁	CD-ROM付			
		第1巻〜第4巻は定価22,000円、第5巻は定価23,100円				
第 71 回 日 本 統 計 年 鑑 令和4年	B5判	792 頁	CD-ROM付	定 価	16,500 円
統 計 で み る 日 本 2022	A5判	338 頁		定 価	2,750 円
日 本 の 統 計 2021	A5判	308 頁		定 価	2,200 円
世 界 の 統 計 2021	A5判	296 頁		定 価	2,200 円
STATISTICAL HANDBOOK OF JAPAN 2021	A5判	214 頁		定 価	3,300 円
社 会 生 活 統 計 指 標 2022	A4判	548 頁	CD-ROM付	定 価	9,680 円
統 計 で み る 都 道 府 県 の す が た 2022	A4判	180 頁	CD-ROM付	定 価	3,190 円
統 計 で み る 市 区 町 村 の す が た 2021	A4判	324 頁	CD-ROM付	定 価	5,500 円
デ ー タ 分 析 の た め の 統 計 学 入 門	A4判	428 頁		定 価	1,980 円
公的統計の現代的意義並びに作成技法及び利用の高度化に 関する研究	B5版	250 頁		定 価	3,850 円
GDP 統計を知る−大きく変わった国民経済計算−	A5判	176 頁		定 価	2,200 円
日本を彩る47都道府県と統計のはなし	B5判	386 頁		定 価	2,970 円
平 成 27 年 国 勢 調 査 報 告					
我が国人口・世帯の概観	A4判	192 頁		定 価	4,070 円
地図シリーズ 我が国の人口集中地区−人口集中地区別人口・境界図−	A4判	130 頁		定 価	36,300 円
ライフステージでみる日本の人口・世帯	A4判	60 頁		定 価	990 円
第1巻 人口・世帯総数	A4判	816 頁	CD-ROM付	定 価	9,680 円
第2巻 人口等基本集計結果 全国編、都道府県・市区町村編	A4判	296頁〜782頁	CD-ROM付	定 価	7,590円〜 9,900円
第3巻 就業状態等基本集計結果 全国編、都道府県・市区町村編	A4判	326頁〜522頁	CD-ROM付	定 価	7,480円〜8,360円
第4巻 世帯構造等基本集計結果 全国編、都道府県・市区町村編	A4判	356頁〜654頁	CD-ROM付	定 価	10,010円〜10,670円
第5巻 抽出詳細集計結果 全国編、都道府県・市区町村編	A4判	424頁〜888頁	CD-ROM付	定 価	10,010円〜11,550円
第6巻 第1部 従業地・通学地による人口・就業状態等集計結果 全国編、都道府県・市区町村編	A4判	308頁〜772頁	CD-ROM付	定 価	8,690円〜11,220円
第6巻 第2部 従業地・通学地による抽出詳細集計結果	A4判	654 頁	CD-ROM付	定 価	11,000 円
第7巻 人口移動集計結果 全国編、都道府県・市区町村編	A4判	180頁〜562頁	CD-ROM付	定 価	9,240円〜10,230円
最終報告書 日本の人口・世帯	A4判	548 頁	CD-ROM付	定 価	10,120 円
平 成 28 年 経 済 セ ン サ ス−活 動 調 査 報 告					
第1巻 事業所数及び従業者数に関する集計	A4判	788 頁		定 価	10,120 円
第2巻 事業所の売上（収入）金額に関する集計	A4判	898 頁		定 価	11,110 円
第3巻 企業等数及び従業者数に関する集計	A4判	582 頁		定 価	9,900 円
第4巻 企業等の売上（収入）金額及び費用に関する集計	A4判	552 頁		定 価	9,460 円
第8巻 建設業、医療・福祉、学校教育及びサービス関連産業に関する集計	A4判	426 頁		定 価	8,360 円
平 成 28 年 社 会 生 活 基 本 調 査 報 告					
第1巻 生活時間編	A4判	588 頁	CD-ROM付	定 価	10,010 円
第2巻 生活行動編	A4判	528 頁	CD-ROM付	定 価	9,680 円
第3巻 詳細行動分類による生活時間編	A4判	362 頁	CD-ROM付	定 価	9,240 円
平 成 29 年 就 業 構 造 基 本 調 査 報 告					
第1巻 全国編	A4判	666 頁	CD-ROM付	定 価	10,120 円
第2巻 都道府県編	A4判	664 頁	CD-ROM付	定 価	10,230 円
平 成 30 年 住 宅・土 地 統 計 調 査 報 告					
全 国 編（平成の住宅事情 − 時系列）	A4判	412 頁	CD-ROM付	定 価	13,200 円
都道府県編（12分冊）	A4判	322頁〜560頁	CD-ROM付	定 価	各10,450 円
令 和 元 年 全 国 家 計 構 造 調 査 報 告（旧 全国消費実態調査）					
第1巻 家計収支編 その1 世帯属性に関する結果	A4判	800 頁	CD-ROM付	定 価	9,900 円
第1巻 家計収支編 その2 世帯類型、高齢者、就業者に関する結果	A4判	816 頁	CD-ROM付	定 価	9,900 円
第1巻 家計収支編 その3 購入形態等に関する結果	A4判	754 頁	CD-ROM付	定 価	9,350 円
第2巻 所得編	A4判	730 頁	CD-ROM付	定 価	9,350 円
第3巻 資産・負債編	A4判	574 頁	CD-ROM付	定 価	8,470 円
経済構造実態調査報告 2020年	A4判	238 頁		定 価	6,930 円
労 働 力 調 査 年 報 令和2年	A4判	344 頁	CD-ROM付	定 価	6,600 円
人口推計資料 NO.93 人口推計 −令和元年10月1日現在−	A4判	110 頁		定 価	2,640 円
住 民 基 本 台 帳 人 口 移 動 報 告 年 報 令和2年	A4判	282 頁		定 価	4,180 円
家 計 消 費 状 況 調 査 年 報 令和2年	A4判	178 頁		定 価	3,080 円
家 計 調 査 年 報〈Ⅰ 家 計 収 支 編〉 令和2年	A4判	434 頁	CD-ROM付	定 価	7,810 円
家 計 調 査 年 報〈Ⅱ 貯 蓄・負 債 編〉 令和2年	A4判	246 頁	CD-ROM付	定 価	5,610 円
小 売 物 価 統 計 調 査 年 報 令和2年	A4判	320 頁	CD-ROM付	定 価	7,260 円
サ ー ビ ス 産 業 動 向 調 査 年 報 令和2年	A4判	126 頁		定 価	2,860 円
科 学 技 術 研 究 調 査 報 告 令和2年	A4判	328 頁		定 価	4,400 円
消 費 者 物 価 指 数 年 報 令和2年	A4判	362 頁	CD-ROM付	定 価	6,380 円
個 人 企 業 経 済 調 査 報 告 令和2年	A4判	300 頁		定 価	3,850 円
「 月 刊 統 計 」・・年間購読（割引あり）もできます。	B5判			定 価	990 円

（定価は、税込価格です）

統計でみる都道府県のすがた

2022

令和4年2月発行　　　　定価：3,190円（本体価格 2,900円 + 税10%）
Issued in February 2022　　Price：3,190yen（2,900yen + tax10%）

編集：総務省統計局

発行 一般財団法人 日 本 統 計 協 会
Published by Japan Statistical Association

東京都新宿区百人町2丁目4番6号メイト新宿ビル内
Meito Shinjuku Bldg, 2-4-6, Hyakunincho, Shinjuku-ku,
Tokyo, 169-0073
Ｔ Ｅ Ｌ ：(03)5332-3151　Ｆ Ａ Ｘ ：(03)5389-0691
E-mail ：jsa@jstat.or.jp
振　替：00120-4-1944
印　刷：勝美印刷株式会社

ISBN978-4-8223-4137-4　C0033　　¥2900E